2021年度河南省高等教育教学改革研究与实践项目重点项目“数字经济背景下新商科人才培养模式改革研究”（2021SJGLX074）阶段性成果

水资源投入产出核算方法与优化配置研究

Research on Calculation Method and Optimal Allocation of Input-Output of Water Resources

王志强 著

中国经济出版社
CHINA ECONOMIC PUBLISHING HOUSE
·北京·

图书在版编目（CIP）数据

水资源投入产出核算方法与优化配置研究 / 王志强著. --北京：中国经济出版社，2023. 11（2025. 4 重印）
ISBN 978-7-5136-7451-5

Ⅰ. ①水… Ⅱ. ①王… Ⅲ. ①水资源管理-投入产出分析-经济核算-优化配置-研究-河南 Ⅳ. ①TV213. 4

中国国家版本馆 CIP 数据核字（2023）第 173597 号

策划编辑　崔姜薇
责任编辑　张　博
责任印制　李　伟
封面设计　任燕飞装帧设计工作室

出版发行　中国经济出版社
印 刷 者　北京艾普海德印刷有限公司
经 销 者　各地新华书店
开　　本　710mm×1000mm　1/16
印　　张　17
字　　数　269 千字
版　　次　2023 年 11 月第 1 版
印　　次　2025 年 4 月第 2 次
定　　价　88. 00 元
广告经营许可证　京西工商广字第 8179 号

中国经济出版社　**网址** www. economyph. com　**社址** 北京市东城区安定门外大街 58 号　**邮编** 100011
本版图书如存在印装质量问题，请与本社销售中心联系调换（联系电话：010-57512564）

目 录
CONTENTS

第1章 绪 论

1.1 选题背景 …… 003
1.1.1 世界水资源状况 …… 003
1.1.2 中国水资源状况 …… 004
1.1.3 河南省水资源状况 …… 006
1.2 研究目的和意义 …… 009
1.3 文献综述 …… 010
1.3.1 水资源核算体系研究 …… 010
1.3.2 水资源综合核算研究 …… 011
1.3.3 水资源优化配置研究 …… 016
1.4 研究思路、研究内容和研究方法 …… 018
1.4.1 研究思路 …… 018
1.4.2 研究内容 …… 020
1.4.3 研究方法 …… 021
1.5 主要创新点 …… 022

第2章 水资源核算体系

2.1 水资源的内涵 …… 025
2.1.1 水资源的界定 …… 025
2.1.2 水资源的属性 …… 026
2.2 水资源核算理论的发展历程 …… 027

2.2.1 可持续发展理论 …… 027
2.2.2 国民经济核算体系 …… 031
2.2.3 综合环境经济核算体系 …… 032
2.2.4 水资源环境经济核算体系 …… 034
2.3 水资源核算体系的特点 …… 034
2.4 水资源核算的对象和内容 …… 036
2.5 水资源核算的账户构成 …… 038
2.5.1 以物理单位计量的水使用与供应表 …… 038
2.5.2 排放账户 …… 040
2.5.3 混合账户和经济账户 …… 041
2.5.4 资产账户 …… 047
2.5.5 质量账户 …… 048
2.5.6 水资源的估值 …… 049
2.6 水资源核算的平衡关系 …… 049
2.7 水资源核算框架 …… 051
2.8 水资源核算的空间、时间维度 …… 053
2.9 中国水资源核算进展 …… 054
2.10 本章小结 …… 055

第3章 水资源投入产出效应分析方法

3.1 投入产出理论体系 …… 059
3.1.1 投入产出法概述 …… 059
3.1.2 投入产出表 …… 060
3.1.3 投入产出法技术假定 …… 064
3.1.4 投入产出法主要系数与模型 …… 065
3.2 水资源投入产出表的编制 …… 069
3.3 水资源投入产出效应分析的技术假定 …… 071
3.3.1 同质性假定 …… 072
3.3.2 比例性假定 …… 072
3.3.3 系数稳定性假定 …… 072
3.4 水资源投入产出效应分析的部门分类 …… 072

3.5 水资源投入产出效应综合分析框架 …… 075
3.6 水资源投入效应分析方法与模型 …… 078
3.6.1 直接用水系数 …… 078
3.6.2 完全用水系数 …… 079
3.6.3 用水乘数 …… 080
3.6.4 用水依存系数 …… 081
3.6.5 用水影响力系数 …… 081
3.6.6 相对用水乘数 …… 082
3.6.7 水资源投入效应整体分析 …… 082
3.7 水资源产出效应分析方法与模型 …… 083
3.7.1 水资源直接产出系数 …… 083
3.7.2 水资源完全产出系数 …… 084
3.7.3 水资源产出乘数 …… 086
3.7.4 水资源产出影响力系数 …… 086
3.7.5 水资源相对产出乘数 …… 087
3.7.6 水资源产出效应整体分析 …… 088
3.8 水资源排放效应分析方法与模型 …… 088
3.8.1 废水直接排放系数 …… 088
3.8.2 废水完全排放系数 …… 089
3.8.3 废水排放乘数 …… 091
3.8.4 废水排放影响力系数 …… 092
3.8.5 废水相对排放乘数 …… 092
3.8.6 废水排放效应整体分析 …… 093
3.9 本章小结 …… 093

第4章 河南省水资源投入产出表的编制

4.1 数据来源 …… 097
4.2 河南省各产品部门用水数据核算 …… 098
4.2.1 核算方法 …… 098
4.2.2 核算结果与分析 …… 099
4.3 河南省各产品部门废水排放数据核算 …… 103

4.3.1 核算方法 …… 103
4.3.2 核算结果与分析 …… 105
4.4 编制河南省水资源投入产出表 …… 108
4.5 本章小结 …… 108

第5章 河南省水资源投入效应应用分析

5.1 河南省用水整体情况 …… 131
5.1.1 河南省历年用水情况 …… 131
5.1.2 河南省用水现状 …… 133
5.2 河南省水资源直接投入效应 …… 135
5.3 河南省水资源完全投入效应 …… 139
5.4 河南省水资源间接投入效应 …… 141
5.5 河南省产品部门用水乘数 …… 146
5.6 河南省产品部门用水依存度 …… 148
5.7 河南省产品部门用水影响力 …… 151
5.8 河南省产品部门相对用水乘数 …… 154
5.9 河南省水资源投入效应整体分析 …… 156
5.10 本章小结 …… 159

第6章 河南省水资源产出效应应用分析

6.1 河南省水资源直接产出效应 …… 163
6.2 河南省水资源完全产出效应 …… 166
6.3 河南省水资源间接产出效应 …… 169
6.4 河南省水资源产出乘数 …… 173
6.5 河南省水资源产出影响力 …… 176
6.6 河南省水资源相对产出乘数 …… 179
6.7 河南省水资源产出效应整体分析 …… 182
6.8 本章小结 …… 185

第7章 河南省水资源排放效应应用分析

7.1 河南省废水直接排放效应 …… 189

7.2 河南省废水完全排放效应 …… 192
7.3 河南省废水间接排放效应 …… 197
7.4 河南省废水排放乘数 …… 200
7.5 河南省废水排放影响力 …… 203
7.6 河南省废水相对排放乘数 …… 206
7.7 河南省废水排放效应整体分析 …… 208
7.8 河南省水资源投入产出效应综合分析 …… 211
7.8.1 低用水、高产出、低排放部门 …… 211
7.8.2 低用水、低产出、低排放部门 …… 212
7.8.3 低用水、高产出、高排放部门 …… 213
7.8.4 低用水、低产出、高排放部门 …… 213
7.8.5 高用水、高产出、低排放部门 …… 214
7.8.6 高用水、低产出、低排放部门 …… 214
7.8.7 高用水、低产出、高排放部门 …… 214
7.9 本章小结 …… 215

第8章 水资源优化配置方法及其应用

8.1 水资源优化配置理论模型 …… 219
8.1.1 水资源优化配置模型构建基础 …… 219
8.1.2 水资源优化配置目标函数 …… 221
8.1.3 水资源优化配置约束条件 …… 222
8.1.4 水资源优化配置模型初步构建 …… 223
8.1.5 水资源优化配置模型求解方法 …… 224
8.1.6 水资源优化配置模型最终构建 …… 225
8.2 河南省水资源优化配置必要性分析 …… 226
8.3 河南省水资源优化配置部门范围界定 …… 229
8.4 河南省水资源优化配置模型参数设定 …… 230
8.5 河南省水资源优化配置结果与分析 …… 231
8.5.1 优化配置结果 …… 231
8.5.2 优化配置效益分析 …… 234
8.6 本章小结 …… 238

第 9 章　总结

9.1　基本结论 …… 241
9.2　建议措施 …… 242
9.3　不足之处与努力的方向 …… 243

附录　国际标准产业分类 …… 244

参考文献 …… 248

第1章

绪　论

1.1 选题背景

水是生命之源、生态之基、生产之要。水是一切生命赖以生存、不可或缺的基本物质，是生态环境系统中最活跃、影响最广泛的要素之一，也是人类生产活动、社会经济发展中不可替代的基础资源和战略资源。但在相当长的一段时期，人类只是一味追求经济的快速发展，对包括水资源在内的各类自然资源进行大量无偿、无度的开发利用，生产、生活等活动中产生的大量污染物，通过各种途径进入水循环系统，对水资源环境造成了巨大的负面影响，在不同程度上引起了可利用水资源的减少，最终导致了不同层面的水资源危机。整体来看，各个区域层面的水资源状况都不容乐观。

1.1.1 世界水资源状况

可利用的淡水资源较少。地球表面的70%被水覆盖，陆地部分也有大量水存在，但是其中只有2.53%的水是可直接利用的淡水。同时，由于经济、技术等因素的限制，冰雪固态淡水、海水和深层地下水等水资源难以开发。与人类活动关系最为密切、较易开发利用的河流、湖泊、浅层地下淡水，仅占淡水总储量的0.34%。[①]

水资源分布不均。水资源量较为丰富的巴西、俄罗斯、中国等9个国家占据了全世界60%的淡水资源，有80个国家和地区处于极度缺水状态。联合国公布的《2018年世界水资源开发报告》指出，由于人口数量增长、社会经济发展、消费方式转变等因素，全世界对水资源的需求大概以每年1%的速度持续增长，且在未来20年还有进一步加快的趋势；目前，全世界大约有36亿人口长期居住在缺水地区，到2050年有可能增长到48亿~57亿。

① 中国水利学会：http://www.ches.org.cn/ches/kpyd/szy/201703/t20170303_879732.htm.

水资源污染问题较为严重。目前，全世界约40%的河流受到了不同程度的污染，[①] 且有上升的趋势，污染加剧了水资源的短缺，世界性的淡水污染已成为一项重大公害。联合国公布的《2017年联合国世界水资源发展报告》指出，在全球范围内约80%的污水未经处理即被直接排放，高收入国家70%的废水由市政排放污水与工业废水组成，中等收入国家该比例为38%，低收入国家该比例为28%，众多国家的废水处理基础设施缺乏。全世界每年有超过80万人因饮用受污染的水而死亡，亚洲、南美洲、非洲每年有将近350万人死于与水污染有关的疾病，超过了全世界每年死于艾滋病、车祸的总人数。生产活动中排放的污染物导致部分河流、湖泊、滨海水域出现死亡区，有些污染物则渗入地下蓄水层中，诸多因素导致的水危机已经严重制约了人类的可持续发展。2016年1月1日启动的联合国《2030年可持续发展议程》强调：废水处理是全球各国需要面临的重要挑战。

1.1.2 中国水资源状况

中国淡水资源相对丰富，但人均占有量不足。《2016年中国水资源公报》中相关数据显示，我国的水资源总量大约为3.2万亿立方米，居世界前列；结合2016年中国人口数量，计算得到中国当年人均水资源占有量为2310立方米，仅为世界人均水资源量的1/4，中国是13个贫水国家之一。据不完全统计，我国大约有110个城市严重缺水。[②]

中国南北地区水资源分布不协调。《2016年中国水资源公报》中有关数据显示，中国南方地区的水资源量占全国水资源总量的82.77%，但其面积仅占全国的1/3；中国北方地区面积约占全国的2/3，水资源量却仅占全国水资源总量的17.23%，中国各水资源一级区详细情况见表1-1，中国各水资源一级区水资源总量分布如图1-1所示。

中国水污染情况较为严重。据不完全统计，中国大约1/3的河段受到污染，70%的城市河段不适宜作饮用水源，90%的城市水域、64%的城市地下水受污染较为严重。[③]

---

① 中国水利学会：http：//www.ches.org.cn/ches/kpyd/szy/201703/t20170303_879732.htm.

② 中国水利学会：http：//www.ches.org.cn/ches/kpyd/szy/201703/t20170303_879732.htm.

③ 中国水利学会：http：//www.ches.org.cn/ches/kpyd/szy/201703/t20170303_879732.htm.

表1-1 2016年中国各水资源一级区水资源量

水资源一级区	降水量/毫米	地表水资源量/亿立方米	地下水资源量/亿立方米	地下水与地表水资源不重复量/亿立方米	水资源总量/亿立方米
全国	730.0	31273.9	8854.8	1192.5	32466.4
北方6区	371.1	4577.3	2704.4	1015.4	5592.7
南方4区	1353.6	26696.6	6150.4	177.1	26873.7
松花江区	523.7	1278.8	497.0	205.2	1484.0
辽河区	602.9	385.3	212.0	104.4	489.8
海河区	614.2	204.0	259.9	183.9	387.9
黄河区	482.4	481.0	354.9	120.7	601.8
淮河区	893.3	732.6	428.2	277.0	1009.5
长江区	1205.3	11796.7	2706.5	150.3	11947.1
其中：太湖流域	1860.6	404.4	68.0	34.8	439.2
东南诸河区	2249.3	3102.1	636.1	11.3	3113.4
珠江区	1822.2	5913.4	1394.7	15.5	5928.9
西南诸河区	1124.8	5884.3	1413.0	0.0	5884.3
西北诸河区	206.3	1495.6	952.4	124.2	1619.8

资料来源：《2016年中国水资源公报》。

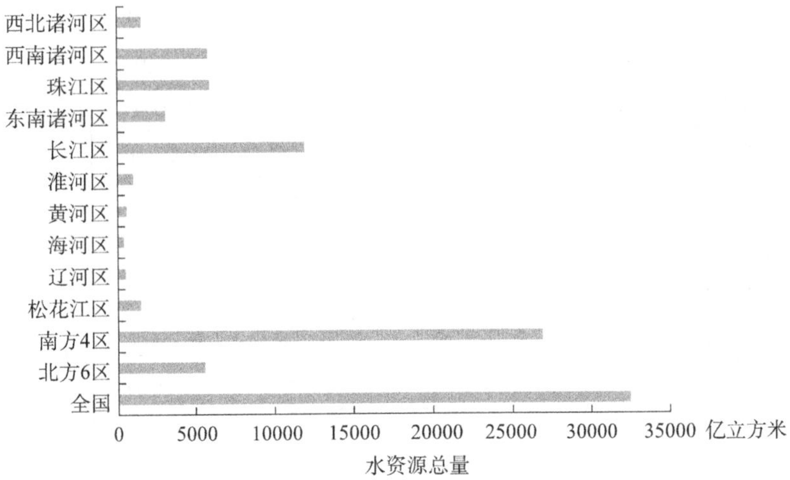

图1-1 中国各水资源一级区水资源总量分布

资料来源：《2016年中国水资源公报》。

1.1.3 河南省水资源状况

《2016 年中国水资源公报》公布的数据显示，河南省水资源总量为 337.3 亿立方米，比多年平均值少 16.4%，约占全国水资源总量 32466 亿立方米的 1.04%，居全国第 21 位。结合《2017 年中国统计年鉴》中人口数据进行计算可知，河南省人均水资源量约为 353 立方米，仅相当于全国人均水资源量水平的 15.28%，按国际公认的缺水标准，河南省严重缺水，根据各省辖市水资源情况（见表 1-2）可知，河南省 18 个地市中有 16 个地市极度缺水。

表 1-2 2016 年河南省各省辖市水资源情况

序号	省辖市	水资源总量/亿立方米	人口数量/万人	人均水资源量/（立方米/人）	耕地/亩	亩均水资源量/（立方米/亩）
1	郑州市	9.60	972	98.73	4787677	200.51
2	开封市	9.21	455	202.56	6209648	148.32
3	安阳市	16.49	513	321.19	6116562	269.60
4	鹤壁市	3.88	161	240.43	1795112	216.14
5	新乡市	17.26	574	300.54	7096495	243.22
6	濮阳市	4.54	363	125.17	4240567	107.06
7	许昌市	7.22	438	164.82	5037677	143.32
8	漯河市	4.10	264	155.60	2832270	144.76
9	商丘市	17.56	728	241.15	10559963	166.29
10	周口市	21.62	882	245.11	12795943	168.96
11	洛阳市	13.28	680	195.27	6463931	205.45
12	平顶山市	11.81	498	236.96	4792576	246.42
13	焦作市	9.84	355	277.50	2923327	336.60
14	三门峡市	10.44	226	462.75	2642337	395.10
15	南阳市	35.52	1007	352.78	15775302	225.16
16	信阳市	103.15	644	1600.81	12626734	816.92
17	驻马店市	38.63	699	553.01	14206147	271.92
18	济源市	3.21	73	437.93	686643	467.49

资料来源：《2017 年河南统计年鉴》《2016 年河南省水资源公报》及依据其中有关数据进行的计算。

河南省水资源分布的特点是西南山丘地区较多，东北平原地区偏少，且水资源分布与土地资源、人口分布、生产力布局等方面存在不均衡，如图 1-2所示。豫北、豫东平原的人口密集地区，是全省乃至全国的主要粮食产区，但是该地区的水资源严重匮乏，直接制约着当地国民经济可持续发展。根据《2017 年河南统计年鉴》《2016 年河南省水资源公报》中的数据可知，截至 2016 年底，豫北、豫东平原地区涵盖的 10 个地市——郑州、开封、新乡、商丘、许昌、漯河、周口、安阳、鹤壁、濮阳，人口数量占全省的 56. 14%，耕地面积占全省的 50. 56%，水资源量却仅为 111. 48 亿立方米，只占全省水资源总量的 33. 05%，人均水资源量仅为 208 立方米，亩均水资源量仅为 181 立方米；而豫南、豫西山丘地区的 8 个地市——洛阳、平顶山、焦作、信阳、南阳、驻马店、三门峡、济源，人口数量占全省的 43. 86%，耕地占全省的 49. 44%，水资源量达到 225. 88 亿立方米，占全省水资源总量的 66. 95%，人均水资源量达到 540 立方米，亩均水资源量为 375 立方米。2016 年河南省各省辖市水资源总量分布情况如表 1-2 所示。

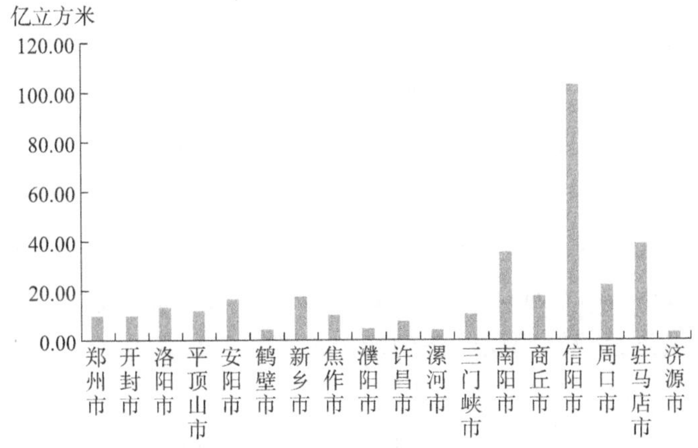

图 1-2 2016 年河南省各省辖市水资源总量分布

资料来源：《2016 年河南省水资源公报》。

《2016 年河南省水资源公报》有关数据显示，2016 年河南省水质达到和优于Ⅲ类标准的河长 2477. 2 千米，占总河长的 49. 1%；水质为Ⅳ类的河长 563. 4 千米，占总河长的 11. 6%，水质为Ⅴ类的河长 467. 4 千米，占总河长的

9.7%；水质为劣Ⅴ类的河长为1298.1千米，占总河长的26.8%，断流河长为132.7千米，占总河长的2.7%。河南省164个水功能区中有101个功能达标，水功能区达标率仅为66.0%。对全省10座大中型水库水质进行检测评价，结果显示，无水库水质达到Ⅰ类标准；水质达到Ⅱ类标准的水库3个，占评价总数的30.0%；达到Ⅲ类标准的水库5个，占评价总数的50.0%；水质为劣Ⅴ类的2个，占评价总数的20.0%。对全省227眼地下水监测井进行水质监测评价，其中29眼井达到地下水质量Ⅲ类标准，占总监测井数的12.8%；88眼井达到地下水Ⅳ类标准，占38.8%；110眼井达到地下水Ⅴ类标准，占48.4%。

综上所述，各个层面的水资源状况都不容乐观。首先，地球上的水资源是有限的，人类可利用的淡水资源较少；其次，水资源空间分布不均匀，部分地区和城市缺水严重；再次，人类活动加剧，导致水资源被过度开发利用，可利用水资源不断减少；最后，人类生产、生活中产生的各类污染物通过各种渠道进入水环境，导致水资源受到不同程度的污染，进一步加剧了可利用水资源的短缺。目前，可利用水资源短缺和水环境污染问题已对人类生活和生产活动造成了极大负面影响，引发了全世界对水资源问题的高度关注。同时，经济活动是造成水资源问题的主要因素。但在之前相当长一段时期，各国更加注重采用国内生产总值、经济发展速度等单纯的经济指标对社会经济的发展程度进行衡量，对经济活动中涉及的水资源等环境资源因素的统计分析缺乏重视。随着水资源短缺、水环境污染等问题的加剧，在社会经济发展指标数据统计中加入水资源因素，对经济活动与水资源之间的相互关系进行全面分析，最终达成对国民经济的绿色核算，已经成为统计、经济、资源、环境等专业领域广大专家学者的共识。

总之，为有效解决人类当前面临的各类水资源问题，必须准确掌握水资源数据信息，加强水资源利用和废水排放管控，深入分析经济活动与水资源之间的关系，着力提升水资源使用综合效益。在此背景下，本书拟围绕水资源核算的理论基础、水资源核算的标准与方法、经济活动与水资源之间的相互关系、水资源优化配置等方面开展一些研究工作，以期为水资源核算和水资源优化配置研究做出贡献。具体来说，一是对水资源核算体系进行较为系统的梳理与分析，为按照统一标准口径进行水资源数据统计提供参考依据；

二是在当前水资源数据统计口径不一、有关数据相对缺乏的情况下，尝试建立一套核算方法，针对区域国民经济各产品部门的用水量和废水排放量进行测度；三是结合投入产出分析方法，编制水资源投入产出表，建立水资源投入产出效应综合分析框架，制定水资源投入产出效应、排放效应的分析方法，针对经济活动与水资源之间的关系进行分析；四是以水资源投入产出效应分析为基础，结合可持续发展对经济效益、环境效益、社会效益等方面的综合要求，进一步构建水资源优化配置核算方法和模型，通过在各产品部门之间对水资源进行合理调配，提升水资源使用效益；五是以河南省为例进行应用研究，以填补该省在此研究方面的空白。

1.2 研究目的和意义

本书通过对国际上通行的水资源核算框架体系进行认真梳理，有助于理清水资源核算与可持续发展理论、国民经济核算、综合环境经济核算等理论体系之间一脉相承的发展脉络，有助于全面了解水资源核算的范围、特点、内容、账户构成和框架，有助于通过统一的概念、方法、规则，把分散的水资源信息集中到一个统一的平台，使之更加协调一致。

通过把水资源核算与投入产出理论相结合，开展水资源投入产出综合分析研究，有助于深入分析水资源在国民经济活动中的投入产出效应，客观评价水资源在经济可持续发展中的作用以及经济活动对水环境的负面影响，在一定程度上丰富了水资源核算的理论内容，为科学评价水资源和国民经济之间的关系提供了参考依据。

以分析水资源投入产出效应为基础开展水资源优化配置研究，可以为政府部门加强用水管理、完善水资源管理政策、提高公共服务和管理能力以及推动产业结构优化等方面提供一定的数据支撑。

以河南省为例进行水资源投入产出效应和优化配置的应用研究，有助于推动河南省产业结构调整，挖掘水资源潜力，完善社会经济发展评价体系，开展绿色国民经济核算，对促进河南省经济、社会、环境协调发展具有一定的现实意义。

1.3 文献综述

1.3.1 水资源核算体系研究

自20世纪90年代以来，国内外专家学者针对水资源核算体系开展了大量研究。

在水资源核算体系整体框架研究方面，De Haan等(1997)通过整合用水、水污染等信息，并与社会经济核算进行有机联系，构建了荷兰水资源核算体系框架；吴优等(2007)、邓俊等(2009)指出国民经济核算体系、综合环境经济核算体系是建立水资源核算体系的基础。甘泓、高敏雪(2008)提出了在我国开展水资源核算工作时应遵循的基本思路，结合社会经济发展现状，指出了开展水资源核算工作可能面临的问题。

在水资源核算衔接方法研究方面，古伟宏等(1995)对水资源核算和国民经济核算体系的衔接进行了分析，初步尝试建立了水资源实物账户与价值账户。沈菊琴等(1998)对水资源资产的界定、特点以及水资源资产评估使用的价格标准、方法等方面进行了探讨。李代鑫等(2001)对澳大利亚的水权制度进行了研究，指出水权可进行上市交易，为水资源资产核算奠定了基础。吕雁琴(2005)探讨了从微观角度把水资源纳入到会计核算体系、从宏观角度把水资源核算纳入国民经济核算体系的方法。王萍(2007)从水资源核算体系与绿色GDP的关系出发，探讨了当前水利统计指标体系中存在的问题，相应提出了水利统计指标体系需要改革的方向。卢琼等(2010)指出了我国水资源统计与国民经济核算之间的衔接问题，介绍了水资源核算的实物量供给使用表与资产账户。

在水资源核算账户编制研究方面，王瑜(2007)阐述了水资源核算中的流量账户、资产账户与水资源估价。李花菊(2009，2010)从水资源数据统计的重要性和数据收集、处理的原则出发，基于对水资源数据整合的标准化，阐述了水资源环境经济核算体系产生的背景和作用，对水资源核算体系中的混合账户、经济账户进行了介绍。许雪琴(2012)系统总结了水资源核算的基本方法，并指出建立水资源各类账户的基本步骤。刘亚灵等(2017)介绍了水资源账户建立的背景、框架、账户构成，提出了建立水资源账户的简要思路和关键问题。

在水资源核算实际应用方面，Schoer 等(2000)根据涉水有关信息，建立了德国水资源排放账户和水循环账户。陈东景等(2003)建立了 2000 年张掖地区的水资源实物账户、价值账户以及综合账户。阮仁良等(2009)介绍了上海市开展水资源核算工作的主要任务和关键技术，从节能减排的角度对水资源开展考核与评估。马俊等(2011)尝试建立了浙江杭嘉湖地区的水资源核算账户，建议对各行业的取水、水消耗、排水等方面加强监测和计量，进一步细化数据采集分类。邢智慧等(2014)通过分析水资源核算体系构建的理论依据、目标及技术路线，建立了太湖流域的水资源账户。薛淑娟等(2018)按照水资源核算体系的基本理论和框架，建立了简要的江苏省水资源账户。

1.3.2 水资源综合核算研究

水资源综合核算是为了揭示水资源与经济活动之间的关系而开展的研究，主要包括水资源产出效益研究、用水效应研究和废水排放影响研究。

1. 水资源产出效益研究

学者针对水资源产出效益开展的研究相对较早。Stoevener 和 Castle(1965)首次把投入产出法与水资源核算进行结合，运用投入产出模型以及效益成本分析法进行了水资源核算研究。Hassan(2003)采用投入产出法分析了鳄鱼河流域水资源的直接经济效益与间接经济效益。高峰等(1998)通过编制灌区投入占用产出表，建立灌区投入占用产出模型，分析了水资源对经济增长的直接及间接影响。王智勇(2000)指出河北省平原地区工业用水边际效益大于农业用水边际效益、综合用水边际效益。罗利民等(2006)把水资源投入产出法和节水调节因素相结合，分析了 2000 年盐城市 4 个用水领域的节水经济效益。张郁等(2006)利用水资源投入产出模型，核算了吉林省 1997 年水资源直接产出系数和完全产出系数。秦长海等(2008)认为针对节水措施的常规评价方法只能用来分析其对各行业部门内部的水资源产出、用水效率的影响，水资源投入产出模型则有助于分析国民经济各行业部门在生产过程中的用水关联性以及行业部门之间用水的竞争性，有利于分析节水对整个经济系统用水效益的响应。张霖(2008)建立了黄河流域的水资源投入产出表，利用投入产出法分析了黄河流域水资源的经济效益。文淑凤等(2012)认为要充分考虑水资源在经济、政治、社会等各方面的综合效益。李友辉等(2013)依据2001—2009年江西省社会经济发展数据，采用能值分析理论，对农业水资源投入产出和水资源能值进行了分析计算。李丽莉等(2014)运用水资源投入产出法，基于甘肃省1998—2010年有关数据，核算了该省16个部门的水资源直接产出、完全产出、相对产出系数。蔡国英等(2013)通过编制张掖市价值—实物混合型水资源投入产出表，计算得到了该市六大部门的水资源直接产出系数、完全产出系数以及产出乘数，以此评价该地区的水资源产出效益。刘爽(2018)利用水资源结构偏差系数和投入产出模型，分析了新疆国民经济5个经济活动领域的直接产出系数、完全产出系数、产出乘数、相对产出乘数。杨硕等(2018)分析了2015年北京市18个行业的用水效益，认为教育、农业等行业的用水效益较低，应重点进行调整布局。

2. 用水效应研究

Canion(1968)利用投入产出模型分析了水资源与经济发展之间的相互关系。Kumiko(2005)利用投入产出模型分析了水资源与日本制造业产品的相关关系，并指出直接用水系数变化、间接用水系数变化以及出口量变化等因素可以影响虚拟水的出口。Velázquez(2006)通过建立水资源消耗投入产出模型，对经济系统中水资源的直接消耗和间接消耗进行了区分，以用于分析经济系统的水资源消耗和生产潜力，并针对西班牙南部某地区各部门的直接、间接虚拟水消费进行实证分析。Guan 和 Hubacek(2007)通过采用扩展型投入产出模型对虚拟水贸易进行计算，指出中国南方地区虽然水资源丰富，却是虚拟水净进口区域；中国北方地区虽然存在缺水情况，却是虚拟水净出口区域。Ignacio Cazcarro 等(2010)利用非聚合社会核算矩阵建立投入产出分析模型，以此量化分析了社会各部门的水资源消耗、虚拟水进出口以及农业灌溉用水。

陈锡康等(1987)把用水信息与传统经济投入产出表相结合，构建了水资源投入产出表基本结构，对水资源的利用与分配进行了理论研究。田廷山

(1992)通过编制经济与水资源投入产出表并建立相应模型，计算得出哈尔滨市62个部门的直接和完全用水系数，并分析了产业结构对水资源的影响。王维平等(1995)通过建立烟台市水资源投入产出模型，核算了烟台市16个部门的用水系数和用水乘数。刘新建(1997)在国民经济动态投入占用产出分析理论基础上，建立了水资源投入占用产出分析模型。许健等(2003)通过建立完全用水系数、增加值用水系数计算模型，核算了中国1999年各主要产业用水情况。许长新等(2006)把投入产出分析方法与结构分解技术相结合，建立了水资源空间结构分解分析模型，对黄河流域水资源利用方式进行了结构分解分析。中国投入产出学会课题组(2007)通过编制2002年中国国民经济各产品部门的用水投入产出表，计算后得到了各产品部门的直接、完全用水系数，对各产品部门之间的用水关系以及产品进出口对水资源利用的影响等方面进行了分析。田贵良(2009)通过编制宁夏地区水资源投入产出表，计算了该地区各产业的直接用水系数、完全用水系数和用水乘数，对该地区各产业的用水情况进行了分析。

张晓军等(2010)对北京市第三产业中各产业影响力系数、感应度系数与万元GDP水消耗进行了聚类分析，提出了北京市第三产业结构调整的策略。王双英等(2011)通过构建区域水资源投入产出模型，计算得到了江西省各产业的虚拟水消费量和各产业间虚拟水转移量，建立了虚拟水转移矩阵。魏胜文等(2011)在分析张掖市2007年产品调入、调出量的基础上，通过建立投入产出模型，对该地区的水资源进行了乘数分析。张宏伟等(2011)利用投入产出法分析了2007年我国第一、二产业各行业的直接耗水量、间接耗水量和完全耗水量，并分析了各行业间水资源消耗的拉动效应。李方一等(2012)利用投入产出法分析了山西省虚拟水贸易的特点。王文静等(2012)依据2007年甘肃省社会经济和用水数据，利用投入产出法计算了甘肃省各行业用水量、用水系数、用水乘数，分析了经济系统各行业间虚拟水的流动情况。王艳阳等(2013)利用投入产出分析的原理，分析了1997—2007年中国水足迹状况，计算了直接、完全耗水系数。成琨等(2013)通过构建黑龙江省水资源投入产出模型，核算了该省2002年、2007年的水资源消耗率、用水效益以及各部门的虚拟水量、用水关联度。刘轶芳等(2014)利用水资源投入产出模型和构建的结构偏差系数指标，分别从直接用水、完全用水角度，对水资源消耗结构与产业结构之间的关系进行了研究，并以北京市为例进行了实证分析。买亚宗等(2014)利用数据包络分析模型，分析了2000—2011年我国各地区水资源利用效率，指出经济发展水平、产业结构、基础设施投入等因素均对水资源利用效率具有显著影响。李守业等(2014)利用投入产出模型对甘肃省的水资源承担能力和各生产部门用水结构进行了分析。吕平毓等(2015)将2007年重庆市的产业耗水纳入到国民经济投入产出表，计算了各产业的直接、间接、完全耗水系数以及耗水乘数。赵永等(2015)基于包含水资源的2010年河南省社会核算矩阵，采用社会核算矩阵账户乘数分析了各生产部门与水资源之间的关系。

马东春等(2017)通过编制价值—实物混合型水资源投入产出表以及建立各行业用水效率贡献模型，测算了北京市2010—2015年各行业用水效率及效率变动和产业结构变动对总用水效率提高的贡献情况。吴兆丹等(2017)基于多区域投入产出模型和伪基尼系数差异成因分解法，估算了中国30个省(自治区、直辖市)的水足迹并分析了差异成因。毛玉姣等(2017)通过建立2012年贵州省水资源投入产出表，对该省国民经济的用水情况进行了定量分析。陈秀莲等(2017)以中国2007年、2012年投入产出表为基础，测算了中国各行业虚拟水进出口量；利用SDA结构分解法构建了虚拟水测算模型，分析了引起虚拟水贸易量变化的因素。李凤丽等(2018)把虚拟水贸易和调入调出贸易状况相结合，利用投入产出表分析了山东省1997—2012年的虚拟水变化趋势。邓建伟等(2018)通过编制2007年甘肃省用水分析投入产出表，研究了该省各部门之间的用水相关关系，并对各部门间的水资源输入输出情况进行了分析。张信信等(2018)采用环境投入产出法分析了黑河流域甘临高地区产业部门间的虚拟水转移及关联效应。曹涛等(2018)通过构建跨地区的虚拟水核算模型，核算了2012年京津冀各地区、各部门的直接、完全用水系数以及用水拉动系数，对隐含在经济贸易中的虚拟水量、各部门虚拟水进出口量进行了计算，并以此识别了重点耗水部门。

3. 废水排放影响研究

Grossman等(1995)指出经济贸易会对包括水资源在内的整体环境产生一定影响，可从技术效应、规模效应、结构效应等3个方面进行分析。Letchumanan 等(2000)指出在跨国贸易中采用环保技术将有助于进口国的环境改善。Okadera(2006)通过编制包含用水、污水的水资源投入产出表，分析了经济系统与水需求、水污染之间的关系。於方等(2003)分析了中国 2000 年重点企业废水排放的污染特征，指出了水污染治理的重点，并提出了相应建议措施。谢红彬等(2004)指出生产规模的扩大是工业废水排放量增加的主要原因，产业结构调整对工业废水的减排不具有实质贡献，技术改造是工业废水减排的主要途径。冯利华等(2006)通过对金华市用水信息、水质变化等方面的核算，指出该市总值的快速增长是以牺牲自然资源和生态环境为代价的，全市的缺水属于典型的水质型缺水。肖建红等(2006，2008)基于中国 1990—2003 年有关数据，采用物质减量反弹效应方法建立计算公式，对全国工业废水排放的密度效应、增长效应进行了定量分析，并指出重工业对废水减排具有主要影响。唐志鹏等(2008)基于投入产出模型，采用损失量法对中国 2002 年工业废水排放重要系数进行了研究，并把产业规模、产业关联性作为受影响对象，指出了工业废水排放的关键生产链。方国华等(2010)通过把水污染数据纳入投入产出模型，核算了江苏省最优水污染治理量。

彭水军等(2010)基于 1997—2005 年中国环境污染数据、可比价投入产出数据，对包括水污染在内的四类污染物进出口含污量进行了计算，研究表明对外贸易对中国环境的综合影响是负面的。张晓颖等(2010)利用 2002 年、2007 年中国投入产出表，计算了中国工业各产品部门的废水直接排放系数、完全排放系数，认为废水处理技术、部门间产业结构相对变化、生产规模水平、管理水平等都是造成废水排放系数变化的原因。沈丰菊(2011)指出面源污染是造成中国农业污染和农村生态环境恶化的主要原因，提出了当前可行的农业废水处理技术以及控制农业废水排放量、处理农业废水的有效措施。谢锐等(2013)通过构建 2007 年湖南省水资源投入产出模型，核算了各行业的直接排放系数、完全排放系数和排放乘数。李长嘉等(2013)以 1992—2008 年我国工业废水排放数据为基础，对工业废水排放变化驱动机制进行了剖析，认为技术效应是减少工业废水排放的重要因素，规模效应是推动工业废水排放增加的主要原因。张宇等(2014)通过研究指出，外商投资会对我国水环境等方面产生负面影响，应该加强政府监管。张宁等(2017)利用投入产出法计算了浙江省 2007—2013 年各工业部门的废水完全排放效应，认为技术效应、结构效应以及规模效应是造成工业废水排放变化的三大主要因素。

1.3.3 水资源优化配置研究

Carter 和 Ireri(1972)把投入产出法与水资源利用分析相结合，利用地区间投入产出模型，深入分析了美国部分地区的水资源调配问题。Thoss 和 Wiik (1974)运用投入产出模型对水资源管理问题进行了研究。Mensah(1980)通过建立投入产出与目标规划的多目标模型，预测水资源是否满足未来经济和人口的需求，为水资源配置提供参考。Pearson 等(1982)以经济产值最大化为目标，以输水能力和预测需求值为约束，对英国 Nawwa 地区的用水量进行了优化分配研究。Carios Perrcia 和 Gideon Oron(1997)以经济效益最大化为目标，建立了以色列 Eilat 地区包含有地表水、地下水、废水等各类水源的管理模型。Aviso K. B. 等(2011)指出可把投入产出法和模糊集理论相结合对多区域之间各部门水足迹进行优化配置。

吴泽宁(1990)以社会经济效果最大化为目标条件，以水源供水量、水源向各部门输水能力、各部门需水量、各部门协调发展等约束条件，建立了经济区水资源分配多目标投入产出模型，对经济区水资源进行优化分配。李智慧等(1994)基于陕西省国民收入最大化建立目标函数，以社会总产值、部门产值、部门之间投入产出关系、需水量与产值关系、总供水量等为约束条件，对该省水资源进行优化分配。方创琳(2001)把投入产出模型、系统动力学模型、生产函数模型、AHP 法等相结合，构建了柴达木盆地的水资源优化配置模型。赵惠等(2004)在编制东辽河流域经济投入产出表的基础上，依据 2000 年行业调查数据，对流域内 3 个地市的 5 个行业部门用水情况进行了投入产出分析和水资源优化配置。王岩等(2007)把多目标规划和投入产出法相结合，对北京市虚拟水、污水排放等方面进行了分析。严婷婷等(2009)以河北省各部门取水、排污数据为基础，编制了 2002 年该省水资源投入产出表，对全省各部门的取水、排污进行了投入产出分析，并对 2010 年该省国民经济用水开展了优化配置研究。

方国华等(2010)基于水资源投入产出模型，对江苏省各部门的产出值、水资源使用总量以及 COD 去除总量进行了优化配置。徐征和(2010)以区域经济效益最优为目标函数建立模型，采用线性规划和动态规划方法进行求解，对龙口市农业水资源进行了优化配置。苏伟洲等(2015)以农业、生活、工业等方面用水为输入指标，以万元省内生产总值用水量、加工产业生产总值为输出指标，从投入产出角度建立 DEA 模型，定量分析了四川省 2013 年 18 个地市的水资源承载能力。刘秀丽等(2016)基于经济效益、社会效益、环境效益等 3 个方面的综合效益最大化目标，建立了多目标线性规划模型。刘宁(2016)采用用水定额法和 CROPWAT 模型对京津冀地区水足迹进行了核算，依据基于水足迹的水资源配置系统动力学模型，制定了京津冀地区水资源优化配置方案。刘爽等(2018)依据新疆 2007 年、2012 年经济、水资源数据，采用投入产出模型以及水资源结构偏差系数，对新疆农业、工业、第三产业、建筑业、生态环境等五大用水方向进行了投入产出分析和水资源合理配置研究。

从上述针对水资源核算体系开展的研究来看，各位专家研究的侧重点各有不同，本书拟在前人研究成果的基础上，针对水资源的界定、水资源核算的发展历程、水资源核算体系进行更加系统的梳理和阐述。

从上述针对水资源综合核算开展的研究来看，投入产出法是研究水资源与经济活动之间相互关系的有效方法，尤其是在分析水资源在各行业、各部门之间的效益拉动、用水拉动和废水排放影响拉动等方面具有较大优势。上述关于水资源综合核算的研究成果中，涉及不同的行业部门分类、不同的评价指标，但大部分成果的行业部门分类细化不够，评价指标较为单一，对水资源与经济活动之间的关系未形成综合分析结果，也未发现曾针对河南省开展过此类研究。本书将在上述研究文献基础上，首先针对水资源投入效应、水资源产出效应和水资源排放效应 3 个方面分别提出较为全面的投入产出核算方法并构建相关模型；其次基于上述 3 个方面的分析结果，对国民经济各产品部门的水资源投入产出效应进行综合分析，利用综合分析结果对国民经济各产品部门进行定性归类，从而形成一套相对系统的水资源投入产出效应综合分析框架；最后以河南省为例开展应用研究，以期填补该省在上述研究方面的空白。

从上述针对水资源优化配置的研究成果可知，部分成果只是单纯追求经济效益最优，没有顾及社会、环境等综合效益；体现水资源对整个经济系统所产生影响的完全投入效应、完全产出效应、完全排放效应，在水资源优化配置研究中较少得到体现。本书将以可持续发展的要求为基础，建立水资源优化配置模型，并把水资源完全投入产出效应分析结果融入其中，在一定程度上更加丰富了水资源优化配置理论。

1.4 研究思路、研究内容和研究方法

1.4.1 研究思路

本书主要围绕水资源核算体系、投入产出分析在水资源核算中的应用以及河南省国民经济各产品部门用水量的优化配置等方面开展研究，如图 1-3 所示。

首先，在总结国内外关于水资源核算研究现状的基础上，对水资源的内涵进行界定，围绕水资源核算的发展历程，水资源核算的特点、对象和内容、基本框架、账户构成、平衡关系、时间空间维度问题等进行系统、全面的阐述。

其次，借鉴投入产出分析方法的优势，把投入产出法与水资源核算有机结合，编制水资源投入产出表，建立水资源投入产出效应综合分析框架，构建水资源投入产出效应核算方法和模型。然后，依据可持续发展的经济效益、环境效益、社会效益 3 个目标要求，结合水资源投入产出效应核算情况，建立水资源优化配置的目标函数和约束条件，构建水资源优化配置模型。

再次，以上述水资源投入产出效应、水资源优化配置的核算方法和模型为基础，以河南省为例进行应用研究。制定河南省国民经济各产品部门用水量核算方法和废水排放量核算方法，编制全省水资源投入产出表，在核算该省各产品部门的水资源投入效应、产出效应、排放效应的基础上，对该省水资源投入产出效应进行综合分析，对该省国民经济各产品部门用水量进行优化配置。

最后，对本书研究进行总结。基于理论分析和应用研究，对河南省乃至全国的水资源核算工作提出对策建议；深刻剖析自身当前研究中存在的不足，明确今后继续努力的方向。

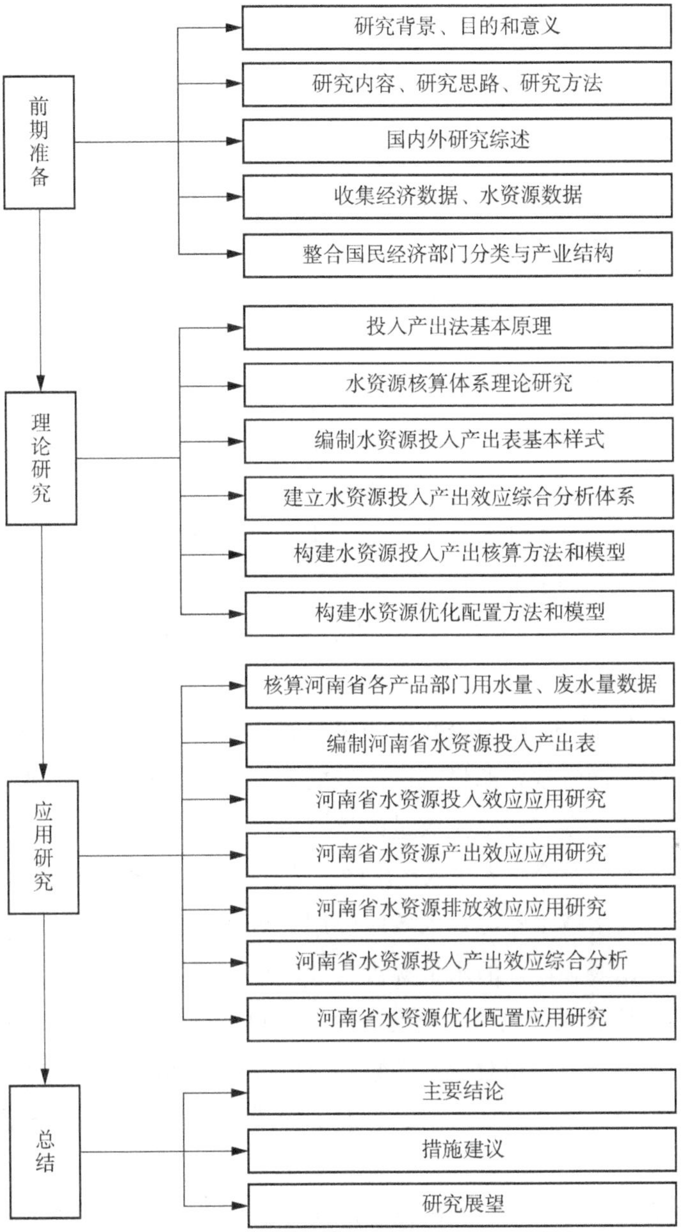

前期准备
研究背景、目的和意义
研究内容、研究思路、研究方法
国内外研究综述
收集经济数据、水资源数据
整合国民经济部门分类与产业结构
理论研究
投入产出法基本原理
水资源核算体系理论研究
编制水资源投入产出表基本样式
建立水资源投入产出效应综合分析体系
构建水资源投入产出核算方法和模型
构建水资源优化配置方法和模型
应用研究
核算河南省各产品部门用水量、废水量数据
编制河南省水资源投入产出表
河南省水资源投入效应应用研究
河南省水资源产出效应应用研究
河南省水资源排放效应应用研究
河南省水资源投入产出效应综合分析
河南省水资源优化配置应用研究
总结
主要结论
措施建议
研究展望

图 1-3 研究思路与框架

1.4.2 研究内容

本书的主要内容包括四大部分共9章：第一部分为水资源核算的理论研究，包括第1、2、3章；第二部分为水资源核算的应用研究，包括第4、5、6、7章；第三部分为水资源优化配置的理论和应用研究，包括第8章；第四部分为本书总结、对策建议与研究展望，包括第9章。各章具体内容如下：

第1章为绪论。主要阐述开展水资源核算的背景和意义，对国内外关于水资源核算的研究成果进行梳理，明确本书的研究思路、方法和内容，提出本书的主要创新点。

第2章为水资源核算体系。主要介绍水资源核算的理论的产生与发展历程，分析其与可持续发展理论、国民经济核算、综合环境经济核算之间一脉相承的联系，全面介绍水资源的内涵，水资源核算的特点、内容、范围、基本框架和各类账户构成等内容。

第3章为水资源投入产出效应分析方法。主要阐述投入产出分析的基本理论，结合水资源核算实际，确定水资源投入产出表的基本结构，建立水资源投入产出效应综合分析框架，构建水资源投入产出效应核算方法和模型。

第4章为河南省水资源投入产出表的编制。主要通过构造河南省国民经济各产品部门用水量、废水排放量的核算方法，计算得到全省各产品部门的用水量、废水量，结合全省投入产出经济数据，编制全省水资源投入产出表。

第5章为河南省水资源投入效应应用分析。主要基于前期编制的河南省水资源投入产出表和设计的水资源投入效应核算方法，计算全省国民经济各产品部门的直接投入效应、完全投入效应、间接投入效应、用水乘数、用水依存度、用水影响力、相对用水乘数，分析各产品部门生产活动对水资源的直接消耗和完全消耗，以及某一部门的生产活动对整个国民经济活动用水的拉动效应。

第6章为河南省水资源产出效应应用分析。主要在前期设计的水资源产出效应核算方法和编制的河南省水资源投入产出表基础上，计算全省国民经济各产品部门的水资源直接产出效应、完全产出效应、产出乘数、产出影响力、相对产出乘数，揭示水资源对国民经济各产品部门经济效益的直接影响和完全影响，以及对整个经济系统产出的拉动效应。

第7章为河南省水资源排放效应应用分析。主要在前期设计的水资源排放效应核算方法和编制的河南省水资源投入产出表基础上，计算全省国民经济各产品部门的废水直接排放效应、间接排放效应、完全排放效应、排放乘数、排放影响力、相对排放乘数，分析各部门在生产活动中产生的废水排放给环境带来的直接、间接和完全影响。基于各类水资源投入产出效应分析结果，对河南省各产品部门开展综合分析并进行类别划分，对各产品部门提出发展建议。

第8章为水资源优化配置方法及其应用。主要基于可持续发展理论，构造水资源优化配置方法并建立相应模型；结合前期计算的河南省水资源投入产出效应各类系数，对全省国民经济第二产业产品部门的用水量进行优化配置。

第9章为总结。对本书的主要结论进行归纳；结合当前水资源核算工作进展情况以及河南省水资源投入产出效应、优化配置核算结果，提出一些建议和对策；对水资源核算研究的前景进行展望，明确今后进一步研究的方向。

1.4.3 研究方法

1. 投入产出法

充分利用传统投入产出法分析国民经济各产品部门之间经济技术关联的优势，结合水资源核算的实际情况，把投入产出法与水资源核算进行有机结合，设计水资源投入产出表，构造水资源投入产出效应分析方法，建立水资源投入产出模型，搭建水资源投入产出效应综合分析框架。

2. 理论与实践相结合

一方面，针对水资源核算理论框架体系，国民经济各产品部门用水、废水排放数据估算方法，水资源投入产出效应核算方法，水资源优化配置方法等开展理论研究；另一方面，以河南省为例，利用前期理论研究成果，对河南省经济活动与水资源之间的联系进行应用研究，深入分析该省国民经济各产品部门的水资源投入产出效应，并对全省水资源优化配置提出初步方案。

3. 线性规划法

对水资源用水量、废水量、用水系数、产出系数、排放系数等数据运用矩阵运算；对水资源优化配置，通过建立线性多目标函数和约束条件，运用专业软件编写程序进行求解。

1.5 主要创新点

一是建立了一套相对系统的水资源投入产出效应核算方法与综合分析框架，以便深入分析各产品部门经济活动与水资源之间的相互关系。利用分析结果，对各产品部门给出明确发展建议，为政府宏观调控和产业结构调整提供一定参考。

二是在国民经济产品部门水资源优化配置模型中，创造性地引入产品部门水资源完全投入系数、完全产出系数、废水完全排放系数，使国民经济产品部门水资源优化配置更加全面、更具说服力。

三是首次建立了河南省水资源投入产出表，并以此为基础对该省国民经济与水资源之间的投入产出效应进行全面深入分析，对该省国民经济各产品部门的用水情况进行优化配置，在一定程度上填补了该省在该方面研究的空白。

四是鉴于目前国内尤其是区域国民经济产品部门用水量、废水量数据统计口径不够统一、获得性较差，在众多研究文献中说法不一，本书在借鉴其他专家学者研究成果的基础上，结合自身调研信息，对部分产品部门的水资源数据核算方法进行了一些修正。

第2章

水资源核算体系

鉴于水资源在社会经济发展过程中的重要作用，众多组织机构、专家学者围绕水资源核算理论相继开展了大量研究，建立了一系列符合时代特色的水资源核算标准、规则。本章将在前人研究成果的基础上，针对水资源的内涵，水资源核算理论的产生与发展，水资源核算体系的特点、对象、内容、框架、账户构成、平衡关系等方面，进行进一步归纳、梳理，形成一套较为系统的水资源核算理论体系。

2.1 水资源的内涵

2.1.1 水资源的界定

水资源的概念最早由美国地质调查局(USGS)提出，随着时代的变迁和水资源研究范畴的不断扩展，水资源的定义和内涵得以不断重新界定。目前，基于不同角度对水资源较为权威的定义如下：

《不列颠百科全书》把水资源定义为："自然界一切形态的水，包括气态、液态和固态的总量。"

《水资源评价活动——国家能力评价手册》把水资源定义为："作为资源的水应当是可供利用或有可能被利用，具有足够数量和可用质量，并在某一地点为满足某种用途而得以利用。"

《国际水文学名词术语》对水资源的定义为："可资利用或有可能被利用的水源，这个水源应具有足够的数量和合适的质量，并满足某一地方在一段时间内具体利用的需求。"

《中国水利百科全书》对水资源的定义为："在一定的经济技术条件下可供人类利用的地球表层的水。"

《中国大百科全书——大气科学、海洋科学、水文科学》对水资源的定义为：“地球表层可供人类利用的水，一般指每年可更新的水量资源。”

《中国大百科全书——水利》对水资源定义为：“自然界各种形态的天然水，并把可供人类利用的水作为‘供评价的水资源’。”

全国科学技术名词审定委员会公布的《水利科技名词1997》对水资源的定义为：“水资源是指地球上具有一定数量和可用质量能从自然界获得补充并可资利用的水。”

《中华人民共和国水法》规定：“水资源包括地表水和地下水。”

国内相关专家也对水资源的定义进行过表述。水文水资源专家刘昌明(1991)提出：水资源可定义为与人类生产、生活资料有关的天然水源。国民经济核算专家高敏雪(2007)从分析水资源和人类经济社会活动之间相互影响关系的角度，对水资源给出了定义：在一定时期的经济技术条件下，人类可以用有经济意义的方式利用的、当年可更新的地表和浅层地下淡水资源。

从以上关于水资源的各类定义来看，水资源可归纳为广义水资源和狭义水资源。广义水资源是指地球上的所有水量；狭义水资源是指可供人类直接利用且能不断更新的天然淡水，主要包括地下水、地表水。

在水资源核算中，主要考察进入人类生产、生活范畴的水量，因此应是可被直接利用的水量，即狭义的水资源。一般来说，纳入水资源核算范畴的水量一般应符合以下条件：一是在一定时期内的经济技术条件下，能够进行开发利用，如果在当期现有经济技术条件下，某一部分水无法被开发利用，如冰川水、海水、深层地下水等，就不能作为水资源；二是在一定周期内可更新，水资源可通过循环得以更新和恢复，以保证水资源利用的可持续性；三是一般为地表水或浅层地下的淡水。

2.1.2 水资源的属性

之所以开展水资源核算，一方面在于水资源在社会经济发展过程中具有不可替代的重要作用，另一方面也在于水资源具有以下属性：

一是水资源的稀缺性。如上一章所述，地球上的水资源尤其是淡水资源十分有限，只有2.53%的水是可供人类直接利用的淡水，并且由于开发技术、经济因素等方面的限制，较为容易开发利用的淡水资源仅占淡水总储量的

0.34%，能够满足人类生产、生活需求的水资源十分有限。水资源的稀缺性使得赋予水资源经济价值、把水资源核算纳入国民经济核算范畴成为可能。可以说，水资源的稀缺性是开展水资源核算的根本原因和研究基础。

二是水资源的唯一性。水资源是人类生存、生产、生活必可不少的基础资源，虽然随着科技的发展和技术的提高，少部分生产性用水已经可以由其他物品替代，但在绝大部分的人类活动中尤其在生活等方面，水资源是必需的、不可替代的。

三是水资源的流动性。水资源具有气态、液态、固态等不同形态，通过蒸发、降水、渗透、流动等形式组成了一个较为庞大的循环系统，在不同空间、时间都具有较强的波动性，这在一定程度上给水资源核算带来了困难，实际工作中一般以流域或区域为单元开展水资源核算。

四是水资源的双重性。水资源的双重性主要体现在利与害两个方面：一方面，水资源可为人类生活、经济发展、生态平衡做出巨大贡献；另一方面，也会由于开发利用不当，造成洪涝灾害、水环境污染等后果，给社会经济发展、人类生存环境带来负面影响。因此，开展水资源核算，不仅要核算水资源在社会经济活动中的正面效应，也要核算水资源污染等方面给环境、生态带来的负面影响。

2.2　水资源核算理论的发展历程

上述对水资源内涵的界定，使得开展水资源核算工作具有了可行性。同时，水资源核算理论的产生不是偶然的，而是人类社会实践活动长期积累的产物，具有强烈的时代背景和理论基础。在一定意义上，水资源核算理论的思想来源于可持续发展理论，在国民经济核算理论、综合环境经济核算理论的不断发展中孕育和完善。

2.2.1　可持续发展理论

1. 可持续发展理论的演变历程

经过几千年的发展，人类社会创造了灿烂的文明和丰富的物质财富，但在相当长的一段时期内，社会经济的发展处于传统发展模式下，没有考虑经济发展对自然资源形成的压力以及对环境造成的负面影响，对资源的可持续利用和环境生态的保护意识不够，忽略了人与自然、社会等之间的协调与和谐共存。尤其是近代工业快速发展以来，随着人类活动的日益扩张、人口数量的急剧膨胀，资源耗减、能源危机、生态恶化、环境污染等一系列环境、资源问题日益凸显，环境、资源的恶化已经严重影响了人类的生产、生活乃至生存。20 世纪 60 年代以来，人类对环境问题的持续高度关注，引发了对传统经济发展模式的深刻思考和思想变革，在对传统经济发展模式的长期反思以及对更加科学发展道路的漫长探寻后，作为与时代特征相适应的新的经济发展理论，可持续发展理论被提出并逐步得到全世界的一致认可。

1972 年，联合国人类环境会议对可持续发展的概念进行了初步讨论。1980 年，联合国环境规划署(UNEP)、世界自然保护联盟(IUCN)、世界野生动物基金会共同发表《世界自然保护大纲》，第一次明确提出了可持续发展的概念，引起了全世界的广泛重视，许多国家按照该大纲确定的原则和方法，制定了本国保护资源的法规和措施，以避免资源的不合理利用。1981 年，布朗(Lester R. Brown)在其著作《建设一个可持续发展的社会》(*Building a Sustainable Society*)中提出了可持续发展的观点，指出可基于加强资源保护、控制人口规模、开发再生能源，实现可持续发展。1987 年，世界环境与发展委员会(WCED)发表的报告——《我们共同的未来》(*Our Common Future*)中正式使用了“可持续发展”这一概念，报告中对“可持续发展”的界定至今仍被视为最被广泛接受的定义，并对“可持续发展”做了较为系统的阐述，在全世界范围内产生了广泛影响。1992 年 6 月，联合国召开的“环境与发展大会”通过了《21 世纪议程》《里约环境与发展宣言》等文件，详细地阐述了可持续发展的核心问题和可实施的项目，使得可持续发展从理论逐步走向实践。

国内对可持续发展的关注稍晚。1994 年，中国政府编制《中国 21 世纪人口、环境与发展白皮书》，首次把可持续发展战略纳入国家长远规划之中，提出了中国实施可持续发展的总体战略和行动方案。1996 年，八届全国人大四次会议上通过《中华人民共和国国民经济和社会发展“九五”计划和 2010 年远景目标纲要》，明确把“实施可持续发展，推进社会主义事业全面发展”作为重大战略目标。1997 年，中共十五大把可持续发展战略明确为“中国现代化建设中必须实施的战略”。2002 年，中共十六大把“可持续发展能力不断增强”作为中国全面建设小康社会的目标之一。2007 年，中共十七大报告提出：“必须坚持全面协调可持续发展，建设资源节约型、环境友好型社会。”2012 年，中共十八大为适应新时期可持续发展的要求，提出了以“创新、协调、绿色、开放、共享”为主题的新发展理念。2017 年，中共十九大提出，以新发展理念为引领，推进中国经济平稳健康可持续发展，重点强调了“坚定实施可持续发展战略”，把深化可持续发展上升到了新的高度。

2. 可持续发展的内涵

由于可持续发展涉及自然、社会、经济、科技等诸多方面，从不同专业领域对可持续发展的定义有所不同。在可持续发展理论发展演变过程中，据不完全统计，关于可持续发展曾出现了 100 多种不同的定义，被公认的科学定义有“保护和加强环境系统的生产和更新能力”“在生存于不超出维持生态系统涵容能力之情况下，改善人类的生活品质”“在保持自然资源质量及其所提供服务的前提下，使经济发展的净利益增加到最大限度”“尽可能减少能源和其他自然资源的消耗”①。

以上关于可持续发展的定义均具有鲜明的专业特点，被全世界更加广泛接受的可持续发展定义，是《我们共同的未来》中所表述的综合性定义：可持续发展是既满足当代人的需求，又不对后代人满足其需求的能力构成危害的发展。

综合以上定义，可持续发展的内涵主要包含以下几个方面：

一是发展的主题性。发展是第一要务，发展既是满足人类生存必需的基础，也是维持人类各类活动的必然途径。

二是发展的可持续性。发展的概念中包含有制约的因素，即在满足需要的同时必须有限制因素。突破了这种限制，必定会导致环境与资源的恶化，反过来必定会对人类的生产生活乃至生存造成负面影响，导致人类与社会发展的不可持续性。

三是发展的公平性。一方面是同代人之间的公平，每个人的发展不能影

---

① https：//baike. baidu. com/item/%E5%8F%AF%E6%8C%81%E7%BB%AD%E5%8F%91%E5%B1%95/360491？fr=aladdin.

响其他人的利益，一个国家或地区的发展同样不能影响其他国家或地区的利益，发展是全世界各个国家和每个人享有的共同权利；另一方面是代际的公平，即当代人在发展过程中不能影响后代人的利益。

四是发展的协调性。发展不仅体现在经济增长上，还包含了社会、环境、经济等各方面的协调发展，各方面共同构成了一个有机的、不可分割的整体。

五是发展的共同性。地球各部分的相互依存性决定了全世界必须联合、共同保护好、利用好大家共同的家园，应超越文化与历史的障碍来看待全球问题。只有全世界共同努力，把整体利益与局部利益有机结合，才能实现全人类可持续发展的总目标。

3. 可持续发展的主要内容

经济的可持续发展是核心和主导，经济的可持续发展主要体现在生产活动中的经济增长与可获利性上。一方面，经济活动可以创造大量的物质财富，是维持人类生存、生活的主要途径，首要的就是保证经济系统的产出水平不低于经济增长平均能力，有效保证当代人的生产和生活水平；另一方面要解决好当代需求与后代需求之间的协调问题，既要保证当代人的利益，又要保证后代人的利益，既要保持经济数量的增长，又要重视经济质量的增长，优化社会配置，调整产业结构，降低能源消耗，节约资源使用，提高使用效率，促进综合效益。

生态的可持续发展是前提和基础。经济的发展主要依托两方面，一是作为主体的人类，二是作为客体的资源环境，经济发展就是人类在资源环境基础上进行的活动。但无论是人类，还是资源环境，都是以生态系统的良好运行为前提的。人类发展的历史证明，经济的可持续发展不能片面强调经济发展而牺牲生态环境，也不能片面强调维护生态环境而牺牲经济发展。

社会的可持续发展是根本目的。社会的可持续发展是以人为本、以人为中心，不仅以满足人类的物质需求为目的，也要满足人类的精神等其他需求，促进人类生存和生活质量的综合提升。同时，社会的可持续发展既要满足当代社会多因素、多结构的全面发展，也要保障未来社会的多因素、多结构全面发展。

综上所述，经济可持续发展、生态可持续发展和社会可持续发展是相互促进、相互影响、相互协调的统一整体，共同构成了可持续发展的主要内容。经济可持续发展为社会可持续发展、生态可持续发展创造物质条件，生态可持续发展为社会可持续发展、经济可持续发展提供基础条件，社会可持续发展为经济可持续发展、生态可持续发展提供动力和保障。只有促进三者之间的协调，才能保证经济的良性循环和健康发展。

2.2.2 国民经济核算体系

从可持续发展理论的演变过程来看，可持续发展理论是人类对进入工业文明以来走过的发展道路进行认真总结和反思的结果。可持续发展战略的实施必须具有各个层面宏观政策的支持和指导，并在有效的决策下付诸实际行动，而科学有效合理的决策则来源于准确、全面的数据信息。基于可持续发展理念，考察一个国家或地区的综合实力，不仅需要分析其经济实力，也需要研究支撑其经济发展的资源、生态服务能力，对经济、资源、环境、社会等方面开展综合核算。但由于经济发展在推动人类社会进步中发挥着主导作用，围绕经济发展开展的国民经济核算自然成了最早开展的核算活动。

在国民经济核算方面，国民账户体系(The System of National Accounts, SNA)是当今世界范围内公认的纲领性标准，截至目前有1953、1968、1993、2008共4个版本。1953年，联合国公布了《国民经济核算体系及其辅助表》，即SNA1953。紧接着，联合国又出版了SNA1953的修订版——SNA1960与SNA1964。1968年，联合国(UN)、国际货币基金组织(IMF)、世界银行(WB)、经济合作与发展组织(OECD)、欧洲经济共同体委员会等5个国际组织对国民经济核算体系进行了较大幅度的改进，形成了SNA1968。在该版本中，SNA在国民经济核算框架设计、总量分解经济模型两个方面取得重大进展，被认为适用不同发展阶段的国家，但其可操作性较差导致了后来进一步的修订。1993年，上述5个国际组织又共同推出了SNA1993，SNA1993是20世纪以来国民经济核算进展的世纪性总结，SNA1993在资产范围界定、资产分类等方面已经向环境核算方向有所扩展，之后，五大国际组织又对SNA1993进行了修订，产生了目前最新的国民经济核算体系国际标准——SNA2008。

在国民账户体系中，国民经济的全部活动均以账户和矩阵形式列出。账户拥有生产、积累、消费和国外等 4 种基本形式，通过矩阵形式再把所有账户列在一个交叉矩阵表中形成账户体系，各类账户体系通过记录各类产品和服务的流量和各类财富的存量，全面反映经济系统的运动过程与结构状况。

2.2.3 综合环境经济核算体系

国民账户体系作为传统的国民经济核算框架，对经济发展数据具有强大的统计作用，但没有对经济发展带来的环境、资源成本进行计算，没有体现经济活动对资源、环境造成的负面影响，因此不能客观反映经济发展的真实效益。根据可持续发展理论的要求，必须在全球、国家或地区层面，对一段时期经济活动与资源环境之间的关系做出全面定量描述，对经济与生态、社会是否协调发展做出公正评判，以便对现有发展成果做出客观全面的评价，更有效做出可持续发展的宏观决策。为达到此目的，必须在国民经济核算体系中加入环境资源因素，进行综合环境经济核算。

在此背景下，联合国开始着手研究建立综合环境经济核算体系（System of Environmental and Economic Accounting，SEEA）。1992 年 6 月，联合国环境与发展会议上发表的《21 世纪议程》中提出：应加强对自然资源价值的核算，用以扩充国民收入和产值核算。1993 年，联合国发布《国民核算手册：综合环境和经济核算（临时版本）》，即 SEEA 的最初版本——SEEA1993。SEEA1993 首次构建了一个对环境、经济问题进行综合测度的框架，该体系作为 SNA1993 的附属体系，从理论上描述了经济与自然环境的相互关系。但 SEEA1993 的实施遇到了很大阻碍，可操作性的问题急需解决。2000 年，联合国发布《国民核算手册：综合环境经济核算，一个操作手册》，即 SEEA2000，但该手册只描述了在当时可行、数据相对充分、能与 SNA 衔接的部分内容。20 世纪后期，经济活动对环境的影响愈发受到关注，环境禀赋、环境污染、资源耗减、环境退化、环境防护等问题日趋严重。联合国、欧盟委员会、国际货币基金组织、经济合作与发展组织、世界银行等 5 个国际组织于 2003 年再次修订环境经济核算体系，推出 SEEA2003。SEEA2003 在形式上已具备了与 SNA 并行的功能和结构，成了一套相对独立的核算体系。但是，SEEA2003 在第 3 章至第 10 章中均专门论述了其与 SNA1993 账户、指标的对接问题，SEEA2003 仍被视为 SNA1993 的一个卫星账户体系。SEEA2003 发布后，许多国家在环境经济核算方面进步明显，但仍有一些新的要求。2011 年底，联合国批准通过了 SEEA 最新的修订版——SEEA2012，并首次作为国际标准在全球推行，SEEA1993、SEEA2000、SEEA2003 仅仅是作为操作应用手册供各国参考使用。

综合环境经济核算体系是可持续发展理论下的产物，在不改变国民账户体系基本框架的基础上，提升了国民经济核算体系的分析功能。综合环境经济核算体系不仅考虑了显性的经济发展成果，也考虑了人类活动和经济发展对环境和资源隐形的负面影响，把经济发展过程中的资源耗减和对环境的污染代价进行科学、合理的扣除，客观、全面、真实地反映经济活动与资源、环境之间的相互联系。综合环境经济核算体系提出了国际公认的环境经济核算的概念和定义，对自然资源进行价值化处理，以达到与国民经济核算相衔接的目的，也可以把相应的实物数据与价值数据相结合进行合并列报。综合环境经济核算体系主要通过编制资产账户、流量账户、环境活动账户、合并账户，针对环境资产存量及其变化，经济体内部、经济体与环境之间的流量，与环境有关的交易等进行计量。

资产账户用以记录一个核算期初、期末的环境资产存量以及存量变化情况，具有实物型和价值型两种形式。不同资产的实物型资产账户的计量单位不同，无法合并计算；价值型资产账户在实物型资产账户基础上增设了一条重新估价条目，对各类资产可以采用共同的计价单位，从而可以对各类环境资产进行比较与合并计算。

流量账户用以记录产品、自然投入和残余物流量。把从环境进入经济体的流量作为自然投入进行记录，把经济体内的流量作为产品流量进行记录，把从经济体进入环境的流量作为残余物进行记录。

环境活动账户记录与环境有关的经济交易，主要包括环境货物和服务产出，环境保护和资源管理支出，环境税收、补贴和环境许可等方面。

上述资产账户、流量账户、环境活动账户各有侧重，可根据不同核算目的决定重点采用何种账户。但三类账户并不是各自孤立存在的，在实际核算工作中，还可以对各种账户进行合并，形成合并账户，形成更加完整的信息表述。

2.2.4 水资源环境经济核算体系

自20世纪80年代以来，澳大利亚、挪威、加拿大、荷兰、德国、法国、新西兰、纳米比亚等国家，以及联合国、欧盟等国际组织，相继开展了针对水资源核算理论和核算方法等方面的研究，但在一定的时期内一直未形成一套国际通用的标准体系，直到SEEA2003的编写为水资源核算的发展提供了重要机遇，SEEA2003第8章为制定协调统一的水资源核算方法做了首次尝试。伦敦环境核算小组下设的水核算分组为水环境经济核算体系的形成做出了突出贡献，水核算分组编写的《水环境经济核算体系草案》被提交至于2005年8月29—31日在纽约举行的联合国环境经济核算专家委员会会议，经会议讨论修订后又提交给了联合国统计司于2006年5月22—24日在荷兰沃尔堡举行的“水核算促进水源综合管理的用户—编制者大会”，这次会议核准了水资源环境经济核算体系（System of Environmental and Economic Accounting for Water，SEEAW），并建议将该体系作为水资源统计国际标准。2006年6月22—23日，联合国环境经济核算专家委员会对水资源环境经济核算体系的最后文本进行了修订。2007年2月27日至3月2日，联合国统计委员会第三十八届会议审议通过了水资源环境经济核算体系第一部分，将其暂定为国际统计标准。SNA2008、SEEA2012发布后，联合国再次修订了水资源环境经济核算体系，以保证有关统计标准的协调统一，最终形成了SEEAW2012。

2.3 水资源核算体系的特点

从水资源核算体系的产生与发展脉络来看，水资源核算体系产生的理论来自可持续发展理论，在国民经济核算与综合环境经济核算逐步推进的过程中孕育、发展并趋于完善。从一定程度来说，综合环境经济核算体系是国民账户体系的卫星账户，水资源环境经济核算体系则是综合环境经济核算体系中水资源部分的进一步细化和延伸，是综合环境经济核算体系的子账户和重要组成部分。整体来看，国民账户体系为整个国民经济核算提供数据统计标准，水资源环境经济核算体系和综合环境经济核算体系作为国民账户体系的附属体系，均与国民账户体系具有共同的定义、分类和相似的结构，同时，水资源环境经济核算体系在以下几个方面扩充了国民经济核算框架：

(1)扩充了核算资产的范畴。国民账户体系只在“稀缺问题导致了所有权/使用权、市场计值或某种经济控制措施的情况下”，才纳入“用以提取的地表水和地下水资源”；水资源环境经济核算体系列入了领土内发现的所有可利用水资源。同时，国民账户体系只描述由于自然原因及人类活动引起的水资源存量变化，水资源环境经济核算体系则增加了从质量角度描述水资源状况的内容。

(2)同时采用物理单位和货币单位对水资源进行计量。国民账户体系中，只以货币来计量生产过程中的存量和流量。水资源环境经济核算体系中，纳入核算范围的水量均采用物理单位进行计量，涉水的支出、税费、补贴等用货币单位计量。

(3)对水资源保护和管理支出进行单列。国民账户体系中只是隐含地纳入了环境保护和资源管理资产，水资源环境经济核算体系则对其进行了单列，有助于确定有关税费、补贴和融资机制。

水资源环境经济核算体系所提供的信息包括水资源存量以及由于自然原因和人类活动所发生的存量变化，同时按照国民账户体系、综合环境经济核算体系的基本框架，针对水资源本身以及其相关社会经济活动进行综合核算，通过相同的定义、分类和结构直接把水资源信息和经济信息进行有效的兼容结合，形成完整的涉水信息核算平台，准确量化经济活动导致的水资源耗减量以及水环境的退化成本，几乎涵盖了水资源与环境之间所有重要的互动。

整体来看，水资源环境经济核算体系是一套切合实际又具有较强可操行性的指导性纲领，具有统一的核算原则和标准方法，不仅避免了按照学科划分问题的倾向，也克服了跨部门处理问题的麻烦。水资源环境经济核算体系通过全面系统记录某些特定区域范围一定时期内的水资源存量、用水量、污水和污染物排放量、水资源质量、与水有关的资金投入等数据信息，系统分析水资源对经济活动的贡献以及经济活动对水环境的负面影响，把水资源信息纳入到国民账户体系和综合环境经济核算体系之中，为综合环境经济核算和国民经济核算提供准确、全面的水资源数据信息。

2.4 水资源核算的对象和内容

水资源环境经济核算体系界定一个领土内的水资源系统包括该领土内的一切水资源，主要包括从中取水或者可以从中取水、领土内各水资源之间的水交换、与其他领土水资源之间的水交换。图2-1简要描述了经济体与水资源系统之间的流量和联系。从图2-1可知，水资源的增加主要来自大气降水、基准领土之外的上游流域和含水层的入流、领土内其他资源的入流以及人类的取水。水资源的减少主要来自蒸散、至其他水资源的出流以及人类活动的回归水。

水资源环境经济核算体系界定的经济体是为生产和消费活动而取水的系统，通过建设基础设施，以调动、储存、处理和配送水并使水回归到环境中，主要包括：把水作为投入的单位，用水满足需求的住户，从事水供应的单位，从事污水处理的单位。特定领土的经济体可以是一个国家、一个行政区，也可以是一个流域。

水资源环境经济核算体系主要关注的是经济体与水资源系统之间的关系，所以水资源环境经济核算体系的核算对象只包括水资源系统中能够被提取并可为经济体提供投入和服务的部分，主要包括：作为经济活动中的原料投入，接纳废弃物，为生物提供栖息地。在当前水资源核算中，更侧重于前两种情况的核算。

由水资源环境经济核算体系界定的核算对象可知，水资源核算的内容主要包括：

(1)水资源存量和流量；

(2)经济活动造成的水资源减少量、污水排放量以及污染物排放量；

(3)社会可供水量，经济活动部门的用水量，住户消费用水量；

(4)经济体内的回用水量；

(5)水的生产成本，污水处理成本，水用户用水成本，以及上述成本的分摊；

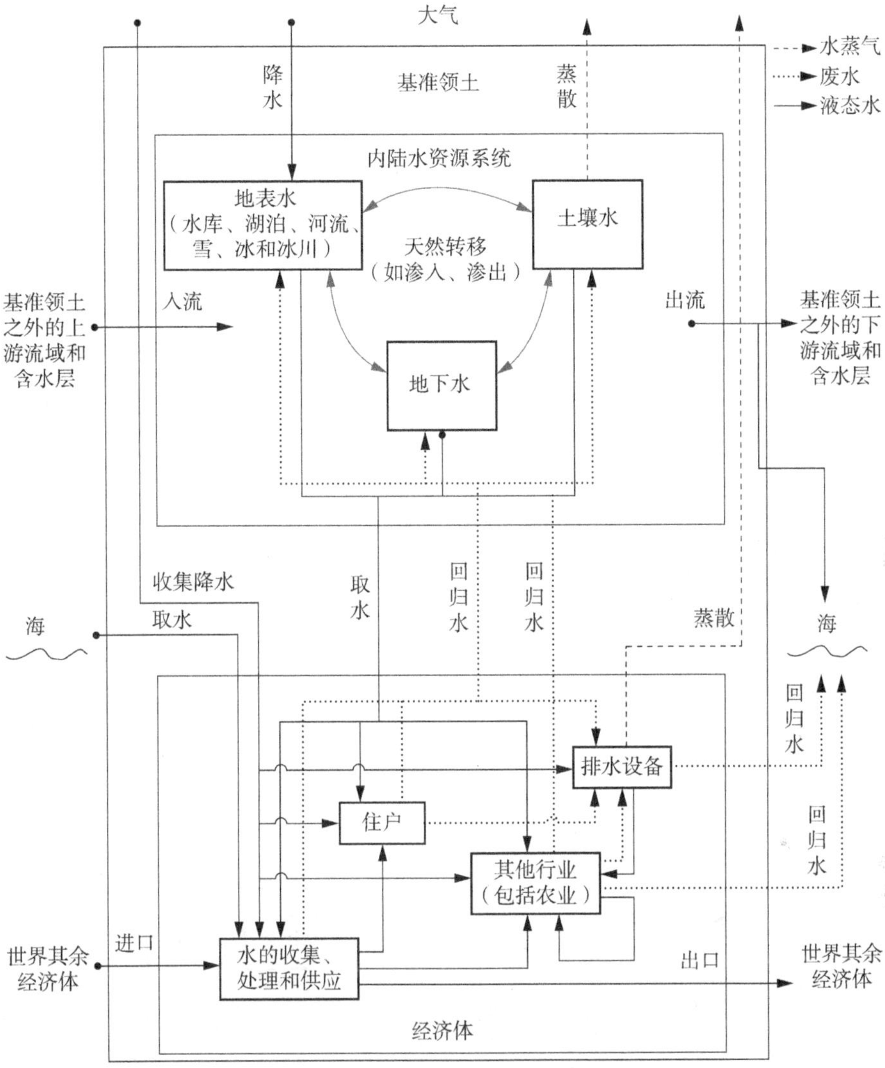

图 2-1 经济体与水资源系统之间的流量和联系

资料来源：《水资源环境经济核算体系 2012》(SEEAW2012)。

(6)取水、废水排放许可费用；

(7)涉水基础设施投资。

2.5 水资源核算的账户构成

水资源环境经济核算体系的账户主要由两部分组成：第一部分是在总结各个国家水资源核算实践经验基础上，各国基本达成一致并作为标准由各国共同遵循的一整套标准表和各类补充表，其中标准表是建议各国编制的最低限度数据集；补充表是标准表的进一步细化，可以由各国根据自身情况加以考虑进行编制，主要包括：以物理单位计量的水使用与供应表、排放账户、混合账户和经济账户、资产账户。第二部分是各国正在尝试、没有达成一致意见且尚未推荐给各国按照标准用来遵循的模块，主要包括质量账户和水资源的估值。具体账户如下：

2.5.1 以物理单位计量的水使用与供应表

以物理单位计量的水使用与供应表是水资源核算体系的核算基础，主要测度经济体、环境内部以及它们相互之间的水流量，以物理单位计量。有关流量如图 2-2 所示。

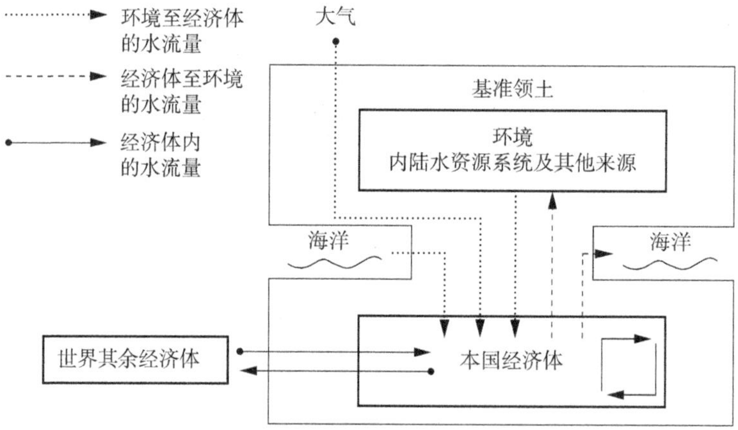

图 2-2 以物理单位计量的水使用与供应表中的流量

资料来源：《水资源环境经济核算体系 2012》(SEEAW2012)。

以物理单位计量的水使用与供应表主要核算 3 个部分的水资源流量：环境至经济体的水流量、经济体内的水流量、经济体至环境的水流量。环境至经济体的水流量主要包括基于生产、消费目的而来自环境的取水量。经济体至环境的水流量主要是经过利用后由经济体重新排放回环境的回归水量。经济体内的水流量主要核算经济体内部的用水量和废水流量，用来测算作为中间消耗满足生产其他货物或服务的用水量、作为最终消费满足人类需要的用水量，以及作为出口的水量。

以物理单位计量的水使用表主要核算一个经济体从外界取得的水流量，包括：经济体内一个行业从其他行业或住户接收的水流量、经济体从其他经济体取得的水流量，以及从环境至经济体的水流量。以物理单位计量的水使用表的结构如表 2-1 所示，表中《国际标准产业分类》见附录（以下同），各国各地区也可结合自身实际，灵活采用其他行业分类标准。

表 2-1　以物理单位计量的水使用表

（物理单位）

		行业（一般采用《国际标准产业分类》规定类别）							住户	世界其余经济体	合计
		1~3	5~33，41~43	35	36	37	38，39，45~99	合计			
取自环境	1. 总取水（=1.1+1.2=1.3+1.4）										
	1.1 自用取水										
	1.2 给水用取水										
	1.3 取自内陆水资源										
	1.3.1 地表水										
	1.3.2 地下水										
	1.3.3 土壤水										
	1.4 降水收集										
	1.5 取自海洋										
经济体内	2. 从其他单位获得的用水										
	2.1 回用水										
	2.2 至污水处理系统的废水										
	3. 总用水（1+2）										

资料来源：《水资源环境经济核算体系 2012》（SEEAW2012）。

以物理单位计量的水供应表主要核算一个经济体供应给外界的水流量，包括：经济体内一个行业供应给其他行业或住户的水流量、经济体供应给其他经济体的水流量，以及从经济体至环境的水流量。以物理单位计量的水供应表结构如表 2-2 所示。

表 2-2　以物理单位计量的水供应表

（物理单位）

		行业（一般采用《国际标准产业分类》规定类别）							住户	世界其余经济体	合计
		1~3	5~33，41~43	35	36	37	38，39，45~99	合计			
经济体内	4. 向其他单位的供水										
	4.1 回用水										
	4.2 至污水处理部门的废水										
至环境中	5. 总回归水（=5.1+5.2）										
	5.1 至内陆水资源										
	5.1.1 地表水										
	5.1.2 地下水										
	5.1.3 土壤水										
	5.2 至其他水源										
	6. 总供水（=4+5）										
	7. 耗水（=3-6）										

资料来源：《水资源环境经济核算体系 2012》（SEEAW2012）。

2.5.2　排放账户

排放账户主要针对排入环境中的已处理或未处理的废水，核算各个行业、住户或政府等因经济活动导致的污染物数量、向环境排放的污染物数量以及处理的污染物数量。废水和相关污染物的路径如图 2-3 所示。

排放账户主要从向水资源中排放污染物的角度显示经济体对环境的负面影响和压力。排放账户的表格结构如表 2-3 所示。

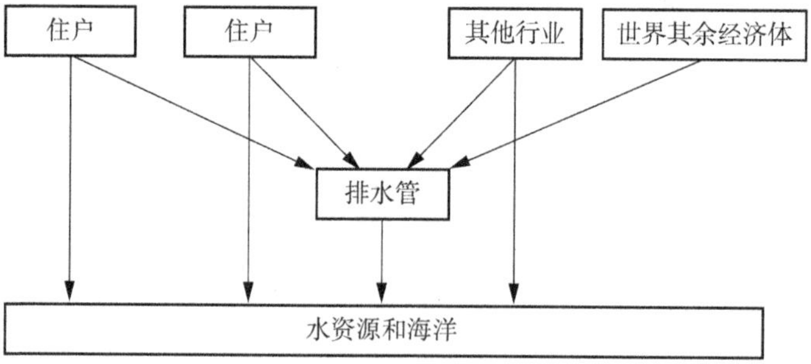

图 2-3　废水和相关污染物的路径

资料来源：《水资源环境经济核算体系 2012》（SEEAW2012）。

表 2-3 排放账户 （物理单位）

	行业（一般采用《国际标准产业分类》规定类别）							住户	世界其余经济体	合计
	1~3	5~33，41~43	35	36	37	38，39，45~99	合计			
1. 排放毛数（=1.1+1.2）										
1.1 至水中的直接排放（=1.1.1+1.1.2=1.1.3+1.1.4）										
1.1.1 未经处理										
1.1.2 就地处理										
1.1.3 排放至内陆水资源										
1.1.4 排放至海洋										
1.2 至污水处理系统（一般为《国际标准产业分类》）第37类产业										
2.《国际标准产业分类》第37类产业排放重新分摊数										
3. 排放净数（=1.1+2）										

资料来源：《水资源环境经济核算体系2012》（SEEAW2012）。

2.5.3 混合账户和经济账户

混合账户和经济账户主要是研究涉水产品和涉水活动中的经济因素，主要包括：水产品的供应与使用价值量，与涉水产品有关的收入与成本，涉水设施投资与养护费用，涉水活动的费用和补贴。

通过编制混合账户，可以把以货币单位计量的经济信息，与以物理单位计量的涉水信息同时表示出来，有助于分析以两种单位计量的信息之间的联系，有助于评价水资源与经济活动之间的相互作用与影响。混合账户的表格结构如表2-4所示。

经济账户作为混合账户的补充，主要核算自用型涉水活动与政府涉水服务支出，此类涉水活动价值量虽小，但也是水资源核算不可缺少的一部分。自用型涉水活动包括水的收集、处理和供应，以及污水处理。政府涉水服务包括供水、废水管理、土壤和地下水保护以及与水有关的其他环境保护。此外，还可以利用经济手段对水资源进行管理，包括征税、签发许可证、授予水权等。账户有关表格结构如表2-5、表2-6、表2-7、表2-8所示。

表 2-4　水供应与使用的混合账户

（物理单位与货币单位）

	行业（一般采用《国际标准产业分类》规定类别）								世界其余经济体	产品税减与产品补贴、贸易与运输差价	实际最终消费		资本形成	合计
	1~3	5~33，41~43	35		36	37	38，39，45~99	合计			住户	政府		
			合计	（其中）水利										
1. 总产出和供应（采用货币单位）														
1.1 天然水														
1.2 污水服务														
2. 总中间消耗与使用（采用货币单位）														
2.1 天然水														
2.2 污水服务														
3. 总增加值（毛数）（=1−2）（采用货币单位）														
4. 毛固定资本形成（采用货币单位）														
4.1 有关供水														
4.2 有关水卫生														
5. 供水固定资产的期末存量（采用货币单位）														
6. 水卫生固定资产的期末存量（采用货币单位）														
7. 总用水（采用物理单位）														
7.1 总取水														

续表

	行业(一般采用《国际标准产业分类》规定类别)								世界其余经济体	产品税减与产品补贴、贸易与运输差价	实际最终消费		资本形成	合计
	1~3	5~33,41~43	35		36	37	38,39,45~99	合计			住户	政府		
			合计	(其中)水利										
7.1.1 自用取水														
7.2 从其他单位获得的用水														
8. 总供水(采用物理单位)														
8.1 向其他单位的供水														
8.2 排放至污水处理系统的废水														
9. 总(毛)排放(采用物理单位)														

资料来源:《水资源环境经济核算体系 2012》(SEEAW2012)。

表 2-5　自用型水供应与污水处理的混合账户表（物理单位与货币单位）

		行业（一般采用《国际标准产业分类》规定类别）								住户	总行业
		1~3	5~33，41~43	35		36	37	38，39，45~99	合计		
				合计	（其中）水利						
自用供水	1. 生产成本（=1.1+1.2）（采用货币单位）										
	1.1 总中间消耗										
	1.2 总增加值										
	1.2.1 雇员报酬										
	1.2.2 其他生产税减去生产补贴										
	1.2.3 固定资本消耗										
	2. 毛固定资本形成（采用货币单位）										
	3. 固定资产存量（采用货币单位）										
	4. 自用取水（采用物理单位）										
自用型污水处理	1. 生产成本（=1.1+1.2）（采用货币单位）										
	1.1 总中间消耗										
	1.2 总增加值										
	1.2.1 雇员报酬										
	1.2.2 其他生产税减去生产补贴										
	1.2.3 固定资本消耗										
	2. 毛固定资本形成（采用货币单位）										
	3. 固定资产存量（采用货币单位）										
	4. 自用取水（采用物理单位）										

资料来源：《水资源环境经济核算体系 2012》（SEEAW2012）。

表 2-6　涉水集体消费服务的政府账户表　（货币单位）

	《国际标准产业分类》第 84 类（一般采用《政府职能分类》规定类别）			
	废水管理	土壤与地下水保护	环境保护	供水
1. 生产成本（=1.1+1.2）				
1.1 总中间消耗				
1.2 总增加值				
1.2.1 雇员报酬				
1.2.2 固定资本消耗				

资料来源：《水资源环境经济核算体系 2012》（SEEAW2012）。

表 2-7　国民支出账户表

A. 废水管理（货币单位）						
	用户或受益人					
	生产者		最终消费者		世界其余经济体	合计
	专业生产者	其他生产者	住户	政府		
1. 废水服务的利用						
1.1 最终消费						
1.2 中间消耗						
1.3 资本形成						
2. 毛资本的形成						
3. 关联产品和适应性产品的利用						
4. 专项转移						
5. 总国内使用（=1+2+3+4）						
6. 世界其余经济体的出资						
7. 国民支出（=5-6）						
B. 水管理与开采（货币单位）						
	用户或受益人					
	生产者		最终消费者		世界其余经济体	合计
	专业生产者	其他生产者	住户	政府		
1. 用水服务						
1.1 最终消费						
1.2 中间消耗						

续表

	用户或受益人					
	生产者		最终消费者		世界其余经济体	合计
	专业生产者	其他生产者	住户	政府		
1.3 资本形成						
2. 毛资本的形成						
3. 关联产品和适应性产品的利用						
4. 专项转移						
5. 总国内使用(=1+2+3+4)						
6. 世界其余经济体的出资						
7. 国民支出(=5-6)						

资料来源:《水资源环境经济核算体系 2012》(SEEAW2012)。

表 2-8 资金来源账户表

A. 废水管理(货币单位)						
资金来源部门	用户或受益人					
	生产者		最终消费者		世界其余经济体	合计
	专业生产者	其他生产者	住户	政府		
1. 广义政府						
2. 为住户服务的非营利性机构						
3. 公司						
3.1 专业生产者						
3.2 其他生产者						
4. 住户						
5. 国民支出						
6. 世界上其余经济体						
7. 国内使用						

续表

B. 水管理与开采（货币单位）						
资金来源部门	用户或受益人					
	生产者		最终消费者		世界其余经济体	合计
	专业生产者	其他生产者	住户	政府		
1. 广义政府						
2. 为住户服务的非营利性机构						
3. 公司						
3.1 专业生产者						
3.2 其他生产者						
4. 住户						
5. 国民支出						
6. 世界上其余经济体						
7. 国内使用						

资料来源：《水资源环境经济核算体系 2012》（SEEAW2012）。

2.5.4 资产账户

资产账户用来测算核算期间的水资源期初和期末存量，以及核算期间水资源存量的变化。与水有关的资产包括两类：一类是水资源，另一类是用以提取、调用、处理水的生产资产。鉴于当前对水资源的计价存在较多问题，水资源价值通常无法准确计量。因此，水资源资产账户通常以物理单位进行计量，通过逐条记录核算期间各流量的方式，从期初存量计算至期末存量。资产账户表格结构如表 2-9 所示。

表 2-9　资产账户（物理单位）

	地表水				地下水	土壤水	合计
	人工水库	湖泊	河流	霜、冰和冰川			
1. 期初存量							
存量的增加							
2. 降水							

续表

	地表水				地下水	土壤水	合计
	人工水库	湖泊	河流	霜、冰和冰川			
3. 回归水							
4. 入流							
4.1 自上游领土							
4.2 自领土内其他资源							
存量的减少							
5. 蒸发或实际蒸散							
6. 取水							
7. 出流							
7.1 至下游领土							
7.2 至海洋							
7.3 至领土内其他资源							
8. 其他总量的变化							
9. 期末存量							

资料来源：《水资源环境经济核算体系 2012》(SEEAW2012)。

2.5.5 质量账户

质量账户是从水资源质量的角度描述核算期间的期初、期末存量。由于水资源的流动性与复杂性，很难将水资源的质量变化与变化原因紧密地联系起来，同时，质量账户与经济账户之间没有直接联系，因此质量账户只是描述了水资源在整个核算期的总质量变化。质量账户的表格结构如表 2-10 所示。

表 2-10　质量账户

（物理单位）

	质量等级				合计
	质量 1	质量 2	……	质量 n	
期初存量					
存量变化量					
期末存量					

资料来源：《水资源环境经济核算体系 2012》(SEEAW2012)。

2.5.6 水资源的估值

水资源的价值通常按照水交易价格计算，但水价格数据并不能充分反映水资源的经济价值，这与水资源的一些特质有关：一是，水是被严格监管的商品，供水具有自然垄断的性质；二是，水是“笨大”商品，不便于异地交换，取水通常作为自用；三是，当水资源作为公益用品或集体用品时，不容易确定水权。水资源的这些特质抑制了确定水资源经济价值的竞争性市场的发展，水资源的价值通常被低估且无法单独列示。同时，在对水资源估值时，很多数据无法获得，即使有些数据可以收集，也需要付出较高代价；水资源具有鲜明的地域特色，其价值也因地而异，不便于汇总和比较。

虽然水资源的估值具有不确定性且不易获得，但针对不同用途，水资源的估值仍有一些基本方法和理论。水资源的估值一般具有 3 种价值尺度：一是边际价值，即买家愿意为一个额外单位的水资源支付的价格，其与国民账户体系估值原则是一致的。二是平均价值，即所有买家愿意支付的平均价格。平均价值包括生产者或消费者剩余，是买家愿意支付的最高价格，与边际价值之间可能存在较大差异。三是总经济价值，即计量总经济福利的一个尺度，包括生产者和消费者剩余，可用来估算平均价值。

不同类别的水资源账户具有不同的计值方法，具体来说，有 3 种大的类别：一是作为农业和制造业中间投入的水价值计算，估值方法主要有净收入变化法、残值法、数学规划模型、生产函数法、特征定价法；二是作为最终消费货物的水价值计算，估值方法主要有根据水销量估计需求函数、或有计值法；三是计算废物同化处置方面的环境服务用水价值，主要估值方法有计算防止水退化损害的收益、计算防止水退化损害的成本。

综上所述，水资源核算账户主要由三大部分组成：流量账户、存量账户、水资源的估值。其中以物理单位计量的水使用和供应表、排放账户、混合账户和经济账户属于流量账户，资产账户、质量账户属于存量账户。

2.6 水资源核算的平衡关系

在国民账户体系中，从货物和服务的生产、初次收入分配的形成，到收入的再分配以及提供给各机构的使用和消费，一系列的经济活动都可以用各类账户来描述。在各类常规的经济账户中，为确保账户的一致性和完整性，各账户内部和各账户之间都存在一些恒等式，这些恒等式在水资源环境经济核算中同样适用。

$$总供应=产出+进口 \tag{2-1}$$

式(2-1)表示经济体中的产品供应：一方面来源于国内生产的产品，另一方面来源于国外生产的产品。二者共同组成了该经济体中产品的总供应。

$$总使用=中间消耗+最终消费+毛资本形成+出口 \tag{2-2}$$

式(2-2)表示经济体中的产品去向，主要体现在4个方面：一是作为其他部门的中间消耗，二是用于满足政府、住户的消费需求，三是形成一定量的资本用于未来生产，四是用于国外的生产。

$$总供应=总使用 \tag{2-3}$$

式(2-3)表明，针对一个经济体，货物和服务的来源与使用是等额的，总供应与总使用是一致和平衡的。该等式在国民经济账户中以货币表示，在水资源环境经济核算中，既可以使用货币单位计量，也可以使用物理单位计量。

$$毛增加值=产出-中间消耗 \tag{2-4}$$

$$净增加值=产出-中间消耗-固定资本消耗 \tag{2-5}$$

增加值是用来衡量各个产业、部门对国内生产总值贡献的最重要的指标。式(2-4)表明毛增加值是产出中减去货物和服务的消耗，而未减去生产过程中的固定资本消耗。在式(2-4)基础上减去生产过程中的固定资本消耗则为式(2-5)中的净增加值的量。

$$期末存量=期初存量+毛固定资本形成-固定资本消耗+资产量的其他变化+资产持有损益 \tag{2-6}$$

式(2-6)描述了核算期初和期末的资产存量以及二者的变化，把资本的存量与流量进行了有机联系。从期初到期末的存量变化主要有以下原因：因资产交易形成固定资本，固定资本消耗，因分类重置、自然环境变化、账外资产等导致的与经济交易无关的资产量变化，因价格变动引起的资产持有损益等。

2.7　水资源核算框架

水资源核算框架如图 2-4 所示。框架图中无阴影方框表示以货币单位计量的账户，此类账户在列入水资源核算体系的同时也列入国民账户体系。框架图中有阴影方框表示该账户既可以用货币单位计量，也可以用物理单位计量，此类账户已列入水资源核算体系但尚未列入国民账户体系。

水资源核算框架形象清晰地展示了水资源核算的主要活动：水资源的供应与使用、污水的排放与处理、水资源资产变化、水保护与管理费用的支出等。

在说明水资源供应活动时，一方面可以与国民账户体系一致，以货币单位计量，即总供应等于产品产出(包括与水的配送、处理和处置有关的产出)加上进口。另一方面可以用物理单位计量，即水资源的总供应等于各行业至其他行业和住户的给水供应加上进口，或者等于各行业至环境的回归水供应、住户和政府至环境的污染物供应、水资源的回归水流量的总和。

在表述水资源使用活动时，道理同上，一方面可以与国民账户体系一致，以货币单位计量，总使用等于中间消耗(包括与用水有关的)、最终消费、毛固定资本形成(去除固定资本消耗)、出口的总和。另一方面可以用物理单位计量，总使用等于行业给水的使用(经济体内)、住户和政府给水的使用、出口的总和，或者等于各行业的水资源提取(源自环境)、住户和政府自用目的的水资源最终消费(源自环境)、水的提取与损耗/降级的总和。

在核算水资源排放活动时，可以从供应的角度，对行业至环境的污染物供应和住户与政府至环境的污染物供应进行加总，也可以从使用和处理的角度，对行业的污染物处理量和住户、政府至环境的污染物处理量进行加总。核算排放账户时，可以用物理单位计量也可以用货币单位计量。

在核算水资源支出账户时，与国民账户核算一致，以货币单位计量，对行业的水保护与管理的经常支出、住户和政府的水保护与管理的支出、水保护与管理的资本支出进行加总即可。

在核算水资源资产账户时，可以与国民账户一致，用货币单位计量。水资源的期末存量(经济资产)等于水资源期初存量、毛固定资本形成(去除固定

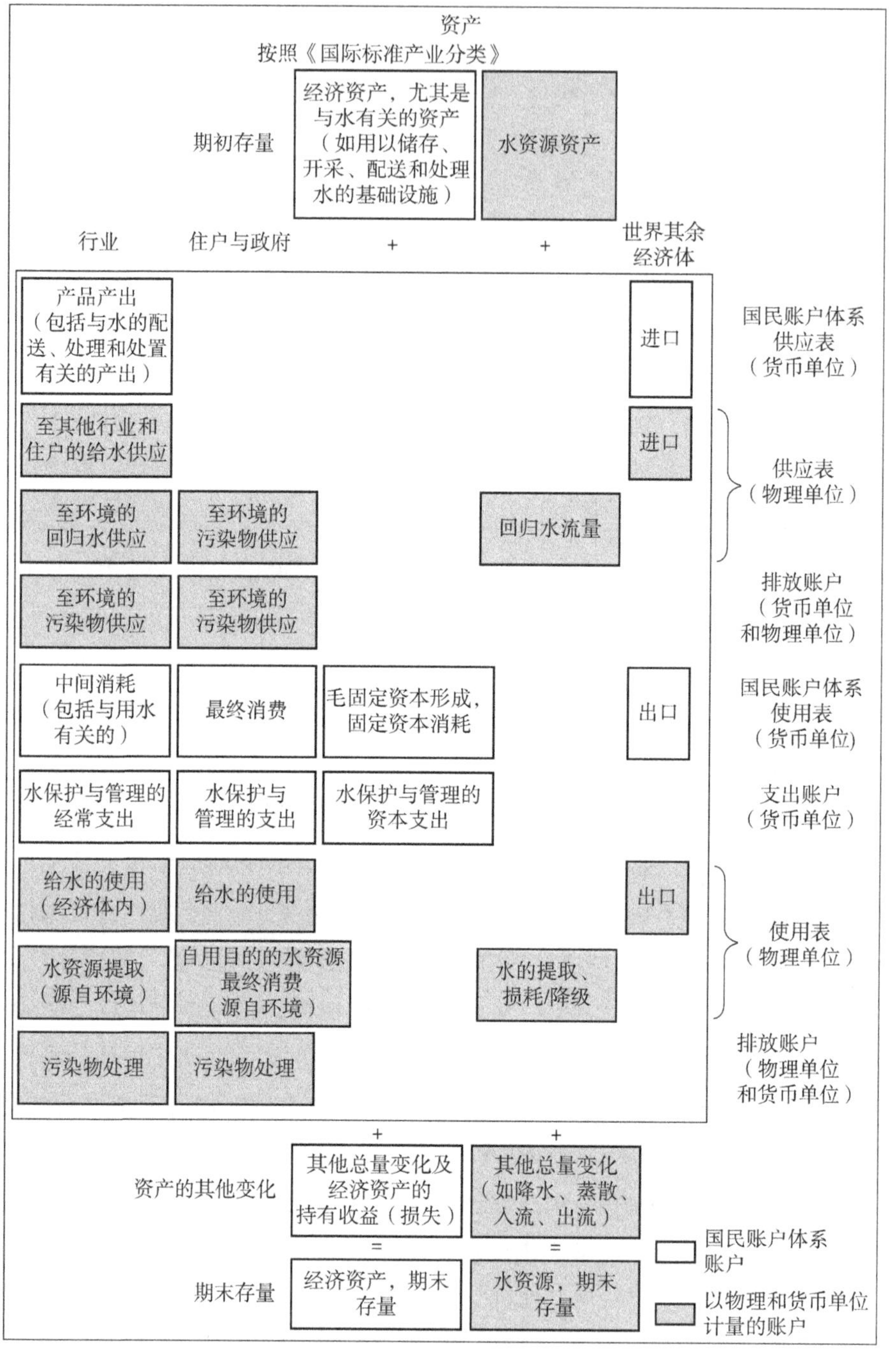

图 2-4 水资源核算框架

资料来源：《水资源环境经济核算体系 2012》(SEEAW2012)。

资本消耗)、水保护与管理的资本支出、其他总量变化及经济资产的持有收益(损失)的合并总量。也可以同时以物理单位和货币单位计量，即期末的水资源资产等于期初水资源资产，回归水流量，水的提取、损耗/降级，其他总量变化(如降水、蒸散、入流、出流)等的合并总量。

2.8　水资源核算的空间、时间维度

水资源在空间与时间上的分布都是不均衡的。国家之间、一个国家内的不同地区之间、一个流域内的不同地区之间，水资源分布都有差异。不同年份之间、年度内不同季度之间，水资源分布也有不同。确定好水资源核算的空间和时间维度，把水文信息与常规经济信息有机结合，对水资源的核算、比较和预测具有重要意义。

水资源核算空间基准的选择取决于研究目的。水资源核算的空间基准可以是一个国家、一个行政区、一个流域或一个会计集水区。在水资源核算中，以行政区或流域为基准各有利弊。行政区域便于收集经济信息，各流域便于收集水文信息。各流域一般设有专门机构收集以物理单位计量的水账户，编制以货币单位计量的水账户需要对行政区提供的经济信息进行调节。也可以根据实际需要，将行政区与流域相结合，形成会计集水区的水账户，既可以由包含若干流域的行政区组成，也可以是涵盖了整个流域的若干行政区组成。界定会计集水区的一般原则是更容易获得经济和物理数据的账户。

水资源核算的时间基准原则上与国民经济账户基准期保持一致，即 12 个月，以便把水文数据与经济数据有机结合，并进行详细的时间序列分析。此外，水资源核算账户编制的频率也取决于数据的类型和可得性。在说明年度内的变化差异时，一般采用季度账户，以显示一些年度账户无法体现的重要信息。有时需要编制一年以上的核算账户，如每 3 年或每 5 年编制一次用水账户，以消除因气候差异等因素对年度间用水信息分析的影响，便于全面分析用水趋势。有时需要编制更长时期的预算性水账户，如 20 年或 30 年为一个周期，计算周期内水资源年度平均数据，与特定的实际年份用水情况相结合，对水资源利用进行分析和预测，有助于分析人类水需求与自然供水之间的关系。

2.9 中国水资源核算进展

上述针对水资源核算体系进行了较为系统的介绍，可为水资源实物量核算、价值量核算和水资源经济核算等提供基本参考。自 20 世纪 80 年代以来，各国各地区根据自身现有的数据基础和着重关注的问题，陆续开展了水资源核算的研究，编制了不同的水资源核算账户。挪威、德国、加拿大、荷兰、西班牙、丹麦、新西兰、澳大利亚等发达国家在水资源核算方面起步较早，取得了较多的成果，大多数发展中国家则是在国际组织或发达国家的技术援助下开展水资源核算相关工作。

中国的水资源核算工作起步较晚，2006 年，在联合国统计司的帮助下，国家统计局、水利部共同启动了水资源核算研究项目。该项目以北京、上海为试点地区，以海河流域和太湖流域为试点流域，开展了一系列水资源核算研究工作，同时在国家层面进行了尝试性核算。在该项目推进过程中，国家统计局、水利部协同中国水利水电科学研究院、中国人民大学等单位，在联合国发布的水资源环境经济核算体系的基础上，结合中国实际进行了进一步的充实和完善，形成了《中国水资源环境经济核算体系》。同时，为了对试点地区、流域和国家层面的水资源核算工作进行具体指导，课题组编写了《中国水资源环境经济核算技术细则》。根据《中国水资源环境经济核算体系》和《中国水资源环境经济核算技术细则》的具体规定，各地区、各流域和国家层面针对水资源核算开展了大量尝试，但进展较为缓慢。

近年来，随着党和国家对环境资源核算工作重视程度的不断提升，作为生态文明体制改革的一项重要基础举措，2015 年，《编制自然资源资产负债表试点方案》获中央批准，明确要为水资源、土地、林木建立核算账户，摸清各类资源“家底”，对水资源核算工作提出了进一步明确要求。目前，各地区已积极投入包括水资源在内的各类自然资源资产负债表的编制之中。

综上所述，通过十几年的努力，中国的水资源核算工作取得了长足的进步，建立了水资源核算的基本框架和体系，各个层面的水资源资产负债表也在陆续编制之中，但仍具有一定的局限性：一方面，目前的水资源核算工作整体上仍处于对水资源实物量、价值量、涉水经济等方面的单独核算，且目前各个层面公布的水资源数据以总量居多，涉及社会各行业、各部门的水资源细化数据较少；另一方面，基于各行业、各部门水资源数据，针对各行业、各部门经济活动与水资源之间关联的综合分析更为缺乏，本书以下章节将重点在上述两个方面开展研究。

2.10 本章小结

本章详细阐述了水资源核算产生的背景，以及其与国民经济核算、综合环境经济核算之间一脉相承的联系，对水资源核算的特点、核算对象、核算内容、平衡关系、账户构成、体系框架、时间空间维度等方面进行了系统归纳和梳理，为水资源的实物量核算、经济核算和价值量核算提供了理论基础和核算标准。

水资源核算是一项长期、复杂的大型系统工程，我国的水资源核算工作起步较晚，虽然有关部门和各地区付出了大量心血，有关专家学者也相应开展了不少研究，但各部门、各地区公布水资源数据的充分性、一致性仍稍显不足。通过本章的研究，以期能为各部门、各地区全面认识水资源核算，按照统一口径进行水资源数据统计提供一定的理论参考。

第3章

水资源投入产出效应分析方法

从上一章对水资源核算理论体系的论述中可知，基于水资源实物量核算、价值量核算和经济核算，可对水资源相关数据进行统一口径的全面统计。从整体上来说，水资源核算除了上述3个方面之外，还包括水资源的综合核算。水资源的综合核算是以水资源的实物量核算、经济核算和价值量核算数据为基础，针对水资源与国民经济活动之间的关系开展的进一步研究。投入产出法在分析国民经济产品部门之间相互经济技术关联方面具有明显优势，可以尝试把投入产出法与水资源核算相结合，开展水资源投入产出效应研究，用于分析经济活动与水资源的相互关系，这也是本书研究的主要内容。本章将针对水资源投入产出效应的核算方法进行研究，主要涉及水资源投入产出表的编制、国民经济产品部门的分类与整合、水资源投入效应核算、水资源产出效应核算、水资源排放效应核算、水资源投入产出效应综合分析等内容。

3.1 投入产出理论体系

3.1.1 投入产出法概述

1936年，华西里·列昂惕夫发表论文《美国经济中投入与产出的数量关系》，标志着投入产出法的诞生。投入产出法创立之初，主要用于编制美国国民经济的投入产出表。随着该体系理论的不断完善，华西里·列昂惕夫认为投入产出法是一个全能的分析工具，除了可以用于分析一国的经济运行状况外，也可以用于研究局部或某些环节的经济问题以及整个世界范围的经济问题，由此，投入产出法逐步被广泛应用于研究生产结构、成本与价格、对外贸易、劳动就业、环境资源等方面的问题，并得到众多经济学家的认可。1961年，理查德·斯通发表论文《投入产出与国民账户》，阐明了把投入产出分析与收入、生产账户相协调的方法，使投入产出核算成为国民经济核算体系中不可或缺的一部分。1968 年，国民账户体系正式把投入产出核算纳入其中，制定了编制投入产出表的标准、方法，成为国际通行的标准体系。1993 年，国民账户体系进一步强调，把投入产出法纳入国民经济核算体系是 SNA 的重要特点之一。2008 年，国民账户体系把投入产出法单独编制为一章——“投入产出及其他矩阵的分析”，更加凸显了投入产出法的重要地位。

投入产出法的经济理论基础为社会再生产理论以及总供给等于总需求。国民经济是由众多部门构成的有机整体，国民经济的运行过程就是国民经济各部门实现再生产各环节活动的过程。产品一经生产，即具有使用价值和价值，并由此产生两种对应运动：实物运动和价值运动。产品的实物运动形成社会的总供给，产品的价值运动形成社会的总需求，国民经济运行过程就是产品价值和使用价值从统一到分离再到统一的循环过程。在社会产品的实物运动、价值运动中，国民经济各部门、各环节、各子系统之间都存在着极其复杂的相互经济技术联系，并且这些联系随着技术的进步、社会的发展和分工的细化而日趋复杂，一种产品的产出可以影响许多产品的相应产出，一种产品的价格变化可以引起许多产品价格的相应变化，一个部门的产出可能是另外部门的投入，一种产品不仅直接消耗另外一种产品还要间接消耗其他许多产品。

国民经济活动虽然复杂，但整体可以概括为投入与产出的关系。可以说，投入产出分析法就是在上述经济理论指导下，通过编制投入产出表，建立相应的投入产出模型，综合系统分析国民经济各产品部门、再生产各环节之间数量依存关系的一种经济数量分析方法。投入产出法可以把国民经济活动中复杂的数量关系梳理出来，进行详细透彻的分析和预测，保证国民经济各部门、社会再生产各环节协调发展，有效维持社会总产出与社会总需求的平衡。从一定程度上来说，投入产出法是经济学、数学和统计学相结合的产物，也被称为投入产出分析、投入产出技术。

3.1.2 投入产出表

投入产出表是投入产出分析的基础，一般有两种形式：一种是产品和产业部门交叉分类的供给与使用表(UV 表)，另一种是对称型产品×产品表。UV

表一般用来直接收集数据；对称型产品×产品表主要用作分析使用，对称型投入产出表分为实物型和价值型两种。在基于投入产出法的水资源核算中，我们主要依据价值型投入产出表，因此在本书我们只讨论价值型投入产出表的结构、平衡关系以及由此延伸的有关模型。

1. 投入产出表的基本结构

投入产出表是依据产品部门进行编制的，旨在对各部门之间的投入与产出关系进行全面系统的分析。投入产出表中的产品部门不是指传统意义上为适应行政管理需要而设置的企业部门，而是指从事同种生产的基层单位的集合，是一种纯部门。投入产出表的基本结构如表 3-1 所示。

表 3-1 投入产出表的基本结构

<table>
<tr><th colspan="2" rowspan="2"></th><th colspan="6">中间使用</th><th colspan="4">最终使用</th><th rowspan="2">总产出</th></tr>
<tr><th>1</th><th>2</th><th>3</th><th>…</th><th>n</th><th>合计</th><th>最终消费</th><th>资本形成总额</th><th>净出口</th><th>合计</th></tr>
<tr><td rowspan="6">中间投入</td><td>1</td><td colspan="6" rowspan="6">第Ⅰ象限
X_{ij}</td><td colspan="4" rowspan="6">第Ⅱ象限
Y_i</td><td rowspan="6">X_i</td></tr>
<tr><td>2</td></tr>
<tr><td>3</td></tr>
<tr><td>…</td></tr>
<tr><td>n</td></tr>
<tr><td>合计</td></tr>
<tr><td rowspan="5">增加值</td><td>固定资产折旧</td><td colspan="5" rowspan="5">第Ⅲ象限</td><td>D_j</td><td colspan="4" rowspan="5">第Ⅳ象限</td><td rowspan="5"></td></tr>
<tr><td>劳动者报酬</td><td>V_j</td></tr>
<tr><td>生产税净额</td><td>T_j</td></tr>
<tr><td>营业盈余</td><td>M_j</td></tr>
<tr><td>合计</td><td>N_j</td></tr>
<tr><td colspan="2">总投入</td><td colspan="6">X_j</td><td colspan="4"></td><td></td></tr>
</table>

从表 3-1 可以看出，投入产出表主要由 4 个象限组成：

第Ⅰ象限是基本象限。X_{ij}为第Ⅰ象限中的元素，且从横行看和从纵列看，X_{ij}表示的意义是不同的。从横行看，X_{ij}表示第 i 部门分配给第 j 部门使用的产品数量，从该角度可以把第Ⅰ象限看作中间使用象限或者中间产品象限。从纵列看，X_{ij}表示第 j 部门消耗的第 i 部门的产品数量，从该角度可以把第Ⅰ象限看作中间消耗象限或者中间投入象限。

第Ⅱ象限是最终使用象限。第Ⅱ象限是第Ⅰ象限的横向延伸，显示了最终使用产品在各个产品部门中的份额，是国民经济核算中国内生产总值支出法的体现。该象限中显示的最终使用产品包括退出生产环节的货物和服务，主要包括最终消费、资本形成总额、净出口等3个部分。

第Ⅲ象限是增加值象限。第Ⅲ象限的主栏为增加值项目，宾栏是产品部门，是第Ⅰ象限在纵列方向的进一步延伸。第Ⅲ象限显示了各个产品部门创造的增加值份额，体现了国民经济核算中国内生产总值的收入法。

第Ⅳ象限目前是一个理论象限，不填充数据。第Ⅳ象限主栏是各个增加值项目，宾栏为各类最终使用，理论上反映了增加值经过一系列分配再分配最终用作何种用途，过程过于复杂，目前尚未投入实际应用。

投入产出表横行的合计数为社会总产出，纵列的合计数为社会总投入，在理论上二者是相等的，一般都称为社会总产出。投入产出表的第Ⅰ象限的合计数为社会中间总投入，社会总产出减去社会中间总投入即为国内生产总值，体现了国内生产总值的生产法；第Ⅱ象限的合计数反映了国内生产总值的支出法；第Ⅲ象限的合计数反映了国内生产总值的收入法。可以说，投入产出表就是一个反映实际国民宏观经济的全面数据库，可以为分析国民经济运行提供丰富的统计资料。

2. 投入产出表的平衡关系

投入产出表作为一种分析整体经济系统各产品部门之间相互经济技术联系的手段，必须保证各个部门之间以及整体的协调平衡。

(1)行平衡。从表3-1横行方向来看，如果把第Ⅰ象限和第Ⅱ象限相结合，就可以详细说明各类产品的使用与分配。第Ⅰ象限反映中间使用，第Ⅱ象限反映最终使用，从支出的角度反映了国内生产总值的核算过程，平衡关系如下：

中间使用+最终使用=总产出

对于某一部门来说，行平衡关系为

$$\sum_{j=1}^{n} x_{ij} + Y_i = X_i \tag{3-1}$$

其中，x_{ij}表示第i部门提供给第j部门做生产使用的产品数量，或第j部门在生产过程中需要消耗第i部门产品的数量。同样，$\sum_{j=1}^{n} x_{ij}$从横行上看表示

第 i 部门提供给其他所有部门做生产使用的产品总量，即第 i 部门的中间产品总量；从纵列上看是各个部门在生产过程中需要消耗第 i 部门的产品总量。Y_i 表示第 i 部门各类最终使用产品的总额。X_i 表示第 i 部门总产出。

对整个社会所有部门来说，行平衡关系可以表示如下：

$$\sum_{i=1}^{n}\sum_{j=1}^{n}x_{ij}+\sum_{i=1}^{n}Y_i=\sum_{i=1}^{n}X_i \tag{3-2}$$

上述各个行平衡方程分别精确量化描述了单个部门或全社会所有部门的产品总量及其分配使用去向，一般叫作分配方程。

(2)列平衡。从纵列方向来看，如果把第Ⅰ象限和第Ⅲ象限相结合，就可以详细说明各类产品的投入关系。第Ⅰ象限反映中间投入，第Ⅲ象限反映增加值即最初投入，从投入的角度反映了国内生产总值的核算过程，平衡关系如下：

中间投入+最初投入=总投入

对某一部门来说，列平衡可以表示为

$$\sum_{i=1}^{n}X_{ij}+D_j+V_j+T_j+M_j=X_j$$

令 $N_j=D_j+V_j+T_j+M_j$，也可以表示为

$$\sum_{i=1}^{n}X_{ij}+N_j=X_j \tag{3-3}$$

其中，$\sum_{i=1}^{n}X_{ij}$ 从纵列上看是第 j 部门在生产过程中消耗的产品总量，即中间投入量；从横行上看表示各部门提供给第 j 部门做生产使用的产品总量。D_j、V_j、T_j、M_j 分别表示第 j 部门的固定资产折旧、劳动者报酬、生产税净额、营业盈余，X_j 表示第 j 部门的总投入。

对整个社会所有部门来说，可以表示如下：

$$\sum_{j=1}^{n}\sum_{i=1}^{n}X_{ij}+\sum_{j=1}^{n}(D_j+V_j+T_j+M_j)=\sum_{j=1}^{n}X_j$$

或者表示为

$$\sum_{j=1}^{n}\sum_{i=1}^{n}X_{ij}+\sum_{j=1}^{n}N_j=\sum_{j=1}^{n}X_j \tag{3-4}$$

上述各个列平衡方程描述了单个部门或全社会所有部门的产品中间投入、最初投入和总投入之间的联系，一般叫作投入方程或者生产方程。

(3)总平衡。根据国民经济运行的经济原理，国民经济体系中的某一部门或者对于整个国民经济体系，总投入与总产出是相等的。针对某一部门，假设该部门为 k 部门，则有

$$\sum_{j=1}^{n} X_{kj} + Y_k = \sum_{i=1}^{n} X_{ik} + N_k$$

针对整个国民经济体系，全社会总产出与全社会总投入相等，即

$$\sum_{i=1}^{n}\sum_{j=1}^{n} X_{ij} + \sum_{i=1}^{n} Y_i = \sum_{j=1}^{n}\sum_{i=1}^{n} X_{ij} + \sum_{j=1}^{n} N_j \tag{3-5}$$

从式(3-5)可以看出，等式左侧的 $\sum_{i=1}^{n}\sum_{j=1}^{n} X_{ij}$ 与等式右侧的 $\sum_{j=1}^{n}\sum_{i=1}^{n} X_{ij}$ 均为投入产出表第一象限的总和，二者是一致的。因此，等式左侧的 $\sum_{i=1}^{n} Y_i$ 与等式右侧的 $\sum_{j=1}^{n} N_j$ 是相等的，这与国内生产总值的核算原理也是一致的：$\sum_{i=1}^{n} Y_i$ 代表整个国民经济体系的最终使用总额，是国内生产总值支出法计算结果，也是投入产出表的第二象限的总和；$\sum_{j=1}^{n} N_j$ 则代表整个国民经济体系的增加值总额，是国内生产总值投入法计算结果，也是投入产出表第三象限的总和。但针对某一部门，其最终使用与增加值往往不相等，这是因为 $\sum_{j=1}^{n} X_{kj}$ 代表 k 部门提供给其他各部门使用的产品量，而 $\sum_{i=1}^{n} X_{ik}$ 代表 k 部门在生产中消耗其他部门的产品量，二者在一般情况下是不相等的，因此 Y_k 与 N_k 并不相等。

3.1.3 投入产出法技术假定

第1个技术假定是投入产出分析所设定的生产函数，即各种投入之间不能替代的列昂惕夫生产函数：$X_j = \min\left(\frac{X_{1j}}{a_{1j}}, \frac{X_{2j}}{a_{2j}}, \cdots, \frac{X_{nj}}{a_{nj}}, \frac{X_{(n+1)j}}{a_{(n+1)j}}\right)$，该生产函数意味着任何一种投入单独增加，并不会使总产出增加，因此各种投入之间是不可替代的。在列昂惕夫生产函数下，要使利润达到最大化，各种投入势必满足 $\frac{X_{1j}}{a_{1j}} = \frac{X_{2j}}{a_{2j}} = \cdots = \frac{X_{nj}}{a_{nj}} = \frac{X_{(n+1)j}}{a_{(n+1)j}}$，这意味着各种投入均处于最有效利用的状态。

各种投入不能替代，资源又得到充分利用，在这种情况下，各种投入占总产出的比例就可以视为常数。

第2个技术假定是同质性假定，要求属于同一部门的产品的消耗构成和使用方向具有一致性，同一部门的产品可以相互替代，不同部门的产品不能相互替代。基于这个假定，投入产出分析中的部门分类均按照产品进行划分。

第3个技术假定是相加性假定，假定国民经济中任意 n 个产品部门的投入之和与这 n 个产品部门的产出之和相等，这意味着在生产构成中不存在外部影响，产出也不存在非经济因素的影响。

第4个技术假定是直接消耗系数相对稳定，假定直接消耗系数在一定时期内(至少在编表间隔期内)固定不变，意味着在一定时期内不再考虑技术进步、劳动生产率等因素对生产活动的影响。

3.1.4 投入产出法主要系数与模型

1. 直接消耗系数与模型

直接消耗系数是指第 j 部门生产单位总产出对第 i 部门产品的直接消耗量，是投入产出分析中最基本的系数，可以从投入产出表中直接求得，记作 a_{ij}，可以表达为

$$a_{ij}=\frac{X_{ij}}{X_j}\quad(i,\ j=1,\ 2,\ \cdots,\ n) \tag{3-6}$$

直接消耗系数的整体一般用矩阵表示：

$$A=\begin{bmatrix} a_{11} & a_{12} & \cdots & a_{1n} \\ a_{21} & a_{22} & \cdots & a_{2n} \\ \vdots & \vdots & & \vdots \\ a_{n1} & a_{n2} & \cdots & a_{nn} \end{bmatrix}$$

投入产出表行平衡可以表示为

$$AX+Y=X$$

其中，A 代表直接消耗系数矩阵，X 代表各产品部门的总产出列向量，Y 代表各部门最终使用列向量。

I 代表 n 阶单位矩阵，上式可以转换为

$$Y=(I-A)X$$
$$X=(I-A)^{-1}Y \tag{3-7}$$

式(3-7)简明扼要地描述了各部门总产出与最终使用之间的关系，是投入产出分析的基础关系式。其中$(I-A)$与$(I-A)^{-1}$两个矩阵起到了桥梁枢纽作用，使得纷繁复杂的经济关系可以转换为简单明了的模型，分别被称为"列昂惕夫矩阵"和"列昂惕夫逆矩阵"。

同理，投入产出分析中的列平衡可表示为

$$\hat{C}X+D+V+T+M=X$$

其中：

$$\hat{C}=\begin{bmatrix} \sum_{i=1}^{n} a_{i1} & & & \\ & \sum_{i=1}^{n} a_{i2} & & \\ & & \ddots & \\ & & & \sum_{i=1}^{n} a_{in} \end{bmatrix}=\begin{bmatrix} c_1 & & & \\ & c_2 & & \\ & & \ddots & \\ & & & c_n \end{bmatrix}$$

此矩阵可以简化为

$$\hat{C}X+N=X$$
$$N=(I-\hat{C})X$$
$$X=(I-\hat{C})^{-1}N \tag{3-8}$$

式(3-8)简要地概述了总投入和增加值之间的关系，矩阵$(I-\hat{C})$和$(I-\hat{C})^{-1}$起到了枢纽作用。如前所述，由于对角矩阵$\hat{C}$中的各元素c_j代表了第j部门的中间投入率，因此矩阵$(I-\hat{C})$中的各元素$(1-c_j)$则表示为增加值率。

2. 完全消耗系数与模型

完全消耗系数一般用b_{ij}表示，是指第j部门生产单位最终使用产品所完全消耗第i部门产品的数量，即第j部门直接消耗第i部门产品和间接消耗第i部门产品的数量之和。完全消耗系数可用矩阵表示，记为B：

$$B=\begin{bmatrix} b_{11} & b_{12} & \cdots & b_{1n} \\ b_{21} & b_{22} & \cdots & b_{2n} \\ \vdots & \vdots & & \vdots \\ b_{n1} & b_{n2} & \cdots & b_{nn} \end{bmatrix}$$

根据完全消耗系数的定义，可得知完全消耗系数的计算如下：

$$b_{ij} = a_{ij} + \sum_{k=1}^{n} b_{ik} a_{kj}$$

其中，$b_{ik}a_{kj}$表示由于第 j 部门消耗第 k 部门产品对第 i 部门产品的全部间接消耗，$\sum_{k=1}^{n} b_{ik}a_{kj}$ 就代表了第 j 部门对第 i 部门产品的全部间接消耗。写成矩阵形式为

$$B=A+BA$$

$$B=A(I-A)^{-1}=(I-A)^{-1}-I \tag{3-9}$$

3. 完全需求系数

令 $\overline{B}=(I-A)^{-1}=B+I$，则：

$$\overline{B}=\begin{bmatrix} 1+b_{11} & b_{12} & \cdots & b_{1n} \\ b_{21} & 1+b_{22} & \cdots & b_{2n} \\ \vdots & \vdots & & \vdots \\ b_{n1} & b_{n2} & \cdots & 1+b_{nn} \end{bmatrix}=\begin{bmatrix} \overline{b}_{11} & \overline{b}_{12} & \cdots & \overline{b}_{1n} \\ \overline{b}_{21} & \overline{b}_{22} & \cdots & \overline{b}_{2n} \\ \vdots & \vdots & & \vdots \\ \overline{b}_{n1} & \overline{b}_{n2} & \cdots & \overline{b}_{nn} \end{bmatrix}$$

上述矩阵中元素 $\overline{b}_{ij}$ 即为完全需求系数，$\overline{B}$ 为完全需求系数矩阵，因此通常也称$(I-A)^{-1}$为完全需求系数矩阵。

4. 生产依存度系数

在投入产出直接消耗系数矩阵中，列和 $\sum_{i=1}^{n} a_{ij}(j=1，2，\cdots，n)$ 反映了第 j 部门生产单位总产出对各个部门总的直接消耗，即中间投入率，表示了第 j 部门在生产中对各个部门产品的依赖程度，因此直接消耗系数矩阵的列和 $\sum_{i=1}^{n} a_{ij}(j=1，2，\cdots，n)$ 一般被称为生产依存度。同时，为便于比较各部门生

产依存度，定义了生产依存度系数：

$$l_j = \frac{\sum_{i=1}^{n} a_{ij}}{\frac{1}{n}\sum_{j=1}^{n}\sum_{i=1}^{n} a_{ij}} \quad (j = 1,\ 2,\ \cdots,\ n) \tag{3-10}$$

生产依存度系数 l_j 如果大于 1，则表明该部门对其他部门的生产依存度大于社会平均生产依存度；生产依存度系数 l_j 如果小于 1，则表明该部门对其他部门的生产依存度小于社会平均生产依存度。

5. 生产制约度系数

在投入产出直接消耗系数矩阵中，行和 $\sum_{j=1}^{n} a_{ij}(i = 1,\ 2,\ \cdots,\ n)$ 反映了第 i 部门对各个部门生产单位产品所提供的产品总和，表示了第 i 部门对各个部门的生产所需的反应程度，因此直接消耗系数矩阵的行和 $\sum_{j=1}^{n} a_{ij}(i = 1,\ 2,\ \cdots,\ n)$ 一般被称为生产制约度。同时，为便于比较各部门生产制约度，定义了生产制约度系数：

$$z_i = \frac{\sum_{j=1}^{n} a_{ij}}{\frac{1}{n}\sum_{i=1}^{n}\sum_{j=1}^{n} a_{ij}} \quad (i = 1,\ 2,\ \cdots,\ n) \tag{3-11}$$

如果生产制约度系数 z_i 大于 1，则表明第 i 部门对其他部门的生产制约度大于社会平均生产制约度；如果生产制约度系数 z_i 小于 1，则表明第 i 部门对其他部门的生产制约度小于社会平均生产制约度。

6. 影响力系数

完全需求系数矩阵的列和 $\sum_{i=1}^{n} \bar{b}_{ij}(j = 1,\ 2,\ \cdots,\ n)$ 表示第 j 部门每增加一个单位的最终需求而对社会总产出的需求，反映了第 j 部门对国民经济各部门的影响和推动作用，一般被称为第 j 部门的影响力。为便于比较各部门之间的影响力，定义了影响力系数：

$$r_j = \frac{\sum_{i=1}^{n} \bar{b}_{ij}}{\frac{1}{n}\sum_{j=1}^{n}\sum_{i=1}^{n} \bar{b}_{ij}} \quad (j = 1, 2, \cdots, n) \tag{3-12}$$

如果影响力系数 r_j 大于 1，则表明第 j 部门对社会生产的影响程度大于各产品部门平均影响力；如果影响力系数 r_j 小于 1，则表明该部门对社会生产的影响程度小于各产品部门平均影响力。

7. 感应度系数

完全需求系数矩阵的行和 $\sum_{j=1}^{n} \bar{b}_{ij}(i = 1, 2, \cdots, n)$ 表示国民经济各个部门都增加一个单位的最终需求而对第 i 部门总产出的需求，反映了第 i 部门对国民经济各部门最终需求增加时的感应，一般被称为第 i 部门的感应度。为便于比较各部门之间的感应度，定义了感应度系数：

$$s_i = \frac{\sum_{j=1}^{n} \bar{b}_{ij}}{\frac{1}{n}\sum_{i=1}^{n}\sum_{j=1}^{n} \bar{b}_{ij}} \quad (i = 1, 2, \cdots, n) \tag{3-13}$$

如果感应度系数 s_i 大于 1，则表明第 i 部门对社会生产的感应程度大于整个社会生产的平均感应度；如果感应度系数 s_i 小于 1，则表明第 i 部门对社会生产的感应程度小于整个社会生产平均感应度。

3.2　水资源投入产出表的编制

自 20 世纪 70 年代以来，有学者开始把投入产出表运用于资源利用研究，提出建立混合型投入产出表。Bullard C. 和 Herendeen R.（1975）把部门划分为纯经济型和资源型两种，把资源放进投入部分，建立了混合型投入产出表，以便对资源利用进行分析研究。20 世纪 70 年代初，华西里·列昂惕夫开始利用投入产出法研究经济活动与环境污染之间的问题；运用混合型资源利用投入产出表对 1980—2030 年美国及世界经济发展中的非燃料矿产需求和作用进行预测；提出“公害模型”，在投入产出表中加入污染物的产生与消除因素，用来计算增加(减少)一个单位的商品或服务增加(减少)污染物的机会成本。

水资源投入产出表就是在混合型资源利用投入产出表基础上发展而来的。Bouhia H.（1998)通过把用水放入投入部门、把储水量变化放入产出部门，建立了水资源利用投入产出表，分析了经济活动中水的流动过程，直观反映了各类经济活动对水的消耗量。汪党献(2003)以对角矩阵形式在传统的经济投入产出表中加入“用水量”，以反映经济系统中各部门对水资源的利用。陈锡康(1987，2002)在列昂惕夫“公害模型”基础上，把水污染分析加入投入产出表，既反映经济活动中各部门对水资源的利用，又反映废水的排放处理情况，同时提出了投入占用产出模型，综合考虑了水的投入、水污染分析以及劳动力、固定资产、流动资产等在内的占用情况。

可以看出，水资源投入产出表一般是通过在经济投入产出表中加入用水和废水等水信息编制而成，以达到分析国民经济与水资源供需之间联系的目的，在考察经济系统各部门之间技术经济联系的基础上探究各产业部门对水资源的利用和污染情况以及水资源在经济系统各部门的循环情况，最终为水资源的优化配置以及国民经济与水资源开发利用的协调发展提供科学的建议。结合各类水资源投入产出表的特点，并考虑实际数据的可获得性，本书建立了相对简洁灵活的水资源投入产出表，且其中只考虑各部门间水资源的流入与流出量，而不考虑水资源循环中的回用水等因素。水资源投入产出表的基本结构如表 3-2 所示。

表 3-2 水资源投入产出表的基本结构

		中间使用					最终使用					总产出	废水量
		1	2	…	n	合计	最终消费	资本形成总额	净出口		合计		
中间投入	1	x_{11}	x_{12}	…	x_{1n}		C_1	F_1	E_1		Y_1	X_1	P_1
	2	x_{21}	x_{22}	…	x_{2n}		C_2	F_2	E_2		Y_2	X_2	P_2
	…	…	…	…	…	…	…	…	…	…	…	…	…
	n	x_{n1}	x_{n2}	…	x_{nn}		C_n	F_n	E_n		Y_n	X_n	P_n
	合计			…			C	F	E		Y	X	P

续表

		中间使用					最终使用					总产出	废水量
		1	2	…	n	合计	最终消费	资本形成总额	净出口		合计		
最初投入	固定资产折旧	D_1	D_2	…	D_n	D							
	劳动者报酬	V_1	V_2	…	V_n	V							
	生产税净额	T_1	T_2	…	T_n	T							
	营业盈余	M_1	M_2	…	M_n	M							
	合计	G_1	G_2	…	G_n	G							
总投入		X_1	X_2	…	X_n	X							
用水量 1		W_1	W_2	…	W_n	W							

从表 3-2 可以看出，水资源投入产出表主体部分仍为传统国民经济活动投入产出表，在此基础上进行延伸，在列向加入水资源投入部分，反映经济系统各部门在生产过程中对水资源的利用消耗情况；在行向加入废水排放部分，反映经济系统各部门在生产过程中废水排放情况，可视为国民经济各产品部门在经济活动中提供给水环境的负面影响与负向产出。为便于进行计算，水资源投入向量是由各产品部门用水量组成的行向量：$W=(W_1, W_2, \cdots, W_n)$；水资源排放向量是由各产品部门废水排放量组成的列向量：$P=\begin{bmatrix} P_1 \\ P_2 \\ \vdots \\ P_n \end{bmatrix}$。这两个向量与传统的国民经济投入产出矩阵有机结合，便于分析各产品部门对水资源的利用消耗、废水排放以及各产品部门间水资源利用的相互联系。

3.3　水资源投入产出效应分析的技术假定

水资源投入产出表是基于传统的经济投入产出表编制而成的，因此，传统经济投入产出表的各类系数仍是建立水资源投入产出模型的基础和关键因素，是从外生变量到内生变量的传导链。同时，模型中各类系数在一定时期内应是稳定的，在短期内可视为常数。因此，与传统国民经济投入产出表类似，水资源投入产出表存在以下技术假定：

3.3.1 同质性假定

水资源投入产出表中仍采用产品部门口径，不同部门的产品不能相互替代，水资源不能代替其他部门的产品，各部门的产品也不能替代水资源。同质性假定便于反映各个部门产品的不同用途，不考虑各部门生产过程中不同产品、技术的相互替代，使水资源投入产出模型准确反映各部门的消耗构成。

3.3.2 比例性假定

比例性假定是假定在一定时期和一定规模下，各部门的各类投入量和产出量成正比。同理，各部门投入的水资源量与产出量也成正比，每个部门单位产出所需的用水量和排放的废水量在短期内保持不变。

3.3.3 系数稳定性假定

系数稳定性假定是在投入结构、技术水平和管理水平等因素相对稳定的条件下，假定在一定时期内，各类水资源用水系数、产出系数、废水排放系数等可以不受部门内部结构变动等非技术因素的影响，在短期内具有稳定性，这是利用水资源投入产出核算方法与模型进行数据分析和预测的前提。

以上假定在现实生活中很难满足，具有一定的局限性。但在进行一定时期内水资源投入产出分析中，以上假定保证了水资源投入产出模型的线性函数唯一性和各类系数的相对稳定性，是进行水资源投入产出分析的基础，对宏观分析一定时期内经济系统的用水结构、揭示水资源与国民经济之间的相互联系具有积极意义。

3.4 水资源投入产出效应分析的部门分类

投入产出表中的部门分类基于国民经济行业分类标准，但又和国民经济行业分类有所区别。国民经济行业分类是按照生产经营性质进行分类，而投入产出表中的部门分类采用产品部门分类。产品部门分类主要遵循消耗结构相同、生产工艺技术相同、经济用途相同等 3 个同质性原则，在实际中，同一产品部门的产品或服务一般很难同时满足上述 3 个同质性条件，仅满足其中的一个或两个条件。

根据实际工作和研究的需要，基于国民经济行业分类标准的不断修订，投入产出表中的产品部门分类亦相应调整。投入产出表每 5 年编制一次，中间年份通过修正系数编制一次投入产出延长表。截至目前，我国已经编制了 1987 年、1992 年、1997 年、2002 年、2007 年、2012 年、2015 年共 7 张全国投入产出表及相应的延长表。在不同时间，存在部门分类口径的不一致性，投入产出表中的部门数量亦不同。

鉴于水资源投入产出表中主体部分沿用传统投入产出表内容，其产品部门分类仍与传统投入产出表中部门分类完全一致，本书中水资源投入产出分析主要参考国家 2012 年 42 部门投入产出表中部门分类，结合产品部门实际情况，把相应水资源数据补充进去，形成水资源投入产出表。对部分缺失数据或者因为部门合并拆分引起的数据差异，按照相关数据或就近数据进行推算、补齐。

本书中产业结构的划分主要依据国家统计局《关于印发三次产业划分规定的通知》(国统字〔2012〕108 号)精神，根据国家统计局投入产出核算的部门划分标准，进行合并处理后，最终确定第一产业是指农林牧渔产品和服务业，第二产业是指工业与建筑业，第三产业是指各类服务业。水资源投入产出表产品部门分类如表 3-3 所示。

表 3-3　水资源投入产出表产品部门分类

<table>
<tr><th>部门代号</th><th>部门名称</th><th>隶属产业</th></tr>
<tr><td>部门 1</td><td>农林牧渔产品和服务</td><td>第一产业</td></tr>
<tr><td>部门 2</td><td>煤炭采选产品</td><td rowspan="7">第二产业</td></tr>
<tr><td>部门 3</td><td>石油和天然气开采产品</td></tr>
<tr><td>部门 4</td><td>金属矿采选产品</td></tr>
<tr><td>部门 5</td><td>非金属矿和其他矿采选产品</td></tr>
<tr><td>部门 6</td><td>食品和烟草</td></tr>
<tr><td>部门 7</td><td>纺织品</td></tr>
<tr><td>部门 8</td><td>纺织服装鞋帽皮革羽绒及其制品</td></tr>
</table>

续表

部门代号	部门名称	隶属产业
部门 9	木材加工品和家具	第二产业
部门 10	造纸印刷和文教体育用品	
部门 11	石油、炼焦产品和核燃料加工品	
部门 12	化学产品	
部门 13	非金属矿物制品	
部门 14	金属冶炼和压延加工品	
部门 15	金属制品	
部门 16	通用设备	
部门 17	专用设备	
部门 18	交通运输设备	
部门 19	电气机械和器材	
部门 20	通信设备、计算机和其他电子设备	
部门 21	仪器仪表	
部门 22	其他制造产品	
部门 23	废品废料	
部门 24	金属制品、机械和设备修理服务	
部门 25	电力、热力的生产和供应	
部门 26	燃气生产和供应	
部门 27	水的生产和供应	
部门 28	建筑	
部门 29	批发和零售	第三产业
部门 30	交通运输、仓储和邮政	
部门 31	住宿和餐饮	
部门 32	信息传输、软件和信息技术服务	
部门 33	金融	
部门 34	房地产	
部门 35	租赁和商务服务	
部门 36	科学研究和技术服务	
部门 37	水利、环境和公共设施管理	
部门 38	居民服务、修理和其他服务	
部门 39	教育	

续表

部门代号	部门名称	隶属产业
部门 40	卫生和社会工作	第三产业
部门 41	文化、体育和娱乐	
部门 42	公共管理、社会保障和社会组织	

注：依据《关于修订〈三次产业划分规定（2012）〉的通知》（国统设管函〔2018〕74 号）最新精神，原第一产业中农林牧渔服务业，制造业中的金属制品、机械和设备修理业，采矿业中的开采辅助活动被划入第三产业，但鉴于本书研究中依据的经济数据是 2018 年底公布的 2015 年投入产出数据，水资源数据亦为 2015 年数据，因此，本书中的产品部门分类仍采用 2012 年文件中的划分标准。

3.5　水资源投入产出效应综合分析框架

在编制水资源投入产出表的基础上，可通过构建一套系统的水资源投入产出效应综合分析框架，深入分析经济活动与水资源之间的相互关系。水资源投入产出效应综合分析框架主要包括 4 部分内容：水资源投入效应核算，水资源产出效应核算，水资源排放效应核算，水资源投入产出效应综合分析。水资源投入产出效应综合分析框架如图 3-1 所示。

从图 3-1 可知，水资源投入产出效应综合分析框架的整体思路是：以水资源投入产出表为基础，利用水资源投入产出效应核算方法和模型，计算得到反映水资源投入产出效应的各类系数，通过相应系数判断国民经济各产品部门的用水程度、水资源产出水平和废水排放程度，最后汇总整合各类水资源投入产出效应核算结果进行综合分析，对国民经济各产品部门提出发展建议。

水资源投入产出效应综合分析框架各部分内容具体如下：

1. 水资源投入效应分析

（1）利用水资源投入产出表，计算出直接用水系数，用来分析各产品部门对水资源的直接消耗，是进行水资源投入效应分析的基础。

（2）利用直接用水系数计算出完全用水系数，用来分析各产品部门对水资源的完全消耗，是进行水资源投入效应分析的关键。

（3）利用直接用水系数、完全用水系数计算出间接用水系数、用水乘数，用来分析各产品部门用水的间接效应以及对整个经济系统用水的拉动效应。

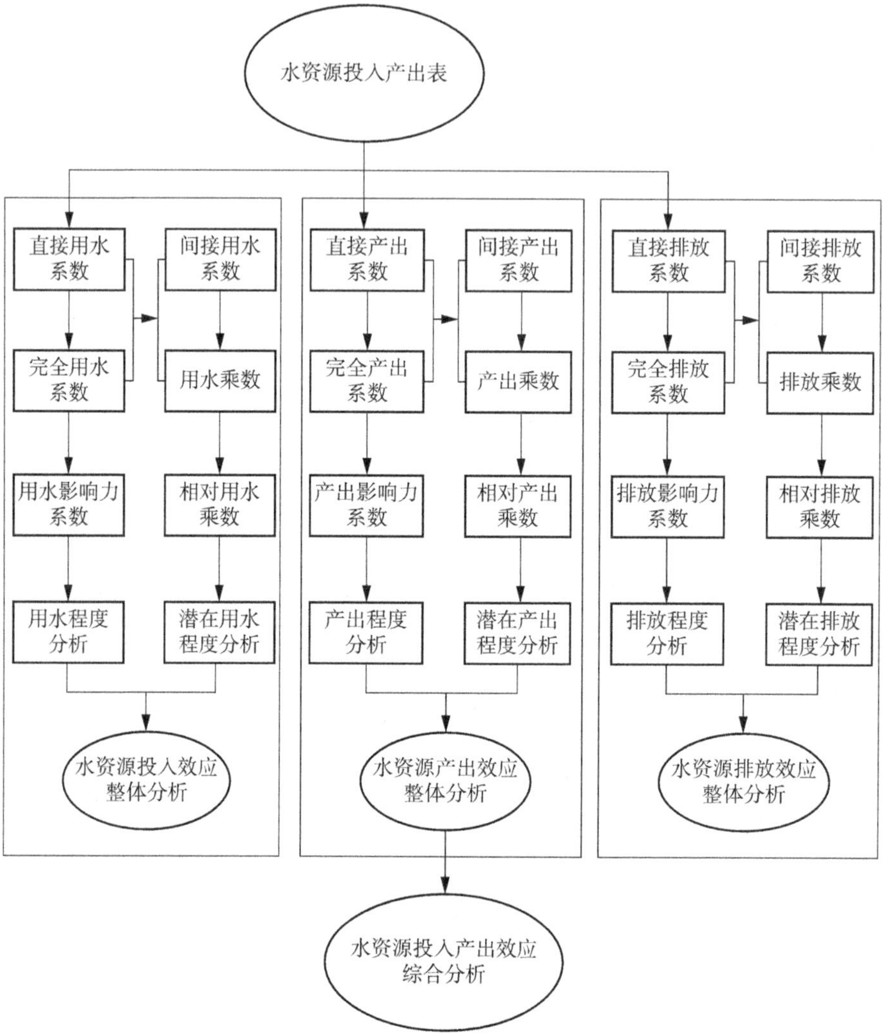

图 3-1　水资源投入产出效应综合分析框架

(4)分别利用完全用水系数、用水乘数计算用水影响力系数和相对用水乘数，用来判断各产品部门的用水程度和潜在用水程度。

2. 水资源产出效应分析

(1)利用水资源投入产出表，计算出水资源直接产出系数，用来分析各产品部门的直接用水效益，是进行水资源产出效应分析的基础。

(2)利用水资源直接产出系数计算出水资源完全产出系数，用来分析各产品部门的完全用水效益，是进行水资源产出效应分析的关键。

(3)利用水资源直接产出系数、完全产出系数计算出间接产出系数、产出乘数，可以分析各产品部门用水效益的间接效应以及对整个经济系统用水效益的拉动效应。

(4)分别利用水资源完全产出系数、产出乘数计算产出影响力系数和相对产出乘数，用来判断各产品部门的水资源产出程度和潜在产出程度。

3. 水资源排放效应分析

(1)利用水资源投入产出表，计算出废水直接排放系数，用来分析各产品部门的废水直接排放效应，是进行废水排放效应分析的基础。

(2)利用废水直接排放系数计算出完全排放系数，用来分析各产品部门的废水完全排放效应，是进行废水排放效应分析的关键。

(3)利用废水直接排放系数、完全排放系数计算出间接排放系数、排放乘数，用来分析各产品部门废水排放的间接效应以及对整个经济系统废水排放的拉动效应。

(4)分别利用完全排放系数、排放乘数计算废水排放影响力系数和相对排放乘数，用来判断国民经济各产品部门的废水排放程度和潜在排放程度。

4. 水资源投入产出效应综合分析

把国民经济各产品部门的用水程度、水资源产出程度和废水排放程度等各类水资源投入产出效应分析结果进行汇总整合，基于整合结果对国民经济产品部门进行分类，根据分类情况分别给出发展建议，具体如表 3-4 所示。

表 3-4　基于水资源投入产出效应综合分析的产品部门分类及发展建议

类别	类别名称	发展建议
1	低用水、高产出、低排放部门	大力发展
2	低用水、低产出、低排放部门	大力发展
3	低用水、高产出、高排放部门	适当发展
4	高用水、高产出、低排放部门	适当发展
5	低用水、低产出、高排放部门	适当发展

续表

类别	类别名称	发展建议
6	高用水、低产出、低排放部门	适当发展
7	高用水、高产出、高排放部门	限制发展
8	高用水、低产出、高排放部门	限制发展

根据表 3-4 可知，基于水资源投入产出效应综合分析的产品部门可以大致分为 8 个类别，从水资源综合效益和产业结构优化角度来说，建议发展程度从部门类别 1 至 8 依次降低。从整体来说，第 1、2 类别的产品部门可以大力发展，第 7、8 类别的产品部门需要限制发展，第 3、4、5、6 类别的产品部门可以有控制地适当发展。

3.6 水资源投入效应分析方法与模型

根据水资源投入产出效应综合分析框架中关于水资源投入效应部分的论述，水资源投入效应包括直接投入效应、完全投入效应、间接投入效应、用水依存度、用水程度、潜在用水程度等方面，相应可以通过计算国民经济各产品部门的直接用水系数、完全用水系数、间接用水系数、用水乘数、用水依存系数、用水影响力系数、相对用水乘数等指标进行测度。

3.6.1 直接用水系数

直接用水系数表示某一产品部门生产单位产品直接使用的水资源量，反映国民经济各产品部门在生产本部门产品时的直接用水强度。直接用水系数在实际中应用比较广泛，是测度水资源投入效应的基础指标，也是计算完全用水系数和用水乘数的前提。直接用水系数可基于国民经济各部门总产出、增加值分别进行核算。

如果把总产出数据作为经济效益指标，各部门的直接用水系数计算公式如下：

$$(a_{wx})_j = W_j / X_j \quad (j=1, 2, \cdots, n) \tag{3-14}$$

式(3-14)中，$(a_{wx})_j$表示国民经济第 j 部门基于总产出的直接用水系数，直接用水系数向量是维度为 $1\times n$ 的行向量，可以表示为 $A_{wx}=[(a_{wx})_1, (a_{wx})_2, \cdots, (a_{wx})_n]$；$W_j$代表第 j 部门的用水量；X_j表示第 j 部门的总产出。

如果以各部门增加值数据为经济效益指标，各部门直接用水系数计算公式如下：

$$(a_{wg})_j = W_j/G_j \quad (j=1, 2, \cdots, n) \tag{3-15}$$

式(3-15)中，$(a_{wg})_j$表示国民经济第 j 部门基于增加值的直接用水系数，也可以表示为 $1\times n$ 的行向量，$A_{wg}=[(a_{wg})_1, (a_{wg})_2, \cdots, (a_{wg})_n]$；$G_j$表示国民经济第 j 部门的增加值。

3.6.2　完全用水系数

在经济生产活动中，国民经济各产品部门不仅直接消耗某部门的产品，还间接消耗该部门的产品，可以说在生产活动中各部门之间存在着错综复杂的直接和间接联系。同理，国民经济各产品部门在生产活动中都消耗一定的水资源，因每个部门存在对其他部门产品的间接消耗，同时其他部门在生产活动中又存在着对水资源的利用，因此各部门除了对水资源进行直接消耗外，对水资源也存在间接消耗。每个部门对水资源直接和间接的利用构成了对水资源的完全利用，因此国民经济各部门对水资源的完全利用包括对水资源的直接利用和间接利用。基于此，国民经济某部门的完全用水系数就是该部门生产单位产品所需整个经济系统总用水量的增加量。完全用水系数可以更加全面客观地反映国民经济各产品部门的发展对当地水资源的需求情况。

如果以各产品部门总产出数据为经济效益指标，按照完全用水系数的定义，则有

$$(b_{wx})_j = (a_{wx})_j + \sum_{k=1}^{n} (b_{wx})_k a_{kj} \tag{3-16}$$

式(3-16)中，$(b_{wx})_j$ 表示国民经济第 j 部门基于总产出的完全用水系数。右边第一项$(a_{wx})_j$ 为第 j 部门生产单位产品对水资源的直接用水量，即直接用水系数；第二项 $\sum_{k=1}^{n} (b_{wx})_k a_{kj}$ 表示第 j 部门生产单位产品对水资源的间接用水量，与第一项相加即为第 j 部门生产单位产品对水资源的完全使用量。

式(3-16)写成矩阵形式为

$$B_{wx}=A_{wx}+B_{wx}A \tag{3-17}$$

式(3-17)中，A_{wx}为国民经济各产品部门的直接用水系数行向量；B_{wx}为国民经济各部门完全用水系数行向量，维度为$1\times n$，可表示为$B_{wx}=[(b_{wx})_1, (b_{wx})_2, \cdots, (b_{wx})_n]$；$A$为国民经济各产品部门直接消耗系数矩阵，可表示为$A=[a_{ij}]_{n\times n}$；$B_{wx}A$代表了各部门对水资源的间接使用。

式(3-17)可以进一步推导为

$$B_{wx}=A_{wx}(I-A)^{-1} \tag{3-18}$$

同理，如果把各产品部门增加值作为经济效益指标，则各产品部门完全用水系数的计算如下：

$$B_{wg}=A_{wg}(I-A)^{-1} \tag{3-19}$$

式(3-19)中，B_{wg}为各部门基于增加值的完全用水系数行向量，维度为$1\times n$，可表示为：$B_{wg}=[(b_{wg})_1, (b_{wg})_2, \cdots, (b_{wg})_n]$。

完全用水系数与直接用水系数之差即为间接用水系数。

3.6.3 用水乘数

用水乘数是指国民经济某产品部门的完全用水系数与直接用水系数的比值，可以反映该部门生产活动用水对整个国民经济系统用水的拉动效应，表示该部门增加单位直接用水量导致整个经济系统需要增加的用水量。

如果以总产出数据为经济效益指标，国民经济第j部门用水乘数可以表示为

$$(m_{wx})_j=(b_{wx})_j/(a_{wx})_j \quad (j=1, 2, \cdots, n) \tag{3-20}$$

如果以增加值数据为经济效益指标，国民经济第j部门用水乘数可以表示为

$$(m_{wg})_j=(b_{wg})_j/(a_{wg})_j \quad (j=1, 2, \cdots, n) \tag{3-21}$$

式(3-20)和(3-21)中，$(m_{wx})_j$为国民经济第j部门基于总产出的用水乘数；$(m_{wg})_j$为国民经济第j部门基于增加值的用水乘数，用水乘数值越大，说明第j部门的生产活动对整个经济系统用水量的拉动效应越大，该部门的发展对水资源的需求越大，容易引起水资源短缺等问题，需要适度控制。

3.6.4　用水依存系数

直接用水系数表示了国民经济某产品部门在生产活动中对水资源的直接依赖程度，为便于比较国民经济各产品部门对水资源的直接依赖程度，可以定义国民经济各产品部门用水依存系数为

$$(l_{wx})_j = \frac{(a_{wx})_j}{\frac{1}{n}\sum_{j=1}^{n}(a_{wx})_j} \quad (j = 1, 2, \cdots, n) \tag{3-22}$$

或

$$(l_{wg})_j = \frac{(a_{wg})_j}{\frac{1}{n}\sum_{j=1}^{n}(a_{wg})_j} \quad (j = 1, 2, \cdots, n) \tag{3-23}$$

式(3-22)为国民经济各产品部门基于总产出的用水依存系数定义式，式(3-23)为国民经济各产品部门基于国内生产总值的用水依存系数定义式。用水依存系数如果大于 1，则表明该部门对水资源的直接依赖程度大于社会平均用水依赖程度；用水依存系数如果小于 1，则表明该部门对水资源的直接依赖程度小于社会平均用水依赖程度。

3.6.5　用水影响力系数

完全用水系数表示国民经济某产品部门每增加一个单位产品的生产而对水资源的完全需求，反映了国民经济某部门对整个经济系统水资源利用的影响和推动作用，为便于比较国民经济各产品部门之间的用水影响力，可以定义用水影响力系数为

$$(r_{wx})_j = \frac{(b_{wx})_j}{\frac{1}{n}\sum_{j=1}^{n}(b_{wx})_j} \quad (j = 1, 2, \cdots, n) \tag{3-24}$$

或

$$(r_{wg})_j = \frac{(b_{wg})_j}{\frac{1}{n}\sum_{j=1}^{n}(b_{wg})_j} \quad (j = 1, 2, \cdots, n) \tag{3-25}$$

式(3-24)为国民经济各产品部门基于总产出的用水影响力系数定义式，

式(3-25)为国民经济各产品部门基于国内生产总值的用水影响力系数定义式。用水影响力系数如果大于1，则表明该部门对水资源消耗的影响程度大于社会平均影响力，可判定该部门为高用水部门；用水影响力系数如果小于1，则表明该部门对水资源消耗的影响程度小于社会平均影响力，可判定该部门为低用水部门。

3.6.6 相对用水乘数

相对用水乘数是指国民经济某产品部门用水乘数与经济系统平均用水乘数的比值，可以用来分析各产品部门的用水量变化对整个经济系统用水量变化的影响程度。相对用水乘数可以表示为

$$(RM_{wx})_j = \frac{(m_{wx})_j}{\frac{1}{n}\sum_{j=1}^{n}(m_{wx})_j}(j=1,\ 2,\ \cdots,\ n) \tag{3-26}$$

或

$$(RM_{wg})_j = \frac{(m_{wg})_j}{\frac{1}{n}\sum_{j=1}^{n}(m_{wg})_j}(j=1,\ 2,\ \cdots,\ n) \tag{3-27}$$

式(3-26)为基于各产品部门总产出的相对用水乘数定义式，式(3-27)为基于各产品部门国内生产总值的相对用水乘数定义式。相对用水乘数如果大于1，则表明该部门用水对经济系统用水总量的增加贡献较大，该部门的发展将会促进整个经济系统用水量较快增加，可判定该部门为潜在高用水部门；相对用水乘数如果小于1，则表明该部门用水对经济系统用水总量的增加贡献较小，该部门的发展不会推动整个经济系统用水量较快增加，可判定该部门为潜在低用水部门。

3.6.7 水资源投入效应整体分析

从上述分析可知，直接用水系数是分析水资源整体投入效应的基础，其与用水依存系数共同测度了各产品部门对水资源的直接依赖程度。间接用水效应与直接用水效应共同构成了水资源完全投入效应。完全用水系数与用水影响力系数共同测度了各产品部门对水资源的完全利用情况，可用以界定高

用水部门与低用水部门。用水乘数与相对用水乘数共同测度了各产品部门用水变化对整个经济系统用水的潜在影响，可用以界定潜在高用水部门与潜在低用水部门。

综上所述，可以用完全用水系数与用水影响力系数来界定高用水部门与低用水部门，然后用用水乘数与相对用水乘数来界定潜在高用水部门与潜在低用水部门，完成对国民经济各产品部门水资源投入效应的整体分析。同时，鉴于总产出既包括生产过程中物质和劳动消耗转移的价值，也包括新创造的价值，而各产品部门对水资源的利用贯穿于整个生产活动之中，因此本书主要基于总产出数据对水资源投入效应进行分析。

3.7　水资源产出效应分析方法与模型

在技术、劳动力、资金等要素支持下，在一定程度上，单位水资源量给各产品部门带来的经济效益是不同的。从水资源投入产出效应综合分析框架来看，水资源产出效应主要包括直接产出效应、完全产出效应、间接产出效应、产出拉动效应、产出程度、潜在产出程度等方面，相应地可以通过计算水资源直接产出系数、完全产出系数、间接产出系数、产出乘数、产出影响力系数、相对产出乘数等指标进行测度。

3.7.1　水资源直接产出系数

水资源直接产出系数是指国民经济各产品部门对水资源每增加一个单位的使用量所直接带来的部门总产出或增加值的增加量，可以用来衡量单位水资源量在各个部门经济活动中带来的直接经济效益。水资源直接产出系数是表征用水效益的基础性指标，是计算水资源完全产出效益、间接用水效益、产出乘数等指标的前提。直接产出系数可以基于总产出、增加值分别计算。

如果用总产出表示经济效益，水资源的直接产出系数可以表示为：

$$(a_{owx})_j = X_j / W_j = 1/(a_{wx})_j \quad (j=1,\ 2,\ \cdots,\ n) \tag{3-28}$$

式(3-28)中，$(a_{owx})_j$为水资源基于国民经济第j部门总产出的直接产出系数，与水资源基于总产出的直接用水系数互为倒数，表示第j部门每投入一个单位的水资源所直接带来的总产出，直接产出系数向量可以表示为维度 $1\times n$ 的行向量，即 $A_{owx}=[(a_{owx})_1, (a_{owx})_2, \cdots, (a_{owx})_n]$；$X_j$表示国民经济第 j 部门的总产出；W_j表示国民经济第 j 部门的用水量；$(a_{wx})_j$ 表示国民经济第 j 部门的直接用水系数。

如果用增加值表示经济效益，水资源的直接产出系数可以表示为

$$(a_{owg})_j=G_j/W_j=1/(a_{wg})_j \quad (j=1, 2, \cdots, n) \tag{3-29}$$

式(3-29)中，$(a_{owg})_j$为水资源基于国民经济第 j 部门增加值的直接产出系数，与水资源基于国民经济第 j 部门增加值的直接用水系数互为倒数，表示国民经济第 j 部门每投入一个单位的水资源所能直接带来的增加值，水资源基于增加值的直接产出系数向量可以表示为维度 $1\times n$ 的行向量，即 $A_{owg}=[(a_{owg})_1, (a_{owg})_2, \cdots, (a_{owg})_n]$；$G_j$表示国民经济第 j 部门的增加值；W_j表示国民经济第 j 部门的用水量；$(a_{wg})_j$表示国民经济第 j 部门水资源基于增加值的直接用水系数。

3.7.2 水资源完全产出系数

水资源作为国民经济运行的基本要素之一，给予了国民经济各产品部门源源不断的发展动力，为各个部门的生产和服务提供了直接驱动，形成了各个部门的直接产品。同时，各个部门直接生产的产品又通过国民经济系统相互之间的投入产出联系，作为生产要素进入到其他部门产品的生产环节，为其他部门的生产提供动力。因此，水资源既可以为国民经济各产品部门经济活动带来直接产出效益，也会在全社会的经济活动中产生间接效益。水资源在经济活动中创造的直接产出效益与间接产出效益共同构成了水资源的完全产出效益，完全产出效益可以用完全产出系数进行测度。

完全产出系数用来反映国民经济某产品部门每增加一个单位的用水量引起整个国民经济系统的经济效益的增加量，用以衡量国民经济某产品部门用水量的变化对整个国民经济发展的贡献与影响。其值越大，表示该部门每增加一个单位用水量对整个国民经济发展的贡献越大，产生的经济效益越明显。

1. 基于总产出的完全产出系数

如果用总产出表示经济效益，按照完全产出系数的定义，则有

$$(b_{owx})_j = (a_{owx})_j + \sum_{k=1}^{n} (b_{owx})_k a_{kj} \tag{3-30}$$

式(3-30)中，$(b_{owx})_j$为水资源基于国民经济第j部门总产出的完全产出系数，式子右边第一项$(a_{owg})_j$为国民经济第j部门中水资源的直接产出系数；右边第二项 $\sum_{k=1}^{n}(b_{owx})_k a_{kj}$ 表示国民经济第j部门生产活动中每增加一个单位的水资源对整个经济系统产生的间接产出效益。其与第一项相加即为国民经济第j部门生产中每增加一个单位的水资源，使得全社会产生的完全效益，即完全产出系数。

式(3-30)写成矩阵形式为

$$B_{owx} = A_{owx} + B_{owx}A \tag{3-31}$$

式(3-31)中，B_{owx}为国民经济各产品部门经济运行中水资源的完全产出系数行向量，维度为 $1\times n$，可表示为 $B_{owx} = [(b_{owx})_1, (b_{owx})_2, \cdots, (b_{owx})_n]$；$A_{owx}$为国民经济各部门水资源直接产出系数行向量；$A$为国民经济各产品部门直接消耗系数矩阵，可表示为 $A = [a_{ij}]_{n\times n}$；$B_{owx}A$ 代表了国民经济各部门经济运行中水资源的间接产出效益。

式(3-31)可以进一步推导为

$$B_{owx} = A_{owx}(I-A)^{-1} \tag{3-32}$$

式(3-32)中，B_{owx}为国民经济各部门经济运行中水资源的完全产出系数行向量，A_{owx}为国民经济各部门经济运行中水资源的直接产出系数行向量。

2. 基于增加值的完全产出系数

国民经济各产品部门基于增加值的水资源完全产出系数的计算，与基于总产出的水资源完全产出系数的推导基本一致。如果用增加值表示经济效益，国民经济各部门经济运行中水资源的完全产出系数表示如下：

$$B_{owg} = A_{owg}(I-A)^{-1} \tag{3-33}$$

式(3-33)中，B_{owg}为国民经济各部门经济运行中基于增加值的水资源完全产出系数行向量，维度为 $1\times n$，可表示为：$B_{owg} = [(b_{owg})_1, (b_{owg})_2, \cdots, (b_{owg})_n]$。$B_{owg}$的值越大，表示国民经济各产品部门每增加一个单位的水资源对整个经济系统增加值增长的贡献越大，经济效益越好。A_{owg}为国民经济各部门经济运行中基于增加值的水资源直接产出系数行向量。I为单位矩阵，A为国民经济各部门直接消耗系数矩阵，$(I-A)^{-1}$为列昂惕夫逆矩阵。

完全产出系数与直接产出系数之差即为间接产出系数。

3.7.3 水资源产出乘数

水资源产出乘数是指国民经济某产品部门每增加一个单位的水资源引起全社会产出效益的增加量，与该部门每增加一个单位的水资源引起本部门直接经济效益之比，即完全产出系数与直接产出系数之比。水资源产出乘数反映了该部门生产运行中水资源的增加对整个经济系统的产出效益带来的拉动效应，产出乘数越大，说明国民经济某产品部门用水量的增加对整个经济系统产出效益拉动效应越大，从水资源产出角度来说应给予该部门优先发展权利；产出乘数越小，说明国民经济某产品部门用水量的增加对整个经济系统产出效益的拉动效应越小，从水资源产出角度来说应适当限制该部门的发展。

如果以总产出表示经济效益，国民经济某部门水资源的产出乘数可以表示为

$$(m_{owx})_j=(b_{owx})_j/(a_{owx})_j \quad (j=1,\ 2,\ \cdots,\ n) \tag{3-34}$$

式(3-34)中，$(m_{owx})_j$为国民经济第j部门基于总产出的水资源产出乘数，$(b_{owx})_j$为国民经济第j部门基于总产出的水资源完全产出系数，$(a_{owx})_j$为国民经济第j部门基于总产出的水资源直接产出系数。

如果以增加值数据表示经济效益，国民经济第j部门水资源的产出乘数可以表示为

$$(m_{owg})_j=(b_{owg})_j/(a_{owg})_j \quad (j=1,\ 2,\ \cdots,\ n) \tag{3-35}$$

式(3-35)中，$(m_{owg})_j$为国民经济第j部门基于增加值的水资源产出乘数；$(b_{owg})_j$为国民经济第j部门基于增加值的水资源完全产出系数，$(a_{owg})_j$为国民经济第j部门基于增加值的水资源直接产出系数。

3.7.4 水资源产出影响力系数

产出影响力系数是指国民经济某部门的水资源完全产出系数与整个经济系统平均完全产出系数的比值，用来分析和比较国民经济各产品部门之间的水资源产出效益水平。产出影响力系数可以表示为

$$(R_{owx})_j = \frac{(b_{owx})_j}{\frac{1}{n}\sum_{j=1}^{n}(b_{owg})_j} \quad (j = 1,\ 2,\ \cdots,\ n) \tag{3-36}$$

或

$$(R_{owg})_j = \frac{(b_{owg})_j}{\frac{1}{n}\sum_{j=1}^{n}(b_{owg})_j} \quad (j = 1,\ 2,\ \cdots,\ n) \tag{3-37}$$

式(3-36)为国民经济各产品部门基于总产出的水资源产出影响力系数定义式，式(3-37)为国民经济各产品部门基于增加值的水资源产出影响力系数定义式。水资源产出影响力系数如果大于1，则表明该部门的水资源产出效益水平高于社会平均水平，可判定该部门为高产出部门；水资源产出影响力系数如果小于1，则表明该部门的水资源产出效益水平低于社会平均水平，可判定该部门为低产出部门。

3.7.5 水资源相对产出乘数

水资源相对产出乘数是指国民经济某产品部门的水资源产出乘数与整个经济系统水资源平均产出乘数的比值，用来分析国民经济各产品部门水资源产出效益的变化对整个经济系统水资源产出效益的影响程度。水资源相对产出乘数可以表示为

$$(RM_{owx})_j = \frac{(m_{owx})_j}{\frac{1}{n}\sum_{j=1}^{n}(m_{owx})_j} \quad (j = 1,\ 2,\ \cdots,\ n) \tag{3-38}$$

或

$$(RM_{owg})_j = \frac{(m_{owg})_j}{\frac{1}{n}\sum_{j=1}^{n}(m_{owg})_j} (j = 1,\ 2,\ \cdots,\ n) \tag{3-39}$$

式(3-38)为国民经济各产品部门基于总产出的水资源相对产出乘数定义式，式(3-39)为国民经济各产品部门基于增加值的水资源相对产出乘数定义式。水资源相对产出乘数如果大于1，则表明该部门水资源产出效益的增长对国民经济发展具有较大的拉动作用，可判定该部门为潜在高产出部门；水资源相对产出乘数如果小于1，则表明该部门水资源产出效益的增长对国民经济

发展的拉动作用较小，可判定该部门为潜在低产出部门。

3.7.6 水资源产出效应整体分析

从以上分析可知，水资源直接产出系数测度了各产品部门水资源的直接产出效应，是分析水资源整体产出效应的基础。水资源间接产出效应与水资源直接产出效应共同构成了水资源完全产出效应。水资源完全产出系数与产出影响力系数共同测度了各产品部门水资源的完全产出情况，可用以界定高产出部门与低产出部门。产出乘数与相对产出乘数共同测度了各产品部门水资源产出变化对整个经济系统水资源产出情况的潜在影响，可用以界定潜在高产出部门与潜在低产出部门。

综合以上因素，可以用水资源完全产出系数与产出影响力系数来界定高产出部门与低产出部门，然后用水资源产出乘数与相对产出乘数来界定潜在高产出部门与潜在低产出部门，完成对国民经济各产品部门水资源产出效应的整体分析。同时，鉴于增加值可以更加确切地反映经济活动的成果和水平，本书主要基于增加值数据对水资源产出效应进行分析。

3.8 水资源排放效应分析方法与模型

在国民经济运行过程中，各产品部门在使用水资源的同时，也会向部门外部排放废水，对生态环境尤其是水资源环境造成负面影响。根据水资源投入产出效应综合分析框架的论述，废水排放效应主要包括：直接排放效应、完全排放效应、间接排放效应、排放拉动效应、废水排放程度、潜在废水排放程度，可以通过计算相应的废水直接排放系数、完全排放系数、间接排放系数、排放乘数、排放影响力系数、相对排放乘数等指标进行测度。

3.8.1 废水直接排放系数

废水直接排放系数是指国民经济各产品部门在生产活动中每增加一个单位的总产出或增加值所直接排放的废水量，反映国民经济各产品部门废水排放对外部环境的直接影响程度。废水直接排放系数越大，说明该部门由于经济活动直接排放的废水量越大，对环境的直接负面影响越严重。废水直接排放系数也是衡量国民经济产品部门废水排放对外部环境间接影响和完全影响程度的基础，可以分别基于该部门总产出或增加值进行计算。

1. 基于总产出的直接排放系数

如把总产出数据作为核算基数，国民经济各产品部门的直接排放系数计算如下：

$$(a_{px})_i = P_i / X_i \quad (i=1, 2, \cdots, n) \tag{3-40}$$

式(3-40)中，$(a_{px})_i$为国民经济第i部门基于该部门总产出的废水直接排放系数，直接排放系数向量为$n\times1$的列向量，可以表示为$A_{px}=\begin{bmatrix}(a_{px})_1\\(a_{px})_2\\\vdots\\(a_{px})_n\end{bmatrix}$；$P_i$为国民经济第$i$部门排放的废水量；$X_i$为国民经济第$i$部门的总产出。

2. 基于增加值的直接排放系数

如把增加值数据作为核算基数，国民经济第i部门的直接排放系数计算如下：

$$(a_{pg})_i = P_i / G_i \quad (i=1, 2, \cdots, n) \tag{3-41}$$

式(3-41)中，$(a_{pg})_i$为国民经济第i部门基于该部门增加值的废水直接排放系数，基于增加值的直接排放系数向量为$n\times1$的列向量，可以表示为$A_{pg}=\begin{bmatrix}(a_{pg})_1\\(a_{pg})_2\\\vdots\\(a_{pg})_n\end{bmatrix}$；$P_i$为国民经济第$i$部门排放的废水量；$G_i$为国民经济第$i$部门的增加值。

3.8.2　废水完全排放系数

基于国民经济各产品部门在经济运行过程中的投入产出联系，国民经济各产品部门在经济活动中不仅会通过生产本部门的产品直接排放废水，同时也会间接引起其他产品部门进行废水的排放，某产品部门废水的直接排放与引起其他部门废水的间接排放共同构成了该产品部门废水的完全排放，各产品部门的废水排放效应可以通过计算其废水完全排放系数进行测度。根据废水完全排放系数与直接排放系数的含义，在分析各产品部门的废水排放效应及对水资源环境负面影响方面，完全排放系数比直接排放系数更加全面、科学和合理。

废水完全排放系数是指国民经济某部门在经济活动中每增加一个单位的总产出或增加值所引起的整个国民经济系统废水排放量的增加量。废水完全排放系数反映了国民经济某产品部门由于经济活动对整个经济系统废水排放的影响。完全排放系数越大，说明该部门的经济活动对整个经济系统的废水排放影响越大，应该考虑适度控制完全排放系数较大部门的生产活动。废水完全排放系数可以基于国民经济各产品部门的总产出或增加值进行计算。

如果以国民经济各部门总产出数据为依据，按照完全排放系数的定义，则有

$$(b_{px})_i = (a_{px})_i + \sum_{k=1}^{n} (b_{px})_k a_{ki} \tag{3-42}$$

式(3-42)中，$(b_{px})_i$是国民经济第 i 部门基于总产出的废水完全排放系数。右边第一项$(a_{px})_i$为国民经济第 i 部门生产单位产品的废水直接排放量，即直接排放系数；第二项 $\sum_{k=1}^{n} (b_{px})_k a_{ki}$ 表示国民经济第 i 部门生产单位产品时需要间接排放的废水量，与第一项相加即为该部门生产单位产品完全排放的废水量，其中$(b_{px})_k$为国民经济第 k 部门的废水完全排放系数，a_{ki}为直接消耗系数。

式(3-42)写成矩阵形式为

$$B_{px}{}^{\mathrm{T}} = A_{px}{}^{\mathrm{T}} + B_{px}{}^{\mathrm{T}} A \tag{3-43}$$

式(3-43)中，$B_{px}{}^{\mathrm{T}}$ 为国民经济各部门完全排放系数列向量的转置矩阵，即为维度为 $1 \times n$ 的行向量，可表示为 $B_{px}{}^{\mathrm{T}} = [(b_{px})_1, (b_{px})_2, \cdots, (b_{px})_n]$；$A_{px}{}^{\mathrm{T}}$为国民经济各部门废水直接排放系数列向量的转置矩阵，即为维度为 $1 \times n$ 的行向量，可表示为 $A_{px}{}^{\mathrm{T}} = [(a_{px})_1, (a_{px})_2, \cdots, (a_{px})_n]$；$A$ 为国民经济各产品部门的直接消耗系数矩阵，可表示为 $A = [a_{ij}]_{n \times n}$；$B_{px}{}^{\mathrm{T}} A$ 代表了国民经济各

部门废水的间接排放。

式(3-43)可以进一步推导为

$$B_{px}^{\mathrm{T}}=A_{px}^{\mathrm{T}}(I-A)^{-1} \tag{3-44}$$

同理，如果以国民经济各部门国内生产总值为依据，则各部门废水完全排放系数的计算如下：

$$B_{pg}^{\mathrm{T}}=A_{pg}^{\mathrm{T}}(I-A)^{-1} \tag{3-45}$$

式(3-45)中，B_{pg}^{T}为国民经济各部门基于国内生产总值的完全排放系数行向量，维度为$1\times n$，可表示为：$B_{pg}^{\mathrm{T}}=[(b_{pg})_1,(b_{pg})_2,\cdots,(b_{pg})_n]$。

完全排放系数与直接排放系数之差即为间接排放系数。

3.8.3　废水排放乘数

排放乘数是国民经济各产品部门的完全排放系数与直接排放系数的比值，表示国民经济某部门每直接增加一个单位的废水排放量所引起整个国民经济系统增加的废水排放量，反映了该部门由于生产活动产生的废水量对整个国民经济系统废水排放的拉动效应。排放乘数越大，表明该部门对于整个经济系统的废水排放拉动效应越强，对于排放乘数较大的部门，应该适当控制其生产规模，以避免其对环境造成过大的污染。

1. 基于总产出的排放乘数

如果以总产出数据为核算基数，国民经济第i部门排放乘数可以计算如下：

$$(m_{px})_i=(b_{px})_i/(a_{px})_i \tag{3-46}$$

式(3-46)中，$(m_{px})_i$为国民经济第i部门基于该部门总产出的废水排放乘数；$(b_{px})_i$为国民经济第i部门基于总产出的废水完全排放系数；$(a_{px})_i$为国民经济第i部门基于该部门总产出的直接排放系数。

2. 基于增加值的排放乘数

如果以增加值数据为核算基数，国民经济第i部门排放乘数可以计算如下：

$$(m_{pg})_i=(b_{pg})_i/(a_{pg})_i \tag{3-47}$$

式(3-47)中，$(m_{pg})_i$为国民经济第i部门基于该部门增加值的排放乘数；

$(b_{pg})_i$ 为国民经济第 i 部门基于该部门增加值的完全排放系数；$(a_{pg})_i$ 为国民经济第 i 部门基于该部门增加值的直接排放系数。

3.8.4 废水排放影响力系数

废水完全排放系数表示国民经济某部门每增加一个单位产品的生产对整个经济系统产生的废水排放效应。为了分析和比较各部门经济活动对整个经济系统造成的废水排放效应，可以定义废水排放影响力系数：

$$(R_{px})_i = \frac{(b_{px})_i}{\frac{1}{n}\sum_{i=1}^{n}(b_{px})_i} \quad (i = 1, 2, \cdots, n) \tag{3-48}$$

或

$$(R_{pg})_i = \frac{(b_{pg})_i}{\frac{1}{n}\sum_{i=1}^{n}(b_{pg})_i} \quad (i = 1, 2, \cdots, n) \tag{3-49}$$

式(3-48)中，$(R_{px})_i$为国民经济第 i 部门基于该部门总产出的废水排放影响力系数，式(3-49)中，$(R_{pg})_i$为国民经济第 i 部门基于该部门增加值的废水排放影响力系数。废水排放影响力系数如果大于 1，则表明该部门经济活动对整个经济系统产生的废水排放效应大于社会平均水平，该部门可以判定为废水高排放部门；废水排放影响力系数如果小于 1，则表明该部门经济活动对整个经济系统产生的废水排放效应小于社会平均水平，该部门可以判定为废水低排放部门。

3.8.5 废水相对排放乘数

废水相对排放乘数是指国民经济某部门的废水排放乘数与整个经济系统平均废水排放乘数的比值，用来分析国民经济各产品部门废水排放效应的变化对整个经济系统废水排放效应的影响程度。废水相对排放乘数可以表示为

$$(RM_{px})_i = \frac{(m_{px})_i}{\frac{1}{n}\sum_{i=1}^{n}(m_{px})_i} \quad (i = 1, 2, \cdots, n) \tag{3-50}$$

或

$$(RM_{pg})_i = \frac{(m_{pg})_i}{\frac{1}{n}\sum_{i=1}^{n}(m_{pg})_i} \quad (i = 1,\ 2,\ \cdots,\ n) \tag{3-51}$$

式(3-50)为基于国民经济各产品部门总产出的废水相对排放乘数定义式，式(3-51)为基于国民经济各产品部门增加值的废水相对排放乘数定义式。废水相对排放乘数如果大于 1，则表明该部门的废水排放效应的变化对整个经济系统的废水排放效应的影响较大，可判定该部门为潜在废水高排放部门；废水相对排放乘数如果小于 1，则表明该部门的废水排放效应的变化对整个经济系统的废水排放效应的影响较小，可判定该部门为潜在废水低排放部门。

3.8.6 废水排放效应整体分析

从以上分析可知，废水直接排放系数测度了各产品部门的废水直接排放效应，是分析各产品部门整体废水排放效应的基础。废水间接排放效应与废水直接排放效应共同构成了废水完全排放效应。废水完全排放系数与废水排放影响力系数共同测度了各产品部门的废水完全排放情况，可用以界定废水高排放部门与废水低排放部门。废水排放乘数与废水相对排放乘数共同测度了各产品部门废水排放变化对整个经济系统废水排放情况的潜在影响，可用以界定潜在废水高排放部门与潜在废水低排放部门。

综合以上因素，可以用废水完全排放系数与废水排放影响力系数来界定废水高排放部门与低排放部门，用废水排放乘数与废水相对排放乘数来界定潜在废水高排放部门与潜在废水低排放部门，完成对国民经济各产品部门废水排放效应的整体分析。同时，鉴于废水排放贯穿于各产品部门的整个生产活动中，本书主要基于总产出数据对废水排放效应进行分析。

3.9 本章小结

本章首先阐述了投入产出分析理论框架，基于投入产出分析理论分析国民经济运行中各产品部门之间相互关联的优势，把国民经济各产品部门的用水量和废水排放量融入传统的投入产出表之中，形成了水资源投入产出表基本结构。其次，按照国家有关主管部门的规定，对表中的产品部门分类和产业结构进行了界定。最后，在编制水资源投入产出表的基础上，建立了水资源投入产出效应综合分析框架，分别对水资源投入效应分析方法和模型、水资源产出效应分析方法和模型、水资源排放效应分析方法和模型进行了阐述，并整合各类水资源投入产出效应分析结果，对各产品部门进行类别划分，按类别给予不同发展建议，为产业结构调整、政府宏观调控提供参考。

第4章

河南省水资源投入产出表的编制

在上一章中，对水资源投入产出效应分析方法进行了研究，从第 4 章至第 7 章，将以河南省为例，针对河南省水资源投入产出效应进行应用研究，深入分析当前河南省各产品部门的经济活动与水资源之间的相互联系。编制《河南省水资源投入产出表》是对河南省水资源投入产出效应进行应用研究的基础，《河南省水资源投入产出表》的结构采用在上一章中建立的水资源投入产出表的基本样式，表中水资源数据的核算是编制投入产出表的主要内容和难点。

4.1 数据来源

河南省投入产出数据是编制《河南省水资源投入产出表》的基础，2018 年底编制的《2015 年河南省投入产出延长表》提供了目前最新的河南省投入产出数据，因此，基于《2015 年河南省投入产出延长表》编制的《2015 年河南省水资源投入产出表》可视为当前最新版本，其编制方法亦可用于其他年份《河南省水资源投入产出表》的编制。

《2015 年河南省水资源投入产出表》所需的经济数据主要来源于《2015 年河南省投入产出延长表》《2016 年中国统计年鉴》《2016 年河南统计年鉴》等资料，所需的水资源数据主要来源于《河南省第一次水利普查公报》《2015 年河南省水资源公报》《2015 年河南省环境统计年报》以及赴河南省统计局、河南省水利厅、河南省环境保护厅、河南省部分地市调研数据。

目前，各主管部门在统计水资源信息时，因未完全采用水资源核算体系规定的统一标准，关于水资源数据统计口径有所不同，因此各主管部门公布的水资源数据有差异。在本书中，河南省用水总量、废水排放总量以及各产业用水总量、废水排放总量以《河南省水资源公报》公布数据为准，但河南省国民经济各产品部门的用水量和废水排放量数据均无法直接获取。本章将在总结有关专家、学者前期研究成果的基础上，结合有关主管部门专家提供的建议，针对河南省国民经济各产品部门用水量和废水排放量提出一套核算方法。

4.2 河南省各产品部门用水数据核算

4.2.1 核算方法

1. 农业部门用水量核算方法

农业部门只包含一个产品部门：农林牧渔产品和服务，其用水量数据是《河南省水资源公报》中“农、林、渔业用水”数据加上“畜牧业”用水量。根据《河南省水资源公报》中有关数据指标的解释，“畜牧业”用水量包含在“农村生活用水”中，因此无法直接获得。根据有关主管部门专家的意见，通过查询《2016年河南统计年鉴》中畜牧业各类牲畜、家禽饲养数量，结合《河南省农业用水定额》(DB41/T 958—2014)对“畜牧业”用水量进行估算。

2. 工业各部门用水量核算方法

工业部门用水总量来源于《河南省水资源公报》中“工业用水总量”。其中“水的生产与供应”部门用水量缺乏官方统计数据，根据赴河南省城镇供水协会以及开封、许昌等地区自来水公司调研数据，可知“水的生产与供应”部门用水量与供水量比例约为1∶20，结合《河南统计年鉴》中“城市供水总量”数据核算“水的生产与供应”部门用水量。《河南省水资源公报》中“工业用水总量”减去“水的生产与供应”部门用水量即为“其他各工业部门用水总量”。鉴于取水量是考察经济活动用水情况的最理想指标，依据《河南省环境统计年报》“工业源环境统计”中各工业部门“取水量”数据对其他各工业部门用水量进行核算；首先对其他各工业部门“取水量”数据按照《河南省水资源投入产出表》中的部门分类进行合并整合，然后计算出各部门用水量占比情况，结合“其他各工业部门用水总量”计算得到其他各工业部门用水量。

3. 建筑业部门用水量核算方法

2015年河南省建筑业用水量无官方统计数据，鉴于建筑业用水量与经济增长之间具有强相关关系（曹涛等，2018），以 2011 年《河南省第一次水利普查公报》中建筑业用水量为基准，结合河南省 2015 年建筑业不变价增加值与 2011 年建筑业增加值比例，核算 2015 年河南省建筑业部门用水量。

4. 第三产业各部门用水量核算方法

关于第三产业各部门用水量的核算，有关主管部门尚无明确核算数据和核算办法。在本书中，第三产业各部门用水量主要来源于《河南省水资源公报》中“城乡生活、环境用水”数据。但根据《河南省水资源公报》中有关解释，“城乡生活、环境用水”包含城市生活用水、农村生活用水、建筑业用水、生态环境补水、第三产业用水，因此第三产业用水量等于“城乡生活、环境用水”减去“城市生活用水”“农村生活用水”“建筑业用水”“生态环境补水”。本书先从《2015 年河南省水资源公报》查询到“城乡生活、环境用水”数据以及“城市生活、环境用水”数据，核算出“农村生活用水”量，从《2016 年河南统计年鉴》中查询“生态环境补水”数据，由“城市生活、环境用水”减去建筑业用水、生态环境补水得到第三产业用水总量与城市生活用水量。鉴于第三产业各部门、城镇居民生活用水基本依靠自来水供应，因此按照《2015 年河南省投入产出延长表》中“水的生产与供应”部门对第三产业各部门、“城镇居民消费支出”的水供应分配比例，核算城镇居民生活用水量以及本书研究所需要的第三产业各产品部门用水量。

4.2.2　核算结果与分析

依据上述核算方法，核算出的 2015 年河南省国民经济各产品部门用水量情况如表 4-1 所示。根据表 4-1 可知，2015 年河南省第一产业即农林牧渔产品和服务部门用水量最大，用水量达到 130.30 亿立方米，占所有部门用水总量的 65.98%，几乎是其他所有部门用水量之和的 2 倍，凸显了农业生产在整个社会生产活动中的基础地位。

表 4-1　2015 年河南省国民经济各产品部门用水量

产品部门	用水量(万立方米)	用水量排名
部门 1	1303000.00	1
部门 2	48183.40	5

续表

产品部门	用水量(万立方米)	用水量排名
部门 3	2495. 33	27
部门 4	11201. 74	15
部门 5	720. 22	37
部门 6	69304. 92	4
部门 7	11223. 28	14
部门 8	21192. 40	10
部门 9	1053. 95	34
部门 10	46140. 43	6
部门 11	9208. 88	19
部门 12	106825. 29	3
部门 13	13758. 47	13
部门 14	39361. 46	7
部门 15	838. 32	35
部门 16	1682. 10	30
部门 17	1769. 69	29
部门 18	3238. 03	24
部门 19	817. 14	36
部门 20	3299. 83	23
部门 21	313. 52	39
部门 22	706. 24	38
部门 23	238. 37	40
部门 24	3. 52	42
部门 25	121654. 46	2
部门 26	33. 51	41
部门 27	9835. 50	18
部门 28	19007. 89	11
部门 29	2031. 35	28
部门 30	11003. 29	16
部门 31	10606. 79	17

续表

产品部门	用水量（万立方米）	用水量排名
部门 32	3042.76	25
部门 33	24483.27	8
部门 34	5197.82	20
部门 35	4451.88	21
部门 36	1679.33	31
部门 37	4448.28	22
部门 38	24360.98	9
部门 39	2576.94	26
部门 40	1518.12	32
部门 41	1196.03	33
部门 42	14022.48	12

注：部门序号对应相应产品部门，具体见本书第 3 章“表 3-3　水资源投入产出表产品部门分类”。其中，部门 1 为农业部门即第一产业部门，部门 2~28 为第二产业各产品部门，部门 29~42 为第三产业各产品部门，以下相关表格与此相同。

2015 年河南省第二产业用水总量达到 54.41 亿立方米，占所有部门用水总量的 27.83%，反映了工业生产是经济活动的主要力量。其中部门 25——电力、热力的生产和供应，部门 12——化学产品，部门 6——食品和烟草，部门 2——煤炭采选产品，部门 10——造纸印刷和文教体育用品，部门 14——金属冶炼和压延加工品，部门 8——纺织服装鞋帽皮革羽绒及其制品等 7 个工业部门用水量较大，分别约达到 12.17 亿立方米、10.68 亿立方米、6.93 亿立方米、4.82 亿立方米、4.61 亿立方米、3.94 亿立方米、2.12 亿立方米，部门用水量排名分别为第 2、3、4、5、6、7、10 位，上述 7 个部门合计用水量达到 45.27 亿立方米，占第二产业部门用水总量的 83.20%。部分第二产业部门用水量较低，其中部门 9——木材加工品和家具，部门 15——金属制品，部门 19——电气机械和器材，部门 5——非金属矿和其他矿采选产品，部门 22——其他制造产品，部门 21——仪器仪表，部门 23——废品废料，部门 26——燃气生产和供应，部门 24——金属制品、机械和设备修理服务等部门用水量在所有部门中排名最后，分别排第 34、35、36、37、

38、39、40、41、42 名。

2015 年河南省第三产业用水总量较少，仅为 11.06 亿立方米，占所有部门用水总量的 5.65%，体现了第三产业对水资源的节约性。第三产业各部门用水量在所有部门中基本处于中等水平，其中部门 33——金融，部门 38——居民服务、修理和其他服务，部门 42——公共管理、社会保障和社会组织，部门 30——交通运输、仓储和邮政，部门 31——住宿和餐饮等 5 个部门用水量相对偏多，分别为 2.45 亿立方米、2.44 亿立方米、1.40 亿立方米、1.10 亿立方米、1.06 亿立方米，分别排第 8、9、12、16、17 位，其他第三产业部门用水量均较少。

整体来看，2015 年河南省第一产业即部门 1——农林牧渔产品和服务部门用水量遥遥领先于其他产品部门。第二产业各部门用水量呈现两极分化局面，基础工业部门用水量普遍较大，轻工业、高科技工业部门用水量普遍偏低。第三产业各部门用水量较少，部门间用水量差异较小，在所有产品部门中大致居于中等水平。河南省各产品部门用水量分布情况如图 4-1 所示。

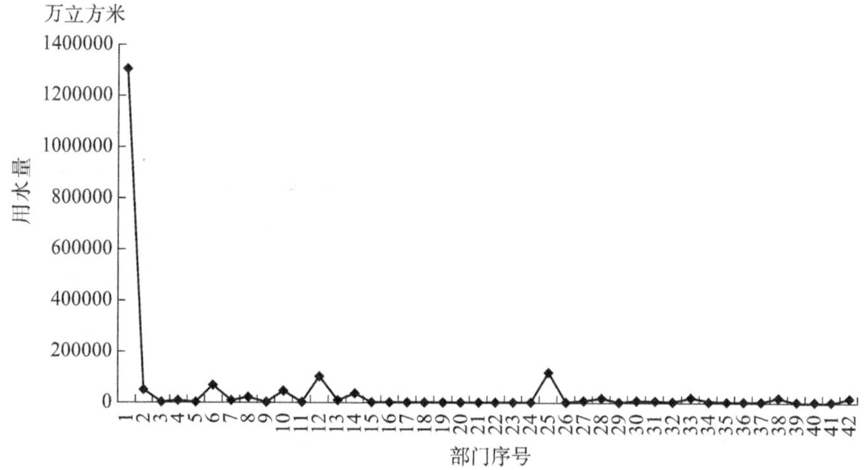

图 4-1 2015 年河南省各产品部门用水量分布情况

注：部门序号对应相应产品部门，具体见本书第 3 章“表 3-3 水资源投入产出表产品部门分类”。其中，部门 1 为农业部门即第一产业部门，部门 2~28 为第二产业各产品部门，部门 29~42 为第三产业各产品部门，以下相关图形与此相同。

4.3 河南省各产品部门废水排放数据核算

4.3.1 核算方法

目前，各级主管部门对工业各部门废水排放情况掌握相对精确，围绕工业废水排放的研究成果也相对较多，这与工业各部门在经济活动中所占比重较大、对社会经济运行具有举足轻重作用、政府重视程度较高有关，也与工业活动相对集中、废水排放基本为点源污染、废水排放数据统计相对容易有一定关系。但农业、第三产业经济活动相对分散，其废水排放数据统计具有较大困难，因此，对于农业、第三产业各部门废水排放情况研究相对较少，这也是未来需要重点关注和研究的方向。通过查阅大量资料、文献，并与环保、统计、供水等业务主管部门、单位深入交流，本书对国民经济各产品部门的废水排放数据提出了一套核算方法。

1. 农业部门废水排放量核算方法

农业废水排放为面源污染居多，经咨询国家、河南省及部分下属地市环保部门，农业部门废水排放量数据收集极为困难，区域农业废水排放量数据基本为空白，目前有关主管部门正在对农业部门废水排放量的核算开展积极研究。本书中，农业部门废水排放量借鉴《河南省第一次全国污染源普查公报》有关数据，其中，河南省各类源废水排放总量为 50.56 亿吨，工业源废水排放量为 13.10 亿吨，生活源污水排放量为 18.21 亿吨，推算得到农业源废水排放量为 19.25 亿吨。2007 年河南省农业用水量为 120.07 亿立方米，2015 年河南省农业用水量为 120.09 亿立方米，基本保持一致。鉴于目前河南省农业废水量尚无实际调查数据，以及农业源废水产排污系数这期间无变化，用水量与废水排放量之间比例较为稳定，因此，2015 年河南省农业部门废水排放量参照河南省第一次全国污染源普查数据。

2. 建筑业部门废水排放量核算方法

建筑业部门废水排放量尚未有专门统计数据，国家也未对建筑业部门废水排放量制定产排污系数，且围绕建筑业废水排放量核算的研究极少，鉴于建筑业在用水、废水排放方面具有相对稳定性，借鉴天津市气象研究所（2014）有关研究成果，可知建筑业部门废水排放量约为其用水量的30%，结合前期核算的部门用水量数据，计算得到2015年河南省建筑业废水排放量。

3. 工业各产品部门废水排放量核算方法

《2015年河南省水资源公报》显示，2015年河南省工业、建筑业合计排放废水35.84亿立方米，该数额减去“2015年河南省建筑业废水排放量”即为“2015年河南省工业部门废水排放总量”，计算得到2015年河南省工业部门废水排放总量为35.27亿立方米。水的生产与供应部门废水排放量尚无统计数据，经咨询生态环境部、河南省生态环境厅、开封市生态环境局等主管部门，并赴开封市自来水供应公司、许昌市自来水供应公司等单位调研，得知根据目前自来水处理要求，在自来水生产过程中，主要产生废泥，基本不存在废水排放，因此水的生产与供应部门废水排放量核算为0。其他工业各部门则按照《2015年河南省环境统计年报》中“重点调查单位各行业废水及污染物排放情况”中“废水排放量”，计算各行业废水排放比例，结合上述“2015年河南省工业部门废水排放总量”，计算得到工业各产品部门废水排放量，然后按照《河南省水资源投入产出表》中的部门分类进行合并整合，得到2015年河南省国民经济各工业产品部门废水排放量。

4. 第三产业各产品部门废水排放量核算方法

《室外排水设计规范》（2006）中明确说明：“综合生活污水包括居民生活污水和公共建筑污水，居民生活污水指居民日常生活中洗涤、冲厕、洗澡等产生的污水。公共建筑污水指娱乐场所、宾馆、浴室、商业网点、学校和办公楼等产生的污水。”其中，公共建筑污水即为第三产业各部门排放的废水。目前，关于第三产业各部门废水排放量尚无具体统计数据，根据《室外排水设计规范》（2014年版）、《室外排水设计规范》（2016年版）、《城市排水工程规划规范》（2017）、《第一次全国污染源普查城镇生活源产排污系数手册》（2008）、《生活源产排污系数及使用说明》（修订版2010）等有关规定，并参考周灵辉等（2003）、龚明等（2006）、胡爽等（2008）有关研究成果，估算第三产业各产品部门废水排放量约为各产品部门用水量的80%，结合《2015年河南省水资源公报》中“城市综合生活污水”数据、前期计算的 2015 年河南省国民经济各产品部门用水量数据，计算得到 2015 年河南省国民经济第三产业各产品部门废水排放数据。

4.3.2　核算结果与分析

根据上述国民经济各产品部门废水排放量核算方法，结合收集核算得到的水资源有关数据，计算得到 2015 年河南省国民经济各产品部门废水排放量，如表 4-2 所示。

表 4-2　2015 年河南省国民经济各产品部门废水排放量

产品部门	废水量(万立方米)	废水量排名
部门 1	192500. 00	1
部门 2	77735. 15	3
部门 3	383. 83	37
部门 4	8582. 48	15
部门 5	458. 79	36
部门 6	65111. 17	4
部门 7	9128. 53	12
部门 8	20163. 69	6
部门 9	992. 16	31
部门 10	48305. 08	5
部门 11	5426. 12	18
部门 12	77979. 59	2
部门 13	7448. 52	16
部门 14	10361. 84	10
部门 15	789. 45	34
部门 16	1414. 61	27
部门 17	1156. 02	30
部门 18	2647. 97	22
部门 19	604. 97	35
部门 20	2343. 36	24
部门 21	306. 10	38

续表

产品部门	废水量(万立方米)	废水量排名
部门 22	832.92	33
部门 23	282.34	39
部门 24	0.00	40
部门 25	10245.29	11
部门 26	0.00	40
部门 27	0.00	40
部门 28	5702.37	17
部门 29	1653.32	26
部门 30	8955.57	13
部门 31	8632.86	14
部门 32	2476.50	23
部门 33	19926.92	7
部门 34	4230.51	19
部门 35	3623.38	20
部门 36	1366.81	28
部门 37	3620.45	21
部门 38	19827.39	8
部门 39	2097.37	25
部门 40	1235.60	29
部门 41	973.45	32
部门 42	11412.88	9

根据表 4-2 可知，2015 年河南省国民经济各产品部门中农业部门废水排放量最大，占全社会废水排放量 30%以上。农业部门用水量较大，农业废水主要来源于农作物栽培、牲畜饲养、水产品养殖、农产品加工等方面，污染源分布较为分散，且以面源污染为主，农业废水处理技术相对落后，这些都是造成农业部门废水排放量较大的因素。诸多原因导致农业废水量数据监测存在较大困难，有关数据存在一定误差。

2015 年河南省第二产业部门废水排放量占废水排放总量的 55%左右，工业生产是废水排放的主要因素。废水排放较多的工业部门有：部门 12——化学产品，部门 2——煤炭采选产品，部门 6——食品和烟草，部门 10——造纸印刷和文教体育用品，部门 8——纺织服装鞋帽皮革羽绒及其制品等 5 个部门，在 42 个产品部门废水排放量排名中，分别占据第 2、3、4、5、6 名，废水年排放量分别达到 7.80 亿立方米、7.77 亿立方米、6.51 亿立方米、4.83 亿立方米、2.02 亿立方米，合计排放废水 28.93 亿立方米，在所有产品部门中形成废水排放的第二梯队，占工业部门废水排放量的 82.03%，占整个经济系统废水排放量的 45.14%，与农业部门共同占据废水排放总量的 75.17%。其他 21 个工业部门共计排放废水 6.34 亿立方米，占工业部门废水排放量的 17.97%，占整个经济系统废水排放量的 9.89%。

2015 年河南省 14 个第三产业部门排放废水较少，共计排放废水 9 亿立方米，占整个经济系统废水排放量的 14.05%。其中排放废水较多的 5 个第三产业部门为：部门 33——金融，部门 38——居民服务、修理和其他服务，部门 42——公共管理、社会保障和社会组织，部门 30——交通运输、仓储和邮政，部门 31——住宿和餐饮等部门，在所有产品部门中分别占据第 7、8、9、13、14 名，分别排放废水 1.99 亿立方米、1.98 亿立方米、1.14 亿立方米、0.90 亿立方米、0.86 亿立方米，合计排放废水 6.87 亿立方米，占第三产业部门废水排放量的 76.33%。

整体来看，2015 年河南省第一产业即部门 1——农林牧渔产品与服务部门以及部分高污染工业部门是造成废水排放的主要力量，其他第二产业部门、第三产业各部门废水排放相对较少。2015 年河南省各产业废水排放量占比和国民经济各产品部门废水排放量分布情况如图 4-2 和图 4-3 所示。

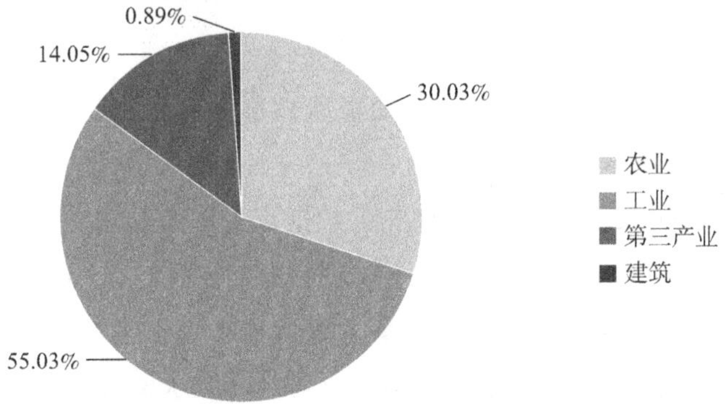

图 4-2　2015 年河南省各产业废水排放量占比情况

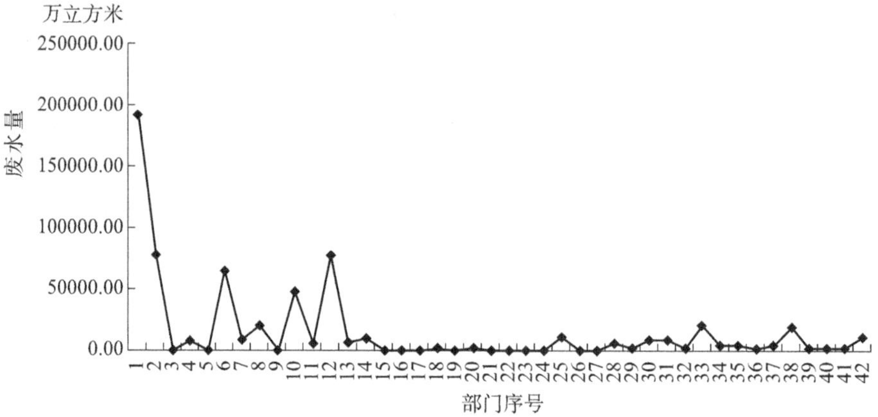

图 4-3　2015 年河南省国民经济各产品部门废水排放量分布情况

4.4　编制河南省水资源投入产出表

借鉴上一章中编制的水资源投入产出表基本结构，结合《2015 年河南省投入产出延长表》中有关经济数据以及经核算所得的 2015 年河南省国民经济各产品部门用水量、废水排放量数据，编制《2015 年河南省水资源投入产出表》如表 4-3 所示。同时，本章关于《2015 年河南省水资源投入产出表》的编制方法，亦可用于对其他年份《河南省水资源投入产出表》乃至其他区域水资源投入产出表的编制。

4.5　本章小结

本章主要针对《2015 年河南省水资源投入产出表》进行了编制，表格结构仍采用前期已经确定的水资源投入产出表基本样式，表中的经济数据引用《2015 年河南省投入产出延长表》中相关数据，表中的水资源数据通过本章提出的国民经济各产品部门用水量核算方法、废水排放量核算方法进行计算，最后形成了较为完整的《2015 年河南省水资源投入产出表》。本章关于水资源投入产出表的编制方法，可为其他年份、其他区域水资源投入产出表的编制提供参考。

表 4-3　2015 年河南省水资源投入产出表　单位：万元，万立方米

投入	产出					
	农林牧渔产品和服务	煤炭采选产品	石油和天然气开采产品	金属矿采选产品	非金属矿和其他矿采选产品	食品和烟草
农林牧渔产品和服务	1467539	61960	92	2240	222	39270508
煤炭采选产品	8872	3448922	1301	317	33	4364
石油和天然气开采产品	33203	513	39588	29	6331	25446
金属矿采选产品	0	38123	4	4671924	122518	0
非金属矿和其他矿采选产品	409	1163148	14942	249223	879609	451
食品和烟草	7042410	12845	260	84713	2029	31228638
纺织品	40651	74765	2441	51028	4541	189903
纺织服装鞋帽皮革羽绒及其制品	549222	64997	19294	50364	27006	103097
木材加工品和家具	248533	64530	1036	591206	33667	83891
造纸印刷和文教体育用品	10867	19458	3164	13074	15485	964339
石油、炼焦产品和核燃料加工品	379124	194798	38811	325246	187901	145250
化学产品	5592678	278275	178791	1537546	618391	3184385
非金属矿物制品	653079	309467	158389	234687	172230	598521
金属冶炼和压延加工品	1188	245854	11300	74617	33983	46925
金属制品	50121	234350	9881	172315	34538	516132
通用设备	13642	463917	49786	819636	132499	354153
专用设备	219640	176384	318376	1187600	72263	112811
交通运输设备	93669	36755	36238	97830	51333	78171
电气机械和器材	304479	130706	24821	157119	20109	63433
通信设备、计算机和其他电子设备	25120	49095	6116	74505	11009	15472
仪器仪表	0	18740	50784	14142	33730	40783
其他制造产品	79191	5358	564	420	87058	5562
废品废料	608	729	0	105	550	3610
金属制品、机械和设备修理服务	0	259664	255654	714927	167361	664022

续表

投入	产出					
	农林牧渔产品和服务	煤炭采选产品	石油和天然气开采产品	金属矿采选产品	非金属矿和其他矿采选产品	食品和烟草
电力、热力的生产和供应	186156	596913	91742	1315886	191202	2249095
燃气生产和供应	0	168	0	0	0	29
水的生产和供应	32	13847	1204	519	10821	138865
建筑	232167	34281	13008	10810	11962	75526
批发和零售	1698130	314705	59684	1637110	364139	4172723
交通运输、仓储和邮政	496292	561476	43428	446150	174255	2211712
住宿和餐饮	108428	241621	35272	136873	63886	743931
信息传输、软件和信息技术服务	6947	32015	6473	17901	27300	118590
金融	3120	456321	33412	139543	78397	504728
房地产	58	13733	1621	20651	5808	26082
租赁和商务服务	110	121835	55383	55869	10985	237406
科学研究和技术服务	64674	96191	16331	44475	18074	121356
水利、环境和公共设施管理	1476	1231	48	143029	16914	3054
居民服务、修理和其他服务	29894	52072	3523	2142	12546	42740
教育	27090	78396	888	11793	10482	43665
卫生和社会工作	208	0	0	0	0	0
文化、体育和娱乐	19881	13520	693	6759	3454	26610
公共管理、社会保障和社会组织	31841	18757	428	2452	853	20788
中间投入合计	32928600	10000435	1584770	15116771	3715476	88436770
劳动者报酬	42538800	3159004	743457	712506	849157	7591662
生产税净额	105300	1172157	282929	344249	271962	5203816
固定资产折旧	840000	661939	665256	254004	223974	1942183
营业盈余	0	(417118)	(1409073)	1938808	672943	10061159
增加值合计	43484100	4575981	282568	3249568	2018036	24798820
总投入	76412700	14576416	1867339	18366339	5733512	113235590
用水量	1303000. 00	48183. 40	2495. 33	11201. 74	720. 22	69304. 92

续表

投入	产出					
	纺织品	纺织服装鞋帽皮革羽绒及其制品	木材加工品和家具	造纸印刷和文教体育用品	石油、炼焦产品和核燃料加工品	化学产品
农林牧渔产品和服务	8826582	2495538	2058162	550330	317	2321873
煤炭采选产品	2676	1774	25556	41734	1654257	1517234
石油和天然气开采产品	1533	1829	3445	5915	1559279	468403
金属矿采选产品	0	0	0	22681	114455	1181550
非金属矿和其他矿采选产品	23	795	2156	72750	7574	1026100
食品和烟草	40234	1570023	12917	248977	91574	924395
纺织品	6184513	7710052	179266	1011418	15318	1201390
纺织服装鞋帽皮革羽绒及其制品	631056	4944318	435226	242928	30080	470568
木材加工品和家具	18660	38774	7286581	241909	8441	92406
造纸印刷和文教体育用品	52047	80197	149555	10696512	10838	1079746
石油、炼焦产品和核燃料加工品	31166	43954	46297	42306	2310711	864369
化学产品	1118490	1087285	935574	2409859	598406	33632884
非金属矿物制品	30358	26033	167976	216204	38654	1373506
金属冶炼和压延加工品	18966	6185	210419	295249	22058	2314782
金属制品	167594	120764	266802	88320	11480	2575754
通用设备	105784	50231	163763	97646	35885	437850
专用设备	88259	120286	17576	67438	6506	734089
交通运输设备	30056	24128	11756	8227	45256	41572
电气机械和器材	22391	45276	13091	67985	3613	121772
通信设备、计算机和其他电子设备	10410	5809	5587	28260	3958	16482
仪器仪表	5338	973	563	3430	696	49242
其他制造产品	946	138831	7693	2185	55	112167
废品废料	0	420	4637	119217	2111	176163
金属制品、机械和设备修理服务	191139	213603	112170	124753	39544	479454

续表

投入	产出					
	纺织品	纺织服装鞋帽皮革羽绒及其制品	木材加工品和家具	造纸印刷和文教体育用品	石油、炼焦产品和核燃料加工品	化学产品
电力、热力的生产和供应	662737	365916	195020	513191	498155	2918990
燃气生产和供应	0	0	115	3	46564	1321
水的生产和供应	8655	24409	5520	25290	6642	90972
建筑	6527	10067	12807	26353	7526	58879
批发和零售	1347400	1484522	962867	2048584	302257	4473289
交通运输、仓储和邮政	448170	349339	467861	502630	799598	2314818
住宿和餐饮	114972	101817	100086	142277	63719	932213
信息传输、软件和信息技术服务	11810	60380	38363	47927	9739	87031
金融	287205	132319	48973	224634	139680	1179033
房地产	2493	5066	4927	3274	2581	29205
租赁和商务服务	42252	48474	3937	14428	1936	229910
科学研究和技术服务	8822	4977	4164	20286	45048	43263
水利、环境和公共设施管理	1398	370	608	711	262	4217
居民服务、修理和其他服务	2531	9970	3210	11467	929	36679
教育	9761	8667	12895	11500	5311	50246
卫生和社会工作	0	0	0	0	0	0
文化、体育和娱乐	5261	3726	5648	7788	2419	38473
公共管理、社会保障和社会组织	1702	3205	3919	5460	1113	33961
中间投入合计	20539918	21340300	13987686	20312034	8544543	65736249
劳动者报酬	2312868	2622941	1882937	2380613	659664	5484632
生产税净额	676447	798814	514540	817574	856950	2157995
固定资产折旧	663971	553363	389173	542689	273577	2240181
营业盈余	2076493	2908748	1745549	2138136	297166	6346544
增加值合计	5729779	6883867	4532199	5879012	2087357	16229352
总投入	26269698	28224167	18519886	26191046	10631900	81965601
用水量	11223. 28	21192. 40	1053. 95	46140. 43	9208. 88	106825. 29

续表

投入	产出					
	非金属矿物制品	金属冶炼和压延加工品	金属制品	通用设备	专用设备	交通运输设备
农林牧渔产品和服务	1331	6151	1388	426	1748	5190
煤炭采选产品	544790	656310	6335	14687	42117	6320
石油和天然气开采产品	668946	114498	63867	37125	8921	28230
金属矿采选产品	1487423	18307782	68292	52116	42756	192552
非金属矿和其他矿采选产品	8275972	470297	48850	1782	78470	1278
食品和烟草	120956	30342	7660	10733	36842	14612
纺织品	372225	65402	17652	19402	153737	143573
纺织服装鞋帽皮革羽绒及其制品	1025733	119655	51186	91770	97577	674922
木材加工品和家具	244454	128908	11320	150556	124447	182138
造纸印刷和文教体育用品	699000	252929	160525	194150	54524	144018
石油、炼焦产品和核燃料加工品	2791308	2326068	102161	142162	132421	176645
化学产品	3730360	582758	680512	573173	1833836	2045399
非金属矿物制品	24429697	2034613	128273	1075733	1304444	222452
金属冶炼和压延加工品	4370773	25241165	7679579	9546379	8280988	7620354
金属制品	1909059	321526	2036819	1678841	950838	954912
通用设备	573377	1039359	243484	4784273	3502692	2927853
专用设备	363518	227455	79579	212077	5020384	73613
交通运输设备	443792	77738	41139	255612	404943	8428677
电气机械和器材	268758	93948	319984	1389273	869265	1196077
通信设备、计算机和其他电子设备	39796	20267	5511	333273	337126	431186
仪器仪表	23538	55035	47290	92390	507220	124422
其他制造产品	176806	12225	2986	3728	32355	11675
废品废料	1550772	3787405	36084	366830	43627	120808
金属制品、机械和设备修理服务	848671	656626	239224	188050	415254	388504

续表

投入	产出					
	非金属矿物制品	金属冶炼和压延加工品	金属制品	通用设备	专用设备	交通运输设备
电力、热力的生产和供应	4948564	4514616	1009669	587683	505766	428145
燃气生产和供应	11238	3158	1073	1085	130	989
水的生产和供应	229766	65975	11707	41943	14573	42818
建筑	70433	72160	25152	16894	18565	134904
批发和零售	4911071	8887654	2844646	3060660	3132375	2788877
交通运输、仓储和邮政	2750455	2793283	557214	702329	863387	913264
住宿和餐饮	1567532	1064204	204125	306198	345126	509210
信息传输、软件和信息技术服务	580593	161223	37350	25791	37021	41915
金融	581142	1180160	272214	234378	348349	206193
房地产	187155	36260	1293	24347	27061	9760
租赁和商务服务	285960	465780	41876	81420	107302	83332
科学研究和技术服务	56271	18860	64080	46147	51945	105787
水利、环境和公共设施管理	7363	3213	1088	1526	1543	2423
居民服务、修理和其他服务	53214	31355	6135	22688	32651	60621
教育	23675	23443	11059	22114	16814	15642
卫生和社会工作	0	0	0	0	0	0
文化、体育和娱乐	58814	28164	9088	13219	15414	19606
公共管理、社会保障和社会组织	13018	10142	3401	4328	4966	3836
中间投入合计	71297317	75988110	17180868	26407290	29799517	31482732
劳动者报酬	5688725	4586469	1622036	2892686	3206024	3136921
生产税净额	3409335	2042730	586128	977134	1126339	1012495
固定资产折旧	2065252	3159360	416138	722364	739199	785308
营业盈余	8037165	2896879	1624898	2547558	2478890	2835852
增加值合计	19200475	12685438	4249200	7139741	7550452	7770576
总投入	90497792	88673548	21430068	33547031	37349970	39253308
用水量	13758.47	39361.46	838.32	1682.10	1769.69	3238.03

续表

投入	产出					
	电气机械和器材	通信设备、计算机和其他电子设备	仪器仪表	其他制造产品	废品废料	金属制品、机械和设备修理服务
农林牧渔产品和服务	222	788	178	74888	20	4
煤炭采选产品	494	239	379	15252	2051	3
石油和天然气开采产品	33508	0	951	1608	62000	291
金属矿采选产品	374444	14798	780	426	0	0
非金属矿和其他矿采选产品	2911	2539	769	2989	0	1393
食品和烟草	11880	35733	4600	37768	4539	338
纺织品	25454	9877	1057	19536	2345	128
纺织服装鞋帽皮革羽绒及其制品	28828	119858	5228	10136	7549	1106
木材加工品和家具	114763	31148	20376	68066	7553	730
造纸印刷和文教体育用品	301211	253282	38788	35690	12837	4586
石油、炼焦产品和核燃料加工品	77530	55601	9715	8291	22536	1750
化学产品	3273625	1615309	130058	192354	198216	12733
非金属矿物制品	1787549	782812	340921	54574	15009	126225
金属冶炼和压延加工品	6030181	3029220	335909	10142	63347	6789
金属制品	1309815	229424	49430	1819	63045	8881
通用设备	1094685	337247	222410	13646	17130	1850
专用设备	260152	540235	73190	1627	1933	722
交通运输设备	25936	3640	566	387	1013	2546
电气机械和器材	5501268	4124572	302246	64604	35555	3200
通信设备、计算机和其他电子设备	1699123	16091180	773617	236553	613	930
仪器仪表	180809	379411	205499	376	356	67
其他制造产品	3027	374	2246	249667	6583	3803
废品废料	121	118	59	3672	301170	119
金属制品、机械和设备修理服务	28211	50898	1224	2213	24191	369

续表

投入	产出					
	电气机械和器材	通信设备、计算机和其他电子设备	仪器仪表	其他制造产品	废品废料	金属制品、机械和设备修理服务
电力、热力的生产和供应	506363	714668	64268	129718	70811	30034
燃气生产和供应	198	0	0	0	0	4
水的生产和供应	9071	10964	825	5530	686	106
建筑	25919	81220	1500	2893	2875	156
批发和零售	2473678	2310747	241271	78863	88683	884
交通运输、仓储和邮政	472070	656403	59160	58672	91638	13628
住宿和餐饮	342632	1177963	58056	47169	34447	2612
信息传输、软件和信息技术服务	27921	107408	4960	4035	4825	2108
金融	240364	159271	46484	6551	2391	1140
房地产	8359	1143	1823	10119	781	162
租赁和商务服务	86819	490026	21130	562	495	42
科学研究和技术服务	9795	54525	1421	5678	1236	3
水利、环境和公共设施管理	1025	5115	268	325	203	23
居民服务、修理和其他服务	33775	44516	7176	2411	856	50
教育	16668	14626	2579	623	1345	1003
卫生和社会工作	0	0	0	0	0	0
文化、体育和娱乐	9401	40340	2151	2531	2412	166
公共管理、社会保障和社会组织	17224	9502	1803	754	328	42
中间投入合计	26447026	33586741	3035072	1462720	1153600	230727
劳动者报酬	2120589	2673472	490873	191857	79973	104457
生产税净额	974598	223544	114212	47348	43989	11717
固定资产折旧	573461	468598	74313	71455	19781	10249
营业盈余	2359787	1671982	368922	137612	109619	15040
增加值合计	6028434	5037596	1048320	448271	253362	141463
总投入	32475460	38624337	4083392	1910991	1406962	372190
用水量	817. 14	3299. 83	313. 52	706. 24	238. 37	3. 52

续表

投入	产出					
	电力、热力的生产和供应	燃气生产和供应	水的生产和供应	建筑	批发和零售	交通运输、仓储和邮政
农林牧渔产品和服务	635	8	1	1338530	7797	37207
煤炭采选产品	9444207	57703	8	34545	374	7649
石油和天然气开采产品	2153	482256	14	1	2272	78
金属矿采选产品	311	0	0	0	0	0
非金属矿和其他矿采选产品	7489	626	817	3207648	7059	3055
食品和烟草	5318	941	337	28530	294494	153794
纺织品	4325	1290	136	66281	45120	55251
纺织服装鞋帽皮革羽绒及其制品	24194	3970	19826	176087	85070	196192
木材加工品和家具	8202	685	180	613148	18589	83051
造纸印刷和文教体育用品	92767	3125	2229	109183	55682	421510
石油、炼焦产品和核燃料加工品	64048	6076	10536	579023	274469	8469795
化学产品	209494	127851	32049	2165388	293272	758345
非金属矿物制品	38219	5408	2529	27157132	30314	479196
金属冶炼和压延加工品	10227	43878	2687	10432572	1735	162791
金属制品	6312	1811	3469	1503297	38387	181308
通用设备	70557	19298	9952	448164	97623	156711
专用设备	10413	266	2477	150361	1576	44960
交通运输设备	11214	959	466	38511	3754	859449
电气机械和器材	246918	1921	4015	1539752	16085	131033
通信设备、计算机和其他电子设备	38716	740	293	93427	25305	167585
仪器仪表	44650	100575	2981	16563	155	17902
其他制造产品	10534	23	2	5225	1508	13338
废品废料	25	0	0	0	0	0
金属制品、机械和设备修理服务	1170750	11921	8352	15221	45678	191988

续表

投入	产出					
	电力、热力的生产和供应	燃气生产和供应	水的生产和供应	建筑	批发和零售	交通运输、仓储和邮政
电力、热力的生产和供应	5077022	67439	157317	413797	295795	1347422
燃气生产和供应	0	696637	0	0	4125	798974
水的生产和供应	132204	2190	42992	108193	6718	36389
建筑	197126	5802	2324	2340987	61360	628947
批发和零售	58430	47120	8638	6164835	465995	1592259
交通运输、仓储和邮政	1062414	97446	7790	1837921	2159161	10291101
住宿和餐饮	468611	22055	7893	463293	1089944	2943083
信息传输、软件和信息技术服务	407738	2552	11337	159884	102164	202433
金融	1759945	2348	13242	725700	1652102	7431127
房地产	1754	6	220	8922	757605	110071
租赁和商务服务	126495	2920	2491	460566	43342	167360
科学研究和技术服务	454031	20	979	553745	252852	25827
水利、环境和公共设施管理	975	136	53	2660	6816	20783
居民服务、修理和其他服务	86464	915	908	60403	12036	583680
教育	48307	1196	1244	110910	264149	350307
卫生和社会工作	0	0	0	0	5053	1346
文化、体育和娱乐	10630	1222	488	28170	53242	179133
公共管理、社会保障和社会组织	3305	320	266	37823	60325	64769
中间投入合计	21417128	1821658	361538	63196400	8639100	39367200
劳动者报酬	1952006	269815	193911	12033100	10863800	11517400
生产税净额	1163702	62471	29403	3742500	5114300	391000
固定资产折旧	2064651	66505	64341	937900	780400	3268300
营业盈余	1370948	271733	34702	4809000	9336100	2917200
增加值合计	6551308	670524	322357	21522500	26094600	18093900
总投入	27968436	2492182	683895	84718900	34733700	57461100
用水量	121654.46	33.51	9835.50	19007.89	2031.35	11003.29

续表

投入	产出					
	住宿和餐饮	信息传输、软件和信息技术服务	金融	房地产	租赁和商务服务	科学研究和技术服务
农林牧渔产品和服务	1269526	3796	335	5915	36	3425
煤炭采选产品	267	0	0	0	0	0
石油和天然气开采产品	0	0	0	0	106	0
金属矿采选产品	0	0	0	0	0	19
非金属矿和其他矿采选产品	12	55	0	0	0	22
食品和烟草	9104517	38907	367662	60767	53721	25163
纺织品	109400	743	19842	6974	78623	15570
纺织服装鞋帽皮革羽绒及其制品	55816	131795	489390	69132	279810	40295
木材加工品和家具	25783	3976	89066	12143	32068	14341
造纸印刷和文教体育用品	114211	357923	3188577	1239318	185204	1537674
石油、炼焦产品和核燃料加工品	12984	49516	346858	187378	602708	234349
化学产品	133782	8113	74038	8613	22125	429804
非金属矿物制品	33922	45030	546	82080	8340	37005
金属冶炼和压延加工品	227	257	0	0	5500	47435
金属制品	25799	1855	19279	7417	34279	949031
通用设备	42030	22888	609876	30961	33585	104895
专用设备	3336	1810	329042	739	6997	9802
交通运输设备	7375	5926	171928	10310	101592	69474
电气机械和器材	7589	196834	18116	7196	9499	63598
通信设备、计算机和其他电子设备	10894	199804	369905	19675	146412	57646
仪器仪表	51	20	837	1225	6744	45436
其他制造产品	71420	318	9660	4197	4915	20837
废品废料	0	0	0	0	0	0
金属制品、机械和设备修理服务	1213	17397	751	168	1810	1338

续表

投入	产出					
	住宿和餐饮	信息传输、软件和信息技术服务	金融	房地产	租赁和商务服务	科学研究和技术服务
电力、热力的生产和供应	250231	109405	665201	272307	216108	142365
燃气生产和供应	199285	0	0	2966	22893	330
水的生产和供应	35077	10063	80968	17190	14723	5554
建筑	47828	48888	367912	21257	20586	63321
批发和零售	795741	76604	426947	122012	148016	521075
交通运输、仓储和邮政	250828	97050	970959	427670	665346	572948
住宿和餐饮	145647	664235	1995732	2228629	2234267	1571218
信息传输、软件和信息技术服务	110429	39604	1925976	68549	26628	61354
金融	279147	7244	1247509	2338133	2435332	118097
房地产	537445	259160	1809527	390470	173529	94897
租赁和商务服务	140731	486836	1829254	1245492	449591	420145
科学研究和技术服务	437	67	501	7312	300	123705
水利、环境和公共设施管理	719	4191	32059	12396	19765	4177
居民服务、修理和其他服务	20614	74656	209061	2011	71745	22371
教育	45230	16844	1085723	97838	18356	51204
卫生和社会工作	7198	0	0	0	0	0
文化、体育和娱乐	20452	33196	322199	184869	82823	39868
公共管理、社会保障和社会组织	3305	3494	107666	21791	71118	12915
中间投入合计	13920500	3018500	19182900	9215100	8285200	7532700
劳动者报酬	7058300	1158900	4761300	1783600	2422000	1742200
生产税净额	503300	523500	1789700	2728700	141500	321400
固定资产折旧	769800	2706300	413500	8927400	961900	425800
营业盈余	1976600	1874800	12946600	3130700	2158600	944200
增加值合计	10308000	6263500	19911100	16570400	5684000	3433600
总投入	24228500	9282000	39094000	25785500	13969200	10966300
用水量	10606. 79	3042. 76	24483. 27	5197. 82	4451. 88	1679. 33

续表

投入	产出					
	水利、环境和公共设施管理	居民服务、修理和其他服务	教育	卫生和社会工作	文化、体育和娱乐	公共管理、社会保障和社会组织
农林牧渔产品和服务	184	464	0	15	489	0
煤炭采选产品	0	0	0	2104	289	6255
石油和天然气开采产品	0	0	0	313	47	536
金属矿采选产品	0	0	0	0	0	0
非金属矿和其他矿采选产品	0	0	0	1	0	0
食品和烟草	5877	73270	113043	37837	245842	113518
纺织品	843	298859	142	11510	14110	10237
纺织服装鞋帽皮革羽绒及其制品	1100	303995	2852	16431	19687	15189
木材加工品和家具	2192	24738	385837	22656	961	68069
造纸印刷和文教体育用品	43529	233390	171857	31304	977277	1478318
石油、炼焦产品和核燃料加工品	36728	143915	494750	93122	53748	372455
化学产品	50633	74679	27323	3779902	18878	40267
非金属矿物制品	106517	154776	15815	3675	37	0
金属冶炼和压延加工品	117	2414	0	160	1	0
金属制品	12111	10719	19	11079	1064	813
通用设备	2886	37588	5128	43823	7996	27122
专用设备	132	4066	256	4081	296	0
交通运输设备	4209	583394	21747	10538	7143	6559
电气机械和器材	1245	20039	2332	9650	6178	351
通信设备、计算机和其他电子设备	26547	1600138	6950	24614	103903	51891
仪器仪表	966	5754	175	4433	129	834
其他制造产品	20651	39684	0	3418	454	823
废品废料	0	0	0	0	0	0
金属制品、机械和设备修理服务	3197	7620	70	3825	1095	3653

续表

投入	产出					
	水利、环境和公共设施管理	居民服务、修理和其他服务	教育	卫生和社会工作	文化、体育和娱乐	公共管理、社会保障和社会组织
电力、热力的生产和供应	36121	507145	51344	757652	61331	353706
燃气生产和供应	195	50534	0	64187	2374	0
水的生产和供应	14711	80564	8522	5021	3955	46373
建筑	9390	96058	129238	67786	12910	49926
批发和零售	23229	233749	93938	336166	89369	179940
交通运输、仓储和邮政	50714	513474	171161	54869	93211	903701
住宿和餐饮	121775	604334	319265	256286	292188	2687925
信息传输、软件和信息技术服务	6100	57272	13530	161476	49677	180248
金融	8682	32878	129140	16131	23413	325637
房地产	807	244051	879250	253	47281	242444
租赁和商务服务	42875	7102	2716	38331	9140	242431
科学研究和技术服务	494	2898	6	4161	105	5171
水利、环境和公共设施管理	1234	3172	24294	703	1785	47695
居民服务、修理和其他服务	2923	351078	81249	17505	172133	532531
教育	12284	17061	36664	12446	54969	1060164
卫生和社会工作	0	0	0	0	12	0
文化、体育和娱乐	5230	28539	1637371	30009	75184	161014
公共管理、社会保障和社会组织	4669	18791	12418	5630	840	329206
中间投入合计	661100	6468200	4838400	5943100	2449500	9545000
劳动者报酬	736500	4882700	11957100	4769200	1805100	8628500
生产税净额	125700	161600	54000	83400	174400	44100
固定资产折旧	453900	539100	948400	583700	330900	1069400
营业盈余	411100	1119700	381900	812700	337300	12200
增加值合计	1727200	6703100	13341400	6249000	2647700	9754200
总投入	2388300	13171300	18179800	12192100	5097200	19299200
用水量	4448.28	24360.98	2576.94	1518.12	1196.03	14022.48

续表

投入	产出					
	中间使用合计	最终消费支出				
		居民消费支出			政府消费支出	最终消费支出合计
		农村居民	城镇居民	小计		
农林牧渔产品和服务	73023916	3307263	5302993	8610256	23603092	32213347
煤炭采选产品	17549414	211180	123880	335060	0	335060
石油和天然气开采产品	3653233	438384	644784	1083168	0	1083168
金属矿采选产品	26692952	0	0	0	0	0
非金属矿和其他矿采选产品	15531213	7852	12450	20302	0	20302
食品和烟草	52298554	7307793	11435071	18742864	0	18742864
纺织品	18234931	385635	1301509	1687144	0	1687144
纺织服装鞋帽皮革羽绒及其制品	11732532	407498	1192532	1600030	0	1600030
木材加工品和家具	11199778	645159	1231483	1876642	0	1876642
造纸印刷和文教体育用品	25489899	571967	886427	1458395	0	1458395
石油、炼焦产品和核燃料加工品	22488579	660853	1090489	1751342	0	1751342
化学产品	74295454	396312	5929018	6325330	0	6325330
非金属矿物制品	64481947	1511295	2354398	3865693	0	3865693
金属冶炼和压延加工品	86206353	8541	21463	30004	0	30004
金属制品	16570505	179745	306213	485958	0	485958
通用设备	19253880	156662	1332913	1489574	0	1489574
专用设备	10546323	173765	1491203	1664968	0	1664968
交通运输设备	12155527	1679712	2669962	4349674	0	4349674
电气机械和器材	17425896	849279	1781664	2630943	0	2630943
通信设备、计算机和其他电子设备	23165441	864841	1683852	2548694	0	2548694
仪器仪表	2084264	60563	388616	449178	0	449178
其他制造产品	1152510	365367	3105753	3471119	0	3471119
废品废料	6518958	0	0	0	0	0
金属制品、机械和设备修理服务	7551773	0	0	0	0	0

续表

投入	产出					
	中间使用合计	最终消费支出				
		居民消费支出			政府消费支出	最终消费支出合计
		农村居民	城镇居民	小计		
电力、热力的生产和供应	34077017	1176347	1862003	3038350	0	3038350
燃气生产和供应	1908576	29555	138923	168477	0	168477
水的生产和供应	1412146	82350	343210	425560	0	425560
建筑	5124230	0	0	0	0	0
批发和零售	61068882	853326	1455289	2308615	0	2308615
交通运输、仓储和邮政	38974994	297657	626835	924492	0	924492
住宿和餐饮	26560750	1207252	4805375	6012627	0	6012627
信息传输、软件和信息技术服务	5086579	1569824	2921079	4490903	0	4490903
金融	25051807	3073305	11326399	14399704	0	14399704
房地产	5981450	6698582	11941259	18639842	0	18639842
租赁和商务服务	8205087	202978	2086848	2289825	4535422	6825248
科学研究和技术服务	2336021	0	0	0	3470636	3470636
水利、环境和公共设施管理	381049	6027	46427	52454	854365	906819
居民服务、修理和其他服务	2805432	442520	1935467	2377987	0	2377987
教育	3705180	2542855	4915120	7457975	5819726	13277700
卫生和社会工作	13818	3267446	4564835	7832281	3888666	11720947
文化、体育和娱乐	3229172	508877	1517285	2026162	1649445	3675607
公共管理、社会保障和社会组织	952474	72234	215876	288110	6195144	6483254
中间投入合计	846178497	42220800	94988900	137209700	50016495	187226195
劳动者报酬						
生产税净额						
固定资产折旧						
营业盈余						
增加值合计						
总投入						
用水量						

续表

投入	产出					
	资本形成总额			出口	国内省外流出	最终使用合计
	固定资本形成总额	存货增加	合计			
农林牧渔产品和服务	682520	(1091087)	(408567)	275127	5284373	37364281
煤炭采选产品	0	293076	293076	24	7042521	7670681
石油和天然气开采产品	0	(7316)	(7316)	0	184561	1260413
金属矿采选产品	0	152206	152206	4886	588447	745538
非金属矿和其他矿采选产品	0	112306	112306	30778	1437262	1600648
食品和烟草	0	540595	540595	630947	37449178	57363584
纺织品	0	143115	143115	580926	6019091	8430276
纺织服装鞋帽皮革羽绒及其制品	0	164301	164301	1447354	15084688	18296372
木材加工品和家具	1924638	67463	1992101	363020	3662399	7894162
造纸印刷和文教体育用品	1687229	104423	1791652	1749579	3982280	8981906
石油、炼焦产品和核燃料加工品	0	8204	8204	22862	4332690	6115098
化学产品	0	599585	599585	2293832	26793019	36011766
非金属矿物制品	0	500618	500618	866023	22806112	28038446
金属冶炼和压延加工品	0	600335	600335	1276397	41641729	43548466
金属制品	0	199025	199025	300838	6450617	7436437
通用设备	28758856	141408	28900264	386099	1182174	31958111
专用设备	31499362	144270	31643632	613120	5516440	39438159
交通运输设备	28818810	181908	29000718	864869	15106374	49321635
电气机械和器材	5703656	175032	5878688	470849	14132403	23112883
通信设备、计算机和其他电子设备	1883835	1134910	3018746	14406183	9727019	29700640
仪器仪表	1472436	(3783)	1468653	91533	1178359	3187723
其他制造产品	0	484240	484240	30760	139664	4125784
废品废料	0	6696	6696	73732	99637	180065
金属制品、机械和设备修理服务	0	0	0	0	4292541	4292541

续表

投入	产出					
	资本形成总额			出口	国内省外流出	最终使用合计
	固定资本形成总额	存货增加	合计			
电力、热力的生产和供应	0	0	0	0	240527	3278877
燃气生产和供应	0	17011	17011	0	372452	557941
水的生产和供应	0	424	424	0	0	425984
建筑	170412521	16381	170428902	169592	3525549	174124044
批发和零售	0	715529	715529	0	11170589	14194733
交通运输、仓储和邮政	985736	（94746）	890990	55464	25956246	27827192
住宿和餐饮	0	0	0	14346	459962	6486935
信息传输、软件和信息技术服务	837376	0	837376	5261	794999	6128538
金融	0	0	0	774	2757532	17158011
房地产	2297691	0	2297691	0	0	20937532
租赁和商务服务	0	0	0	92647	349654	7267549
科学研究和技术服务	260239	0	260239	1093	4819407	8551375
水利、环境和公共设施管理	0	0	0	0	1425604	2332423
居民服务、修理和其他服务	0	0	0	563	7434936	9813486
教育	0	0	0	0	6162872	19440572
卫生和社会工作	0	0	0	0	7203929	18924875
文化、体育和娱乐	0	0	0	5157	1672640	5353404
公共管理、社会保障和社会组织	0	0	0	9	11039963	17523226
中间投入合计	277224905	5306129	282531034	27124644	319520438	816402311
劳动者报酬						
生产税净额						
固定资产折旧						
营业盈余						
增加值合计						
总投入						
用水量						

续表

投入	产出				
	进口	国内省外流入	其他	总产出	废水量
农林牧渔产品和服务	1191325	29308265	3475906	76412700	192500.00
煤炭采选产品	25903	10131239	486538	14576416	77735.15
石油和天然气开采产品	2	2954632	91674	1867339	383.83
金属矿采选产品	2743658	5504348	824146	18366339	8582.48
非金属矿和其他矿采选产品	29087	11186666	182596	5733512	458.79
食品和烟草	420473	1061672	(5055597)	113235590	65111.17
纺织品	30361	1394846	(1029697)	26269698	9128.53
纺织服装鞋帽皮革羽绒及其制品	20192	2542219	(757673)	28224167	20163.69
木材加工品和家具	10229	1089456	(525631)	18519886	992.16
造纸印刷和文教体育用品	475742	6906768	898249	26191046	48305.08
石油、炼焦产品和核燃料加工品	138325	17511229	322222	10631900	5426.12
化学产品	450534	25314920	2576164	81965601	77979.59
非金属矿物制品	95825	6251698	(4324922)	90497792	7448.52
金属冶炼和压延加工品	451096	44681156	(4050982)	88673548	10361.84
金属制品	39224	2175920	361731	21430068	789.45
通用设备	400285	15981652	1283022	33547031	1414.61
专用设备	936106	10076627	1621779	37349970	1156.02
交通运输设备	143724	20438530	1641600	39253308	2647.97
电气机械和器材	674001	6018129	1371188	32475460	604.97
通信设备、计算机和其他电子设备	9876686	4171408	193651	38624337	2343.36
仪器仪表	943302	411019	(165727)	4083392	306.10
其他制造产品	992	3297410	68901	1910991	832.92
废品废料	31614	5199913	60535	1406962	282.34
金属制品、机械和设备修理服务	0	11484073	(11949)	372190	0.00

续表

投入	产出				
	进口	国内省外流入	其他	总产出	废水量
电力、热力的生产和供应	0	8099062	1288396	27968436	10245.29
燃气生产和供应	0	23971	(49635)	2492182	0.00
水的生产和供应	0	1140039	14195	683895	0.00
建筑	76676	92497482	1955216	84718900	5702.37
批发和零售	0	39762532	767384	34733700	1653.32
交通运输、仓储和邮政	770721	10508066	(1937701)	57461100	8955.57
住宿和餐饮	800396	6947552	1071237	24228500	8632.86
信息传输、软件和信息技术服务	93661	1598969	240486	9282000	2476.50
金融	6474	1439182	1670162	39094000	19926.92
房地产	0	0	1133482	25785500	4230.51
租赁和商务服务	113125	802644	587667	13969200	3623.38
科学研究和技术服务	13776	254344	(347024)	10966300	1366.81
水利、环境和公共设施管理	0	352004	(26833)	2388300	3620.45
居民服务、修理和其他服务	1357	26893	(580633)	13171300	19827.39
教育	0	4944625	21327	18179800	2097.37
卫生和社会工作	0	6353147	393446	12192100	1235.60
文化、体育和娱乐	186041	3175113	124222	5097200	973.45
公共管理、社会保障和社会组织	249	106605	(930353)	19299200	11412.88
中间投入合计	21191162	423126027	4932766	1213330853	448435.37
劳动者报酬					
生产税净额					
固定资产折旧					
营业盈余					
增加值合计					
总投入					
用水量					

第5章

河南省水资源投入效应应用分析

在编制完成的《2015 年河南省水资源投入产出表》的基础上，采用第 3 章中关于水资源投入效应的核算方法和分析模型，即可对河南省水资源投入产出效应进行分析。本章针对河南省水资源投入效应进行分析，以便全面掌握河南省国民经济活动中对水资源的利用情况，深入了解河南省产业用水结构，为河南省制定用水和节水目标提供定量参考。

5.1 河南省用水整体情况

5.1.1 河南省历年用水情况

近年来，国家和河南省重视水资源的管理和利用，制定了一系列规章制度。2011 年中央 1 号文件和中央水利工作会议明确要求实行最严格水资源管理制度，确立水资源开发利用控制、用水效率控制和水功能区限制纳污“三条红线”，从制度上推动经济社会发展与水资源、水环境承载能力相适应；2012 年 1 月，国务院发布了《关于实行最严格水资源管理制度的意见》，对实行最严格水资源管理制度做出了全面部署和具体安排。2015 年 10 月，《中共中央关于制定国民经济和社会发展第十三个五年规划的建议》明确提出：“实行最严格的水资源管理制度，以水定产、以水定城，建设节水型社会。”河南省也相应制定了一系列水资源管理制度，2013 年 12 月发布《河南省人民政府关于实行最严格水资源管理制度的实施意见》，2017 年 1 月发布《河南省节水型社会建设“十三五”规划》，明确了本省关于水资源管理的具体措施和要求。最严格水资源管理制度的实施，对控制水资源用水总量、加强节约用水起到了重要作用。

《河南省水资源公报》数据显示，河南省 1999—2015 年总用水量、人均用水量变化趋势基本一致，均基本稳定无太大起伏。2015 年总用水量是 1999 年总用水量的 0.975 倍，2015 年人均用水量是 1999 年人均用水量的 0.97 倍，这与河南省重视水资源利用、实施水资源严格管理制度有直接关系。2003 年、2004 年、2005 年、2014 年河南省用水总量、人均用水量略低，这与当年天气干旱、水资源供应量减少有一定关系。河南省 1999—2015 年总用水量和人均用水量变化趋势如图 5-1 所示。

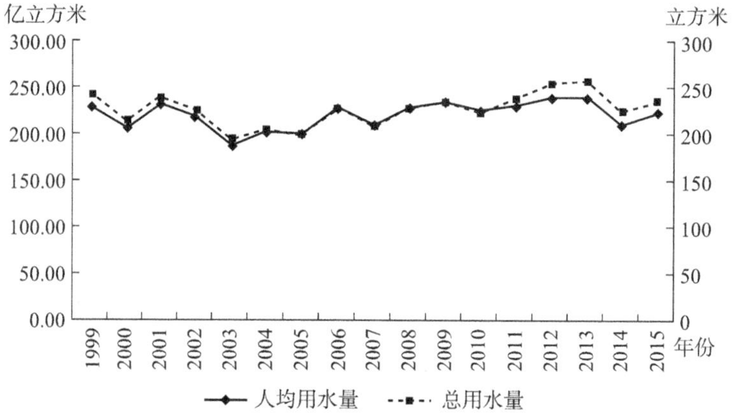

图 5-1　河南省 1999—2015 年用水量变化趋势

资料来源：1999—2015 年《河南省水资源公报》。

河南省 1999—2015 年农业、工业、城乡生活与环境综合用水量变化及占比趋势如图 5-2、图 5-3、图 5-4 所示。1999—2015 年河南省农业用水量、占总用水量比例整体均呈逐步下降趋势，2015 年农业用水量是 1999 年农业用水量的 0.75 倍，这与农产品产量较为稳定、不断改进节水灌溉效率等措施有关；工业用水量、占总用水量比例整体呈平缓上升趋势，2015 年工业用水量是 1999 年工业用水量的 1.3 倍，这与工业规模不断增加同时不断重视节水工艺有关；城乡生活与环境综合用水量、占总用水量比整体呈稳步上升趋势，2015 年城乡生活与环境综合用水量是 1999 年城乡生活与环境综合用水量的 1.76 倍，这与第三产业发展较为迅速、人民生活水平上升导致用水量增加有关。

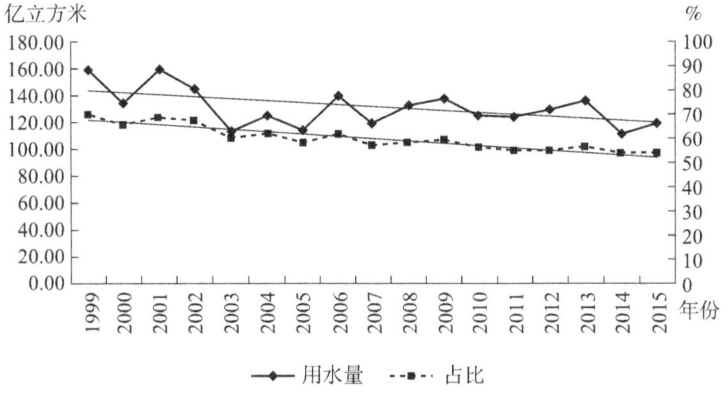

图 5-2　河南省 1999—2015 年农业用水量变化及占比趋势

资料来源：1999—2015 年《河南省水资源公报》。

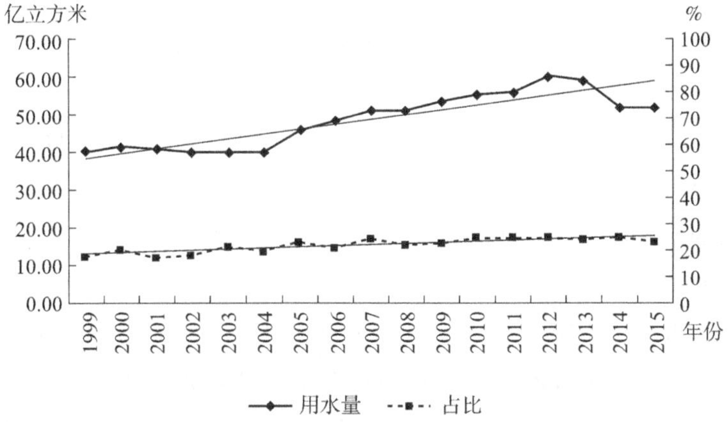

图 5-3　河南省 1999—2015 年工业用水量变化及占比趋势

资料来源：1999—2015 年《河南省水资源公报》。

5.1.2　河南省用水现状

《2016 年中国统计年鉴》数据显示，河南省 2015 年总用水量为 222.83 亿立方米，占全国总用水量的 3.65%，居全国 31 个省、自治区、直辖市(除港澳台，下同)的第 11 位；年人均用水量为 235.6 立方米，是全国年人均用水量的 52.93%，居全国各省、自治区、直辖市的第 27 位，水资源短缺情况非常严重，这与河南省水资源量偏少、人口众多有直接关系。

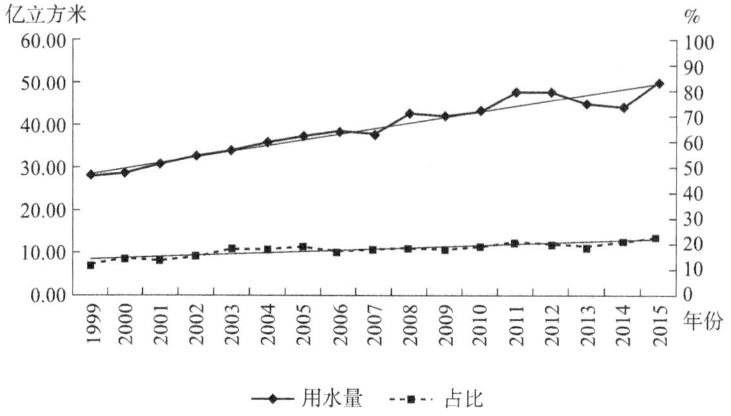

图 5-4 河南省 1999—2015 年城乡生活与环境综合用水量及占比趋势

资料来源：1999—2015 年《河南省水资源公报》。

《2015 年河南省水资源公报》公布数据显示，农、林、渔业用水 120. 09 亿立方米，工业用水 52. 51 亿立方米，城乡生活、环境用水 50. 23 亿立方米(其中：城市生活、环境用水 32. 41 亿立方米)。采用上一章用水量核算方法计算可知，2015 年河南省第一产业即农业部门用水量为 130. 30 亿立方米，占全省总用水量的 58. 48%，这与河南省农业大省的地位相一致。第二产业用水量为 54. 41 亿立方米，占全省总用水量的 24. 42%，其中工业部门用水量为 52. 51 亿立方米，占全省总用水量的 23. 57%；建筑业部门用水量为 1. 9 亿立方米，占全省总用水量的 0. 85%。第三产业即服务行业用水量为 11. 06 亿立方米，占全省总用水量的 4. 96%；生态环境补水 9. 07 亿立方米，占全省总用水量的 4. 07%；居民生活用水量为 17. 99 亿立方米，占全省总用水量的 8. 07%。河南省用水量分布如图 5-5 所示。

《2016 年中国统计年鉴》显示，2015 年河南省第一、二、三产业生产总值分别为 4209. 56 亿元、17917. 37 亿元、14875. 23 亿元，分别占全省地区生产总值的 11. 38%、48. 42%、40. 2%，与河南省三次产业及其用水量占比对比情况如图 5-6所示。

根据图 5-6 可知，河南省产业结构与用水结构不甚一致。第一产业国内生产总值占比最小，用水量却最大，占比 58. 48%；第三产业国内生产总值占比 40. 2%，用水量仅占比 4. 96%；第二产业国内生产总值占比 48. 42%，用水

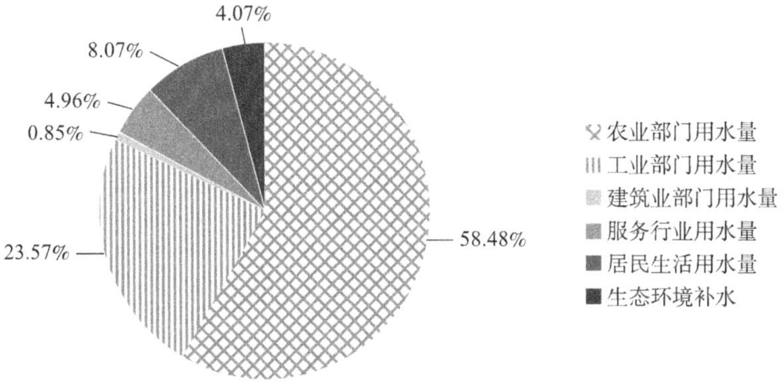

图 5-5　2015 年河南省用水量分布图

量占比 24.42%。从水资源消耗产业结构来看，大力发展第三产业，积极发展第二产业，适当发展第一产业，是提高河南省用水效率、解决水资源短缺现象的基本思路。

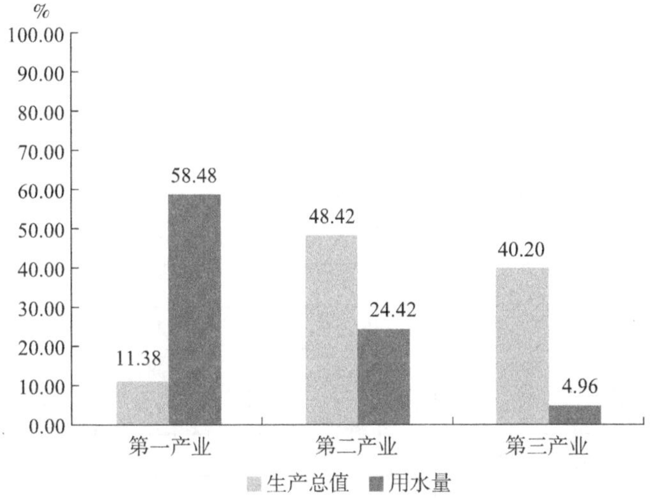

图 5-6　河南省 2015 年三次产业生产总值及其用水量占比对比图

5.2　河南省水资源直接投入效应

依据《2015 年河南省水资源投入产出表》，采用本书关于直接用水系数的计算模型，计算得到2015年河南省国民经济各产品部门直接用水系数如表5-1所示，以下主要基于总产出数据对河南省水资源直接投入效应进行分析。

表5-1 2015年河南省国民经济各产品部门直接用水系数

产品部门	直接用水系数(立方米/万元)		直接用水系数排名	
	基于总产出	基于增加值	基于总产出	基于增加值
部门1	170.5214	299.6498	1	2
部门2	33.0557	105.2963	4	4
部门3	13.3630	88.3088	8	5
部门4	6.0991	34.4715	15	10
部门5	1.2562	3.5689	30	30
部门6	6.1204	27.9469	14	13
部门7	4.2723	19.5876	18	15
部门8	7.5086	30.7856	11	12
部门9	0.5691	2.3255	36	36
部门10	17.6169	78.4833	7	6
部门11	8.6616	44.1174	10	8
部门12	13.0329	65.8223	9	7
部门13	1.5203	7.1657	28	23
部门14	4.4389	31.0289	16	11
部门15	0.3912	1.9729	39	37
部门16	0.5014	2.3560	37	34
部门17	0.4738	2.3438	38	35
部门18	0.8249	4.1670	33	29
部门19	0.2516	1.3555	40	39
部门20	0.8543	6.5504	32	24
部门21	0.7678	2.9907	34	32
部门22	3.6957	15.7548	19	16
部门23	1.6942	9.4081	26	20
部门24	0.0946	0.2490	42	42
部门25	43.4971	185.6949	3	3
部门26	0.1345	0.4998	41	41
部门27	143.8159	305.1120	2	1

续表

产品部门	直接用水系数(立方米/万元)		直接用水系数排名	
	基于总产出	基于增加值	基于总产出	基于增加值
部门 28	2.2436	8.8316	23	21
部门 29	0.5848	0.7785	35	40
部门 30	1.9149	6.0812	25	25
部门 31	4.3778	10.2899	17	19
部门 32	3.2781	4.8579	20	27
部门 33	6.2627	12.2963	13	18
部门 34	2.0158	3.1368	24	31
部门 35	3.1869	7.8323	21	22
部门 36	1.5314	4.8909	27	26
部门 37	18.6253	25.7543	5	14
部门 38	18.4955	36.3429	6	9
部门 39	1.4175	1.9315	29	38
部门 40	1.2452	2.4294	31	33
部门 41	2.3464	4.5172	22	28
部门 42	7.2658	14.3758	12	17

从 2015 年河南省国民经济各产品部门基于总产出直接用水系数的核算结果来看，第一产业即部门 1——农林牧渔产品和服务部门的直接用水系数最大，达到 170.5214 立方米/万元。这说明目前河南省农业部门对水资源的直接依赖程度最高，直接用水强度最大，也说明目前河南省在农业基础水利工程、节水灌溉技术等方面仍具有较大提升空间。

第二产业中直接用水系数最高的产品部门为部门 27——水的生产和供应，其直接用水系数达到 143.8159 立方米/万元，是第二产业部门直接用水系数的第一梯队，仅次于部门 1——农林牧渔产品和服务部门，二者的直接用水系数远远领先于其他产品部门，部门 27——水的生产和供应部门在取水供水设施、水处理工艺水平等方面仍有较大提升空间。部门 25——电力、热力的生产和供应，部门 2——煤炭采选产品等两个部门直接用水系数分别达到 43.4971 立方米/万元、33.0557 立方米/万元，分别排第 3、4 位，是第二产业部门直接用水系数的第二梯队。部门 10——造纸印刷和文教体育用品，部门

3——石油和天然气开采产品，部门 12——化学产品等 3 个第二产业部门的直接用水系数分别达到 17.6169 立方米/万元、13.3630 立方米/万元、13.0329 立方米/万元，分别排第 7、8、9 名，是第二产业直接用水系数的第三梯队。部门 11——石油、炼焦产品和核燃料加工品，部门 8——纺织服装鞋帽皮革羽绒及其制品，部门 6——食品和烟草，部门 4——金属矿采选产品，部门 14——金属冶炼和压延加工品，部门 7——纺织品，部门 22——其他制造产品等 7 个部门的直接用水系数介于 3.6957~8.6616 立方米/万元，是第二产业直接用水系数的第四梯队。其他 14 个第二产业部门则构成第二产业直接用水系数的第 5 梯队，其中直接用水系数总排名后 7 位均为第二产业部门。

第三产业中直接用水系数较大的部门为部门 37——水利、环境和公共设施管理，部门 38——居民服务、修理和其他服务等两个部门，直接用水系数分别为 18.6253 立方米/万元、18.4955 立方米/万元，分别排名第 5、6 位，是第三产业直接用水系数的第 1 梯队，较多领先于其他第三产业部门，这与两个部门的生产活动范围有直接关系。部门 42——公共管理、社会保障和社会组织，部门 33——金融，部门 31——住宿和餐饮等 3 个部门的直接用水系数分别为 7.2658 立方米/万元、6.2627 立方米/万元、4.3778 立方米/万元，分别排名第 12、13、17 位，是第三产业直接用水系数的第 2 梯队。其他 9 个第三产业部门则构成第三产业直接用水系数的第 3 梯队。

整体来看，2015 年河南省第一产业的直接用水系数最大，达到 170.5214 立方米/万元。第二产业各产品部门直接用水系数平均为 11.6486 立方米/万元，但由于各产品部门生产活动性质不同，导致各部门间直接用水系数差异较大，基础工业、轻工业部门直接用水系数较高，高科技工业部门直接用水系数较低。第三产业各产品部门直接用水系数平均为 5.1820 立方米/万元，在所有产业中最低，各部门的直接用水系数相互差异较小。2015 年河南省国民经济各产品部门直接用水系数整体分布情况如图 5-7 所示。

从表 5-1 和图 5-7 可以看出，2015 年河南省国民经济各产品部门基于增加值的直接用水系数情况与基于总产出的直接用水系数情况分布基本一致，在此不再赘述。

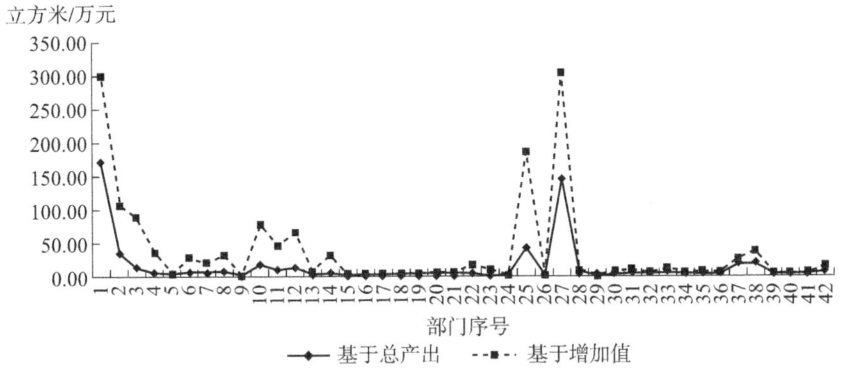

图 5-7　2015 年河南省国民经济各产品部门直接用水系数整体分布情况

5.3　河南省水资源完全投入效应

依据《2015 年河南省水资源投入产出表》，采用本书关于完全用水系数的计算模型，计算得到 2015 年河南省国民经济各产品部门完全用水系数如表 5-2 所示，以下主要基于总产出数据对水资源完全投入效应进行分析。

表 5-2　2015 年河南省国民经济各产品部门完全用水系数

产品部门	完全用水系数(立方米/万元)		完全用水系数排名	
	基于总产出	基于增加值	基于总产出	基于增加值
部门 1	235. 2328	433. 8950	1	2
部门 2	68. 5679	219. 6402	9	8
部门 3	46. 9534	204. 8619	14	10
部门 4	42. 0213	160. 5348	16	12
部门 5	27. 6632	93. 7981	37	34
部门 6	131. 2172	280. 0261	3	4
部门 7	122. 4647	259. 3482	4	5
部门 8	91. 6937	215. 4429	6	9
部门 9	64. 0094	145. 6304	10	16
部门 10	70. 6700	244. 4274	8	6
部门 11	52. 1108	200. 5546	12	11
部门 12	63. 4090	227. 9131	11	7

续表

产品部门	完全用水系数(立方米/万元)		完全用水系数排名	
	基于总产出	基于增加值	基于总产出	基于增加值
部门 13	34.4344	120.3646	20	18
部门 14	38.9809	160.0193	18	13
部门 15	30.4710	114.9293	29	21
部门 16	27.9904	104.3875	35	28
部门 17	28.4830	104.1747	33	29
部门 18	30.4273	108.9889	30	25
部门 19	31.0520	113.5880	28	22
部门 20	32.0230	115.4819	25	19
部门 21	26.7493	94.6841	38	33
部门 22	51.9765	156.6095	13	14
部门 23	39.0397	141.1375	17	17
部门 24	27.9797	98.6425	36	30
部门 25	92.6444	350.3233	5	3
部门 26	30.1555	115.2073	32	20
部门 27	187.9604	447.7303	2	1
部门 28	31.2795	104.4353	26	27
部门 29	10.9986	29.9726	42	42
部门 30	30.3468	97.2194	31	31
部门 31	71.6619	155.0379	7	15
部门 32	19.8469	51.1228	39	39
部门 33	28.4129	76.8956	34	37
部门 34	19.3941	50.8128	40	40
部门 35	32.1297	84.7532	24	36
部门 36	36.3803	110.3074	19	24
部门 37	33.3030	69.7523	22	38
部门 38	44.0109	111.9950	15	23
部门 39	12.5134	33.3457	41	41
部门 40	31.2624	107.2683	27	26
部门 41	33.4409	95.4931	21	32
部门 42	33.0044	85.5702	23	35

从2015年河南省国民经济各产品部门基于总产出的完全用水系数核算结果来看，第一产业即部门1——农林牧渔产品和服务部门的完全用水系数仍然最大，达到了235.2328立方米/万元，进一步反映了第一产业生产活动对水资源具有较强的依赖性。

第二产业各产品部门完全用水系数整体较大，完全用水系数排名前20位的产品部门中有16个部门为第二产业部门。其中部门27——水的生产和供应，部门6——食品和烟草，部门7——纺织品，部门25——电力、热力的生产和供应，部门8——纺织服装鞋帽皮革羽绒及其制品等5个部门的完全用水系数分别达到187.9604立方米/万元、131.2172立方米/万元、122.4647立方米/万元、92.6444立方米/万元、91.6937立方米/万元，分别排名2~6位。但第二产业各产品部门的完全用水系数平均为56.3862立方米/万元，部门间完全用水系数仍差异较大。

第三产业各产品部门完全用水系数整体偏低，各产品部门的完全用水系数平均为31.1933立方米/万元。完全用水系数较大的部门为：部门31——住宿和餐饮，部门38——居民服务、修理和其他服务两个部门，完全用水系数分别达到71.6619立方米/万元、44.0109立方米/万元，分别排在第7、15位。其他12个第三产业产品部门的完全用水系数较低，部门32——信息传输、软件和信息技术服务，部门34——房地产，部门39——教育，部门29——批发和零售等4个第三产业产品部门的完全用水系数居所有产品部门的最后4位。

整体来看，第一产业的完全用水系数仍然最大；第二产业各产品部门的完全用水系数较高，但部门间差异较大；第三产业各产品部门的完全用水系数偏低。但与各产品部门的直接用水系数相比，均有不同程度的提高，各产品部门的完全用水系数与直接用水系数对比情况如图5-8所示。

5.4　河南省水资源间接投入效应

根据图5-8可知，2015年河南省国民经济各产品部门的完全用水系数相对直接用水系数之所以均有不同程度的提高，主要源于各产品部门之间的相互经济与技术关联，在生产活动中需要通过消耗其他部门的产品从而造成对

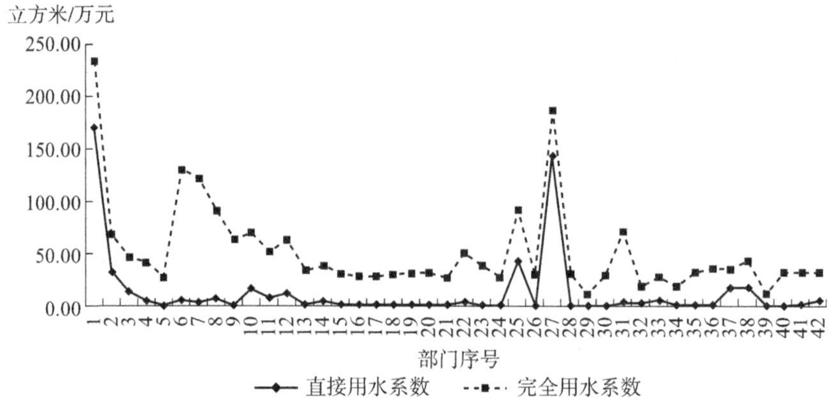

图 5-8　2015 年河南省国民经济各产品部门完全用水系数与直接用水系数对比情况

水资源的间接消耗。2015 年河南省国民经济各产品部门间接用水系数如表 5-3 所示，以下主要基于总产出数据对水资源间接投入情况进行分析。

根据表 5-3 可知，第一产业即部门 1——农林牧渔产品和服务部门的间接用水系数为 64.7115 立方米/万元，仅排名第 5 位，但由于其直接用水系数遥遥领先于其他部门，因此该部门的完全用水系数仍然高居第 1 位。

第二产业各产品部门的间接用水系数普遍较大，其中，部门 6——食品和烟草部门的间接用水系数最大，达到 125.0968 立方米/万元，表示该部门每生产单位产品需要间接消耗 125.0968 立方米的水资源，因此，虽然部门 6——食品和烟草部门的直接用水系数较低，仅为 6.1204 立方米/万元，但由于该部门在生产活动中需要消耗其他部门的产品，尤其是需要大量消耗农产品，而农产品生产本身又需要大量消耗水资源，因此导致食品和烟草部门需要间接消耗大量的水资源，其完全用水系数随之大大增加。部门 7——纺织品，部门 8——纺织服装鞋帽皮革羽绒及其制品，部门 9——木材加工品和家具，部门 10——造纸印刷和文教体育用品，部门 12——化学产品，部门 25——电力、热力的生产和供应，部门 22——其他制造产品等 7 个部门的间接用水系数也较大，分别排第 2、3、6、7、8、9、10 位，分别达到 118.1923 立方米/万元、84.1851 立方米/万元、63.4404 立方米/万元、53.0531 立方米/万元、50.3761 立方米/万元、49.1473 立方米/万元、48.2809 立方米/万元，这些部门在生产过程中同样大量消耗了其他部门的产品，进而也消耗了大量的水资源，使其完全用水相应增加。其他第二产业部门的间接用水系数也居于所有产品部门的中上水平，使得第二产业各部门平均间接用水系数达到 44.6545 立方米/万元。

第三产业中部门 31——住宿和餐饮部门的间接用水系数最大，达到了 67.2841 立方米/万元，排名第 4 位；该部门在经济活动中间接消耗了大量的食品等用水系数较大的产品，因此该部门的间接用水系数相应较大；其直接用水系数虽然仅为 4.3778 立方米/万元，但其较多的间接用水使得完全用水系数也较大。部门 36——科学研究和技术服务，部门 41——文化、体育和娱乐，部门 40——卫生和社会工作等 3 个部门的间接用水系数也较大，分别为 34.8489 立方米/万元、31.0945 立方米/万元、30.0173 立方米/万元，分别排名第 16、21、24 位。其他第三产业部门的间接用水系数均较小，处于所有产品部门的最后端，使得第三产业间接用水系数整体偏小，各部门平均间接用水系数仅为 26.0113 立方米/万元。

表 5-3　2015 年河南省国民经济各产品部门间接用水系数

产品部门	间接用水系数(立方米/万元)		间接用水系数排名	
	基于总产出	基于增加值	基于总产出	基于增加值
部门 1	64.7115	134.2453	5	12
部门 2	35.5122	114.3438	15	18
部门 3	33.5904	116.5531	18	16
部门 4	35.9222	126.0633	14	15
部门 5	26.4071	90.2292	33	33
部门 6	125.0968	252.0792	1	1
部门 7	118.1923	239.7606	2	2
部门 8	84.1851	184.6573	3	3
部门 9	63.4404	143.3050	6	9
部门 10	53.0531	165.9441	7	4
部门 11	43.4493	156.4371	12	7
部门 12	50.3761	162.0908	8	6
部门 13	32.9141	113.1989	19	19
部门 14	34.5420	128.9904	17	14
部门 15	30.0798	112.9564	23	20

续表

产品部门	间接用水系数(立方米/万元)		间接用水系数排名	
	基于总产出	基于增加值	基于总产出	基于增加值
部门 16	27.4890	102.0316	32	26
部门 17	28.0092	101.8309	30	27
部门 18	29.6024	104.8218	26	25
部门 19	30.8004	112.2325	22	21
部门 20	31.1687	108.9315	20	22
部门 21	25.9815	91.6934	34	30
部门 22	48.2809	140.8547	10	11
部门 23	37.3455	131.7294	13	13
部门 24	27.8851	98.3935	31	28
部门 25	49.1473	164.6284	9	5
部门 26	30.0211	114.7075	25	17
部门 27	44.1444	142.6183	11	10
部门 28	29.0359	95.6036	27	29
部门 29	10.4138	29.1941	42	42
部门 30	28.4319	91.1381	29	31
部门 31	67.2841	144.7480	4	8
部门 32	16.5688	46.2649	39	39
部门 33	22.1502	64.5993	37	37
部门 34	17.3783	47.6759	38	38
部门 35	28.9427	76.9209	28	34
部门 36	34.8489	105.4165	16	23
部门 37	14.6777	43.9980	40	40
部门 38	25.5154	75.6521	36	35
部门 39	11.0959	31.4141	41	41
部门 40	30.0173	104.8389	24	24
部门 41	31.0945	90.9759	21	32
部门 42	25.7386	71.1943	35	36

2015 年河南省国民经济各产品部门间接用水系数分布情况如图 5-9 所示。

整体来看，2015 年河南省国民经济各产品部门用水情况各异，由于间接用水效应导致各产品部门的完全用水系数排名相对直接用水系数排名具有不同程度的变化。

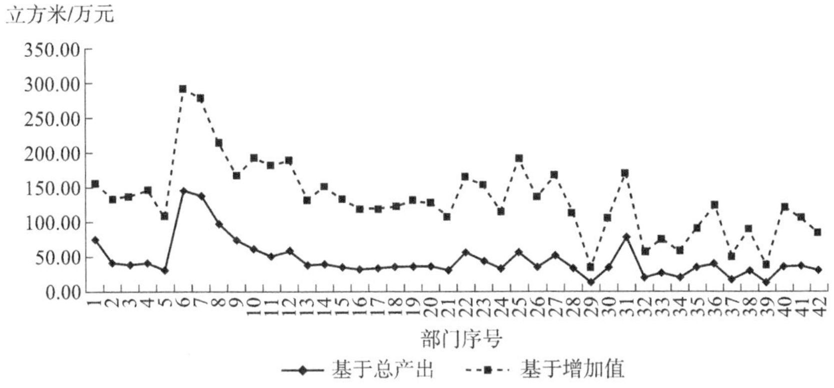

图 5-9　2015 年河南省国民经济各产品部门间接用水系数分布情况

有的部门直接用水较少，但间接用水较多。从基于总产出的用水系数情况来看，部门 6——食品和烟草部门直接用水系数在所有部门中排名第 14 位，但间接用水系数排名为第 1 位，使其完全用水系数排名达到第 3 位；部门 7——纺织品部门直接用水系数在所有部门中排名第 18 位，但间接用水系数排名第 2 位，使其完全用水系数达到第 4 位；部门 8——纺织服装鞋帽皮革羽绒及其制品部门直接用水系数在所有部门中排名第 11 位，但间接用水系数排名第 3 位，使其完全用水系数达到第 6 位；部门 31——住宿和餐饮部门直接用水系数在所有部门中排名第 17 位，但间接用水系数排名第 4 位，使其完全用水系数达到第 7 位；部门 9——木材加工品和家具部门直接用水系数在所有部门中排名第 36 位，但间接用水系数排名第 6 位，使其完全用水系数达到第 10 位，该部门完全用水系数相对直接用水系数排名增加幅度最大。

有的部门直接用水较多，但间接用水较少。部门 33——金融部门直接用水系数在所有部门中排名第 13 位，但间接用水系数排名第 37 位，完全用水系数仅为第 34 位，其完全用水系数相比直接用水系数排名下降幅度最大；部门 37——水利、环境和公共设施管理部门直接用水系数在所有部门中排名第 5 位，但间接用水系数排名第 40 位，完全用水系数仅为第 22 位；部门 38——居民服务、修理和其他服务部门直接用水系数在所有部门中排名第 6 位，但间接用水系数排名第 36 位，完全用水系数仅为第 15 位。

综上所述，各产品部门间接用水情况不同，导致其直接用水效应和完全用水效应存在较大差异，可采用用水乘数对此类差异进行分析。

5.5 河南省产品部门用水乘数

用水乘数可以用来表征国民经济各产品部门用水对其他部门用水的拉动效应。用水乘数越大，说明该部门的完全用水相对直接用水差异程度越大，对其他部门用水的拉动效应就越大。根据用水乘数核算方法，结合前期有关核算数据，计算2015年河南省国民经济各产品部门用水乘数如表5-4所示，以下主要基于总产出数据对河南省各产品部门用水乘数情况进行分析。

表5-4 2015年河南省国民经济各产品部门用水乘数

产品部门	用水乘数		用水乘数排名	
	基于总产出	基于增加值	基于总产出	基于增加值
部门1	1.3795	1.4480	41	42
部门2	2.0743	2.0859	39	39
部门3	3.5137	2.3198	36	38
部门4	6.8898	4.6570	29	32
部门5	22.0219	26.2818	16	11
部门6	21.4393	10.0199	17	26
部门7	28.6646	13.2404	11	22
部门8	12.2118	6.9982	24	28
部门9	112.4770	62.6242	4	4
部门10	4.0115	3.1144	35	35
部门11	6.0163	4.5459	31	33
部门12	4.8653	3.4626	32	34
部门13	22.6496	16.7973	15	17
部门14	8.7816	5.1571	28	31
部门15	77.8935	58.2543	5	5
部门16	55.8226	44.3076	7	7
部门17	60.1144	44.4465	6	6
部门18	36.8857	26.1550	9	12

续表

产品部门	用水乘数		用水乘数排名	
	基于总产出	基于增加值	基于总产出	基于增加值
部门 19	123. 4103	83. 7998	3	3
部门 20	37. 4828	17. 6298	8	15
部门 21	34. 8390	31. 6595	10	10
部门 22	14. 0642	9. 9405	22	27
部门 23	23. 0433	15. 0017	14	21
部门 24	295. 6665	396. 1874	1	1
部门 25	2. 1299	1. 8866	38	40
部门 26	224. 2568	230. 5117	2	2
部门 27	1. 3070	1. 4674	42	41
部门 28	13. 9414	11. 8251	23	23
部门 29	18. 8063	38. 5025	18	9
部门 30	15. 8476	15. 9868	20	19
部门 31	16. 3693	15. 0670	19	20
部门 32	6. 0543	10. 5236	30	25
部门 33	4. 5369	6. 2536	34	29
部门 34	9. 6211	16. 1988	26	18
部门 35	10. 0817	10. 8210	25	24
部门 36	23. 7569	22. 5537	13	13
部门 37	1. 7881	2. 7084	40	37
部门 38	2. 3795	3. 0816	37	36
部门 39	8. 8280	17. 2638	27	16
部门 40	25. 1070	44. 1546	12	8
部门 41	14. 2517	21. 1397	21	14
部门 42	4. 5424	5. 9524	33	30

从 2015 年河南省国民经济各产品部门基于总产出的用水乘数来看，部门 24——金属制品、机械和设备修理服务，部门 26——燃气生产和供应部门两个部门用水乘数最大，分别达到 295. 6665、224. 2568，远远大于其他部门用水乘数；其次为部门 19——电气机械和器材，部门 9——木材加工品和家具，部门 15——金属制品，部门 17——专用设备，部门 16——通用设备，部门

20——通信设备、计算机和其他电子设备，部门 18——交通运输设备，部门 21——仪器仪表，部门 7——纺织品等 9 个第二产业部门；上述部门用水对其他部门用水的拉动效应较大。

部门 27——水的生产与供应部门用水乘数最小，只有 1. 3070，部门 1——农林牧渔产品和服务部门的用水乘数为 1. 3795，部门 25——电力、热力的生产与供应部门用水乘数为 2. 1299，这 3 个部门直接用水系数与间接用水系数均处于所有部门前列，但用水乘数较小，说明其直接用水程度较高，间接用水程度较低，对其他部门的用水拉动效应较小。

2015 年河南省国民经济各产品部门基于总产出的用水乘数与基于增加值的用水乘数分布基本一致，分布对比情况见图 5-10。

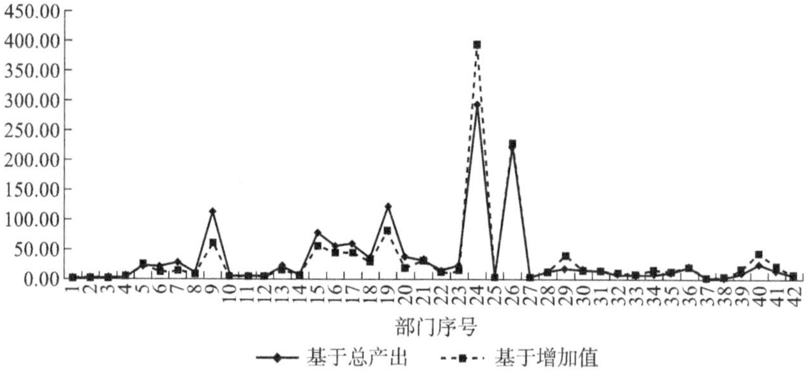

图 5-10　2015 年河南省国民经济各产品部门用水乘数分布对比情况

从图 5-10 可知，第一产业产品部门和第三产业产品部门用水乘数整体偏小，第二产业大部分产品部门用水乘数较大，说明第二产业在整个经济系统活动中比较活跃，对于其上游部门产品的利用相对较多，进而间接拉动了整个经济系统用水的增加。

5.6　河南省产品部门用水依存度

用水依存系数用于测度国民经济各产品部门对水资源的直接依赖程度，根据用水依存度的核算方法，结合前期有关核算数据，计算 2015 年河南省国民经济各产品部门基于总产出用水依存系数如表 5-5 所示，部门之间用水依存系数分布情况如图 5-11 所示。

表 5-5　2015 年河南省国民经济各产品部门基于总产出用水依存系数

产品部门	用水依存系数		用水依存系数排名	
	基于总产出	基于增加值	基于总产出	基于增加值
部门 1	12. 7931	8. 2724	1	2
部门 2	2. 4800	2. 9069	4	4
部门 3	1. 0025	2. 4379	8	5
部门 4	0. 4576	0. 9516	15	10
部门 5	0. 0942	0. 0985	30	30
部门 6	0. 4592	0. 7715	14	13
部门 7	0. 3205	0. 5408	18	15
部门 8	0. 5633	0. 8499	11	12
部门 9	0. 0427	0. 0642	36	36
部门 10	1. 3217	2. 1667	7	6
部门 11	0. 6498	1. 2179	10	8
部门 12	0. 9778	1. 8171	9	7
部门 13	0. 1141	0. 1978	28	23
部门 14	0. 3330	0. 8566	16	11
部门 15	0. 0293	0. 0545	39	37
部门 16	0. 0376	0. 0650	37	34
部门 17	0. 0355	0. 0647	38	35
部门 18	0. 0619	0. 1150	33	29
部门 19	0. 0189	0. 0374	40	39
部门 20	0. 0641	0. 1808	32	24
部门 21	0. 0576	0. 0826	34	32
部门 22	0. 2773	0. 4349	19	16
部门 23	0. 1271	0. 2597	26	20
部门 24	0. 0071	0. 0069	42	42
部门 25	3. 2633	5. 1265	3	3
部门 26	0. 0101	0. 0138	41	41
部门 27	10. 7896	8. 4232	2	1
部门 28	0. 1683	0. 2438	23	21
部门 29	0. 0439	0. 0215	35	40

续表

产品部门	用水依存系数		用水依存系数排名	
	基于总产出	基于增加值	基于总产出	基于增加值
部门 30	0.1437	0.1679	25	25
部门 31	0.3284	0.2841	17	19
部门 32	0.2459	0.1341	20	27
部门 33	0.4698	0.3395	13	18
部门 34	0.1512	0.0866	24	31
部门 35	0.2391	0.2162	21	22
部门 36	0.1149	0.1350	27	26
部门 37	1.3973	0.7110	5	14
部门 38	1.3876	1.0033	6	9
部门 39	0.1063	0.0533	29	38
部门 40	0.0934	0.0671	31	33
部门 41	0.1760	0.1247	22	28
部门 42	0.5451	0.3969	12	17

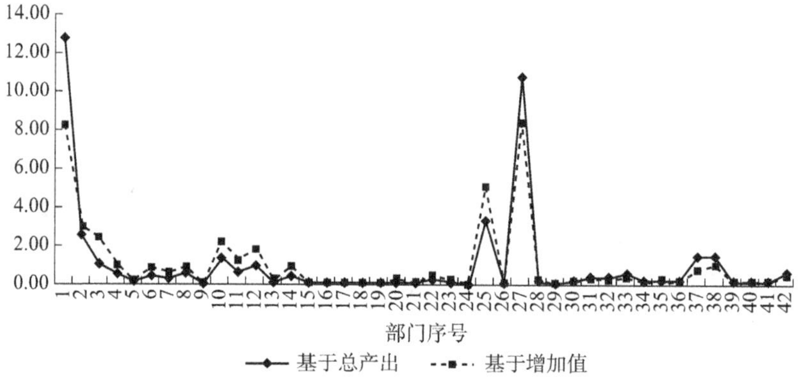

图 5-11　2015 年河南省国民经济各产品部门之间用水依存系数分布情况

根据表 5-5 所示，2015 年河南省国民经济各产品部门基于总产出的用水依存系数最高的两个部门为部门 1——农林牧渔产品和服务，部门 27——水的生产和供应，其用水依存度分别达到 12.7931、10.7896，远远高于其他产品部门，说明这两个部门对水资源的直接依赖程度最严重，与其生产活动的性质有直接关系，也说明这两个部门的节水任务较重。用水依存系数大于 1 的部门还有：部门 25——电力、热力的生产和供应，部门 2——煤炭采选产品，部门 37——水利、环境和公共设施管理，部门 38——居民服务、修理和其他服务，部门 10——造纸印刷和文教体育用品，部门 3——石油和天然气开采产品共 6 个部门。上述 8 个产品部门对水资源的直接依赖程度高于各产品部门对水资源直接依赖程度的平均水平，受水资源的直接制约程度较高。

其他 34 个产品部门的用水依存系数均小于 1，说明这些部门对水资源的直接依赖程度低于各产品部门对水资源直接依赖程度的平均水平，受水资源的直接制约程度较低。

5.7　河南省产品部门用水影响力

用水影响力用于测度国民经济各产品部门完全用水对整个经济系统用水的影响程度，一般通过计算用水影响力系数进行比较。用水影响力系数大于 1，说明该部门用水影响力高于社会用水影响力平均水平；用水影响力系数小于 1，说明该部门用水影响力低于社会用水影响力平均水平。根据用水影响力系数的核算方法，结合前期有关核算数据，计算 2015 年河南省国民经济各产品部门用水影响力系数如表 5-6 所示。

表 5-6　2015 年河南省国民经济各产品部门用水影响力系数

产品部门	用水影响力系数		用水影响力系数排名	
	基于总产出	基于增加值	基于总产出	基于增加值
部门 1	4.5023	2.8943	1	2
部门 2	1.3124	1.4651	9	8
部门 3	0.8987	1.3665	14	10
部门 4	0.8043	1.0709	16	12
部门 5	0.5295	0.6257	37	34
部门 6	2.5115	1.8679	3	4
部门 7	2.3440	1.7300	4	5
部门 8	1.7550	1.4371	6	9
部门 9	1.2251	0.9714	10	16
部门 10	1.3526	1.6305	8	6
部门 11	0.9974	1.3378	12	11

续表

产品部门	用水影响力系数		用水影响力系数排名	
	基于总产出	基于增加值	基于总产出	基于增加值
部门 12	1. 2136	1. 5203	11	7
部门 13	0. 6591	0. 8029	20	18
部门 14	0. 7461	1. 0674	18	13
部门 15	0. 5832	0. 7666	29	21
部门 16	0. 5357	0. 6963	35	28
部门 17	0. 5452	0. 6949	33	29
部门 18	0. 5824	0. 7270	30	25
部门 19	0. 5943	0. 7577	28	22
部门 20	0. 6129	0. 7703	25	19
部门 21	0. 5120	0. 6316	38	33
部门 22	0. 9948	1. 0447	13	14
部门 23	0. 7472	0. 9415	17	17
部门 24	0. 5355	0. 6580	36	30
部门 25	1. 7732	2. 3369	5	3
部门 26	0. 5772	0. 7685	32	20
部门 27	3. 5975	2. 9866	2	1
部门 28	0. 5987	0. 6966	26	27
部门 29	0. 2105	0. 1999	42	42
部门 30	0. 5808	0. 6485	31	31
部门 31	1. 3716	1. 0342	7	15
部门 32	0. 3799	0. 3410	39	39
部门 33	0. 5438	0. 5129	34	37
部门 34	0. 3712	0. 3389	40	40
部门 35	0. 6150	0. 5654	24	36
部门 36	0. 6963	0. 7358	19	24
部门 37	0. 6374	0. 4653	22	38
部门 38	0. 8424	0. 7471	15	23
部门 39	0. 2395	0. 2224	41	41
部门 40	0. 5984	0. 7155	27	26
部门 41	0. 6401	0. 6370	21	32
部门 42	0. 6317	0. 5708	23	35

根据表 5-6 可知，2015 年河南省国民经济各产品部门基于总产出的用水影响力系数最大的部门为部门 1——农林牧渔产品和服务，其用水影响力系数达到 4. 5023，说明该部门用水影响力是各产品部门平均用水影响力的 4. 5023 倍，该部门用水程度最高。用水影响力系数大于 1 的部门还有：部门 27——水的生产和供应，部门 6——食品和烟草，部门 7——纺织品，部门 25——电力、热力的生产和供应，部门 8——纺织服装鞋帽皮革羽绒及其制品，部门 31——住宿和餐饮，部门 10——造纸印刷和文教体育用品，部门 2——煤炭采选产品，部门 9——木材加工品和家具，部门 12——化学产品。上述部门的用水影响力系数大于 1，说明这些部门用水影响力均高于各产品部门用水影响力平均水平，属于高用水部门。除部门 1——农林牧渔产品和服务，部门 31——住宿和餐饮外，其他产品部门均隶属第二产业，说明第二产业用水程度整体较高。

其他 31 个部门用水影响力系数低于 1，说明其用水影响力低于社会平均水平，属于低用水部门。其中第三产业除住宿和餐饮部门外，其他各产品部门用水影响力系数均偏低，说明第三产业用水程度整体偏低。2015 年河南省国民经济各产品部门基于总产出用水影响力系数分布情况如图 5-12 所示。

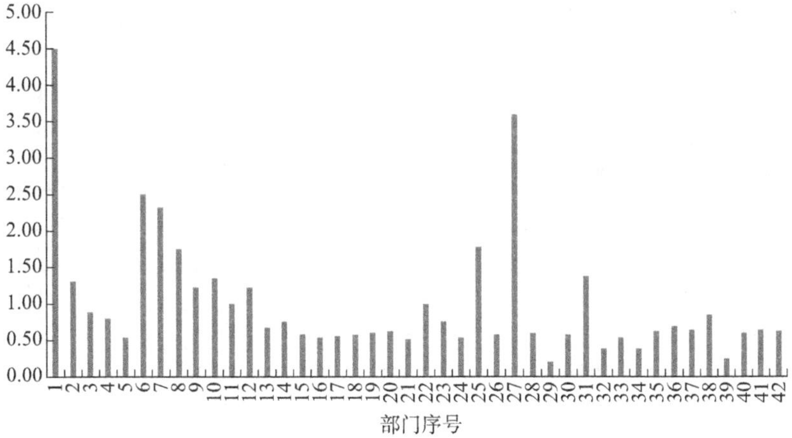

图 5-12　2015 年河南省国民经济各产品部门基于总产出用水影响力系数分布情况

5.8 河南省产品部门相对用水乘数

根据相对用水乘数的核算方法，结合前期有关核算数据，计算 2015 年河南省国民经济各产品部门的相对用水乘数如表 5-7 所示，各产品部门基于总产出数据的相对用水乘数分布情况如图 5-13 所示。

表 5-7 2015 年河南省国民经济各产品部门的相对用水乘数

产品部门	相对用水乘数		相对用水乘数排名	
	基于总产出	基于增加值	基于总产出	基于增加值
部门 1	0. 0408	0. 0445	41	42
部门 2	0. 0614	0. 0641	39	39
部门 3	0. 1039	0. 0713	36	38
部门 4	0. 2038	0. 1432	29	32
部门 5	0. 6514	0. 8081	16	11
部门 6	0. 6342	0. 3081	17	26
部门 7	0. 8479	0. 4071	11	22
部门 8	0. 3612	0. 2152	24	28
部门 9	3. 3272	1. 9254	4	4
部门 10	0. 1187	0. 0958	35	35
部门 11	0. 1780	0. 1398	31	33
部门 12	0. 1439	0. 1065	32	34
部门 13	0. 6700	0. 5165	15	17
部门 14	0. 2598	0. 1586	28	31
部门 15	2. 3042	1. 7911	5	5
部门 16	1. 6513	1. 3623	7	7
部门 17	1. 7783	1. 3666	6	6
部门 18	1. 0911	0. 8042	9	12
部门 19	3. 6506	2. 5765	3	3
部门 20	1. 1088	0. 5420	8	15
部门 21	1. 0306	0. 9734	10	10
部门 22	0. 4160	0. 3056	22	27
部门 23	0. 6816	0. 4612	14	21
部门 24	8. 7461	12. 1812	1	1
部门 25	0. 0630	0. 0580	38	40

续表

产品部门	相对用水乘数		相对用水乘数排名	
	基于总产出	基于增加值	基于总产出	基于增加值
部门 26	6.6338	7.0873	2	2
部门 27	0.0387	0.0451	42	41
部门 28	0.4124	0.3636	23	23
部门 29	0.5563	1.1838	18	9
部门 30	0.4688	0.4915	20	19
部门 31	0.4842	0.4633	19	20
部门 32	0.1791	0.3236	30	25
部门 33	0.1342	0.1923	34	29
部门 34	0.2846	0.4980	26	18
部门 35	0.2982	0.3327	25	24
部门 36	0.7028	0.6934	13	13
部门 37	0.0529	0.0833	40	37
部门 38	0.0704	0.0947	37	36
部门 39	0.2611	0.5308	27	16
部门 40	0.7427	1.3576	12	8
部门 41	0.4216	0.6500	21	14
部门 42	0.1344	0.1830	33	30

从 2015 年河南省国民经济各产品部门基于总产出的相对用水乘数来看，部门 24——金属制品、机械和设备修理服务和部门 26——燃气生产和供应的相对用水乘数最大，达到 8.7461 和 6.6338，远远大于其他部门相对用水乘数；相对用水乘数较大的部门还有：部门 19——电气机械和器材，部门 9——木材加工品和家具，部门 15——金属制品，部门 17——专用设备，部门 16——通用设备，部门 20——通信设备、计算机和其他电子设备，部门 18——交通运输设备，部门 21——仪器仪表等第二产业部门；上述 10 个部门相对用水乘数均大于 1，说明这些部门用水情况的变化对经济系统用水量的变化潜在贡献较大，这些部门的发展将会促进整个经济系统用水量较快增加，可判定上述部门为潜在高用水部门；其他部门相对用水乘数小于 1，表明这些部门用水对经济系统用水总量的增加潜在贡献较小，这些部门的发展不会推动整个经济系统用水量较快增加，可判定这些部门为潜在低用水部门。

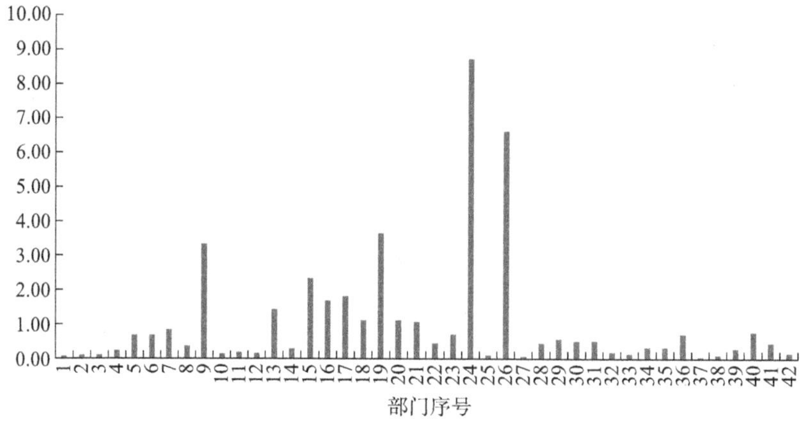

图 5-13　2015 年河南省国民经济各产品部门基于总产出数据的相对用水乘数分布情况

5.9　河南省水资源投入效应整体分析

根据水资源投入效应整体分析方法，结合以上关于 2015 年河南省水资源投入效应的各类分析结果，可以对 2015 年河南省国民经济各产品部门的用水情况进行整体分析，具体如表 5-8、表 5-9、表 5-10、表 5-11 所示。

表 5-8　河南省高用水、潜在高用水产品部门

产品部门	用水程度	潜在用水程度
部门 9	高用水	潜在高用水

从表 5-8 可知，部门 9——木材加工品和家具部门不仅属于高用水部门，而且属于潜在高用水产品部门，说明这个部门不仅在当前经济活动中会消耗大量的水资源，而且其用水量的变化会推动整个经济系统的用水量产生较大的变化，这个产品部门的用水对整个经济系统的用水具有很大的影响。从水资源节约及水资源规划角度来说，部门 9 需要被重点关注，在必要时可适当限制其经济规模的扩大，以减轻本部门经济活动给水资源带来的压力。

表 5-9　河南省高用水、潜在低用水产品部门

产品部门	用水程度	潜在用水程度
部门 1	高用水	潜在低用水
部门 2	高用水	潜在低用水

续表

产品部门	用水程度	潜在用水程度
部门 6	高用水	潜在低用水
部门 7	高用水	潜在低用水
部门 8	高用水	潜在低用水
部门 10	高用水	潜在低用水
部门 12	高用水	潜在低用水
部门 25	高用水	潜在低用水
部门 27	高用水	潜在低用水
部门 31	高用水	潜在低用水

从表 5-9 可知，部门 1——农林牧渔产品和服务，部门 2——煤炭采选产品，部门 6——食品和烟草，部门 7——纺织品，部门 8——纺织服装鞋帽皮革羽绒及其制品，部门 10——造纸印刷和文教体育用品，部门 12——化学产品，部门 25——电力、热力的生产和供应，部门 27——水的生产和供应，部门 31——住宿和餐饮这 10 个产品部门属于高用水产品部门，但从潜在用水程度上属于潜在低用水产品部门，说明这 10 个产品部门在当前经济活动中对水资源的消耗较大，但其用水量的变化不会造成整个经济系统用水量的较大变化。除部门 1——农林牧渔产品和服务，部门 31——住宿和餐饮外，其他产品部门均隶属第二产业，说明第二产业用水程度整体较高。对于上述 10 个部门，可以着重加强部门节水措施，提升部门节水技术，提高部门用水效率。

表 5-10　河南省低用水、潜在高用水产品部门

产品部门	用水程度	潜在用水程度
部门 15	低用水	潜在高用水
部门 16	低用水	潜在高用水
部门 17	低用水	潜在高用水
部门 18	低用水	潜在高用水
部门 19	低用水	潜在高用水
部门 20	低用水	潜在高用水
部门 21	低用水	潜在高用水
部门 24	低用水	潜在高用水
部门 26	低用水	潜在高用水

从表5-10可知，部门15——金属制品，部门16——通用设备，部门17——专用设备，部门18——交通运输设备，部门19——电气机械和器材，部门20——通信设备、计算机和其他电子设备，部门21——仪器仪表，部门24——金属制品、机械和设备修理服务，部门26——燃气生产和供应共9个产品部门属于低用水产品部门，但从潜在用水程度上来说属于潜在高用水产品部门，说明上述9个产品部门在当前经济活动中对水资源的消耗较少，但其用水量的变化可能对整个经济系统用水量的变化具有较大的影响。对于上述9个产品部门，需要加强对其用水情况的监控，尽可能继续维持甚至降低其单位产值用水量。

表5-11　河南省低用水、潜在低用水产品部门

产品部门	用水程度	潜在用水程度
部门3	低用水	潜在低用水
部门4	低用水	潜在低用水
部门5	低用水	潜在低用水
部门11	低用水	潜在低用水
部门13	低用水	潜在低用水
部门14	低用水	潜在低用水
部门22	低用水	潜在低用水
部门23	低用水	潜在低用水
部门28	低用水	潜在低用水
部门29	低用水	潜在低用水
部门30	低用水	潜在低用水
部门32	低用水	潜在低用水
部门33	低用水	潜在低用水
部门34	低用水	潜在低用水
部门35	低用水	潜在低用水
部门36	低用水	潜在低用水
部门37	低用水	潜在低用水
部门38	低用水	潜在低用水
部门39	低用水	潜在低用水

续表

产品部门	用水程度	潜在用水程度
部门40	低用水	潜在低用水
部门41	低用水	潜在低用水
部门42	低用水	潜在低用水

从表5-11可知，部门3——石油和天然气开采产品等9个第二产业产品部门，以及部门29——批发和零售等13个第三产业产品部门，既属于低用水部门，在潜在用水程度上又属于潜在低用水产品部门，说明表5-11中所列22个产品部门在当年经济活动中对水资源的消耗量都较低，且其用水量的变化对整个经济系统用水量的变化的影响较小。从水资源利用与节约角度来说，对于这22个产品部门，可以鼓励其加快发展。

5.10 本章小结

依据《2015年河南省水资源投入产出表》，结合本书构建的水资源投入产出效应核算方法及模型，本章首先对河南省整体用水情况进行了分析，然后围绕河南省国民经济各产品部门在生产活动中水资源的直接投入效应、完全投入效应、间接投入效应、用水乘数以及各产品部门的用水依存度、用水影响力、相对用水乘数进行了核算，最后在上述核算基础上对河南省国民经济各产品部门的水资源投入效应进行了整体分析，并基于水资源投入效应对各类产品部门提出了发展建议。核算结果表明，第一产业即农业部门直接用水、完全用水均处于领先位置，在全社会用水量中所占的比重最大；第二产业用水情况仅次于第一产业，各产品部门的用水影响力整体程度较高，对整个经济系统用水拉动效应较强，但各产品部门用水分布较为分散；第三产业整体用水最少，各产品部门用水普遍较少，用水影响力普遍较低，对整个经济系统用水拉动效应较弱。

第6章

河南省水资源产出效应应用分析

在上一章针对河南省水资源投入效应分析的基础上，本章将利用水资源产出效应的测度方法和模型，结合《2015 年河南省水资源投入产出表》，继续对河南省水资源产出效应进行分析。

6.1 河南省水资源直接产出效应

河南省水资源直接产出系数可以用来反映河南省水资源的直接产出效应，是核算河南省其他水资源产出效应指标的基础。通过水资源直接产出效应模型，结合《2015 年河南省水资源投入产出表》中有关数据，计算得到 2015 年河南省国民经济各产品部门水资源直接产出系数，如表 6-1 所示，以下主要基于增加值数据对河南省水资源直接产出效应进行分析。

表 6-1 2015 年河南省国民经济各产品部门水资源直接产出系数

产品部门	直接产出系数(万元/立方米)		直接产出系数排名	
	基于总产出	基于增加值	基于总产出	基于增加值
部门 1	0. 0059	0. 0033	42	41
部门 2	0. 0303	0. 0095	39	39
部门 3	0. 0748	0. 0113	35	38
部门 4	0. 1640	0. 0290	28	33
部门 5	0. 7961	0. 2802	13	13
部门 6	0. 1634	0. 0358	29	30
部门 7	0. 2341	0. 0511	25	28
部门 8	0. 1332	0. 0325	32	31
部门 9	1. 7572	0. 4300	7	7
部门 10	0. 0568	0. 0127	36	37
部门 11	0. 1155	0. 0227	33	35

续表

产品部门	直接产出系数(万元/立方米)		直接产出系数排名	
	基于总产出	基于增加值	基于总产出	基于增加值
部门 12	0. 0767	0. 0152	34	36
部门 13	0. 6578	0. 1396	15	20
部门 14	0. 2253	0. 0322	27	32
部门 15	2. 5563	0. 5069	4	6
部门 16	1. 9943	0. 4245	6	9
部门 17	2. 1105	0. 4267	5	8
部门 18	1. 2123	0. 2400	10	14
部门 19	3. 9743	0. 7378	3	4
部门 20	1. 1705	0. 1527	11	19
部门 21	1. 3024	0. 3344	9	11
部门 22	0. 2706	0. 0635	24	27
部门 23	0. 5903	0. 1063	17	23
部门 24	10. 5672	4. 0164	1	1
部门 25	0. 0230	0. 0054	40	40
部门 26	7. 4367	2. 0008	2	2
部门 27	0. 0070	0. 0033	41	42
部门 28	0. 4457	0. 1132	20	22
部门 29	1. 7099	1. 2846	8	3
部门 30	0. 5222	0. 1644	18	18
部门 31	0. 2284	0. 0972	26	24
部门 32	0. 3051	0. 2058	23	16
部门 33	0. 1597	0. 0813	30	25
部门 34	0. 4961	0. 3188	19	12
部门 35	0. 3138	0. 1277	22	21
部门 36	0. 6530	0. 2045	16	17
部门 37	0. 0537	0. 0388	38	29
部门 38	0. 0541	0. 0275	37	34
部门 39	0. 7055	0. 5177	14	5
部门 40	0. 8031	0. 4116	12	10
部门 41	0. 4262	0. 2214	21	15
部门 42	0. 1376	0. 0696	31	26

如表6-1所示，根据2015年河南省国民经济各产品部门基于增加值水资源直接产出系数核算情况来看，水资源直接产出系数最大的部门为部门24——金属制品、机械和设备修理服务，部门26——燃气生产和供应，其直接产出系数分别为4.0164万元/立方米、2.0008万元/立方米，即每立方米水资源可以有4.0164万元、2.0008万元的产出效益，遥遥领先于其他产品部门。水资源直接产出系数较大的部门还有：部门29——批发和零售，部门19——电气机械和器材，部门39——教育，部门15——金属制品，部门9——木材加工品和家具，部门17——专用设备，部门16——通用设备，部门40——卫生和社会工作，部门21——仪器仪表，部门34——房地产等。整体来看，高科技、低耗水工业部门和第三产业部门的水资源直接产出效应较高。

水资源直接产出系数基于增加值最小的部门为部门27——水的生产和供应，其水资源直接产出系数只有33元/立方米，即每立方米水资源可以有33元的产出效益，在所有产品部门中排名最低，这主要由于该部门的主要功能为保障人民生活、生产的基本需要，而非以高盈利性为目的。水资源直接产出效益较低的部门还主要集中在以下部门：①部门1——农林牧渔产品和服务。②高消耗工业部门：部门25——电力、热力的生产和供应，部门2——煤炭采选产品，部门3——石油和天然气开采产品，部门10——造纸印刷和文教体育用品，部门12——化学产品，部门11——石油、炼焦产品和核燃料加工品，部门4——金属矿采选产品，部门14——金属冶炼和压延加工品，部门8——纺织服装鞋帽皮革羽绒及其制品，部门6——食品和烟草。③部分承担社会服务和管理的第三产业部门：部门38——居民服务、修理和其他服务，部门37——水利、环境和公共设施管理。

整体来看，高科技、低耗水工业部门以及第三产业部门的水资源直接产出效益普遍较高，农业以及高耗水工业部门的水资源直接产出效益普遍偏低，2015年河南省国民经济各产品部门水资源直接产出系数分布情况如图6-1所示。从图6-1可知，2015年河南省部分产品部门基于总产出核算的水资源直接产出系数与基于增加值核算的各产品部门水资源直接产出系数差别较大，其原因主要在于各产品部门的中间投入在总产出中所占比例不同，但二者在部门间的排名分布情况基本相似。

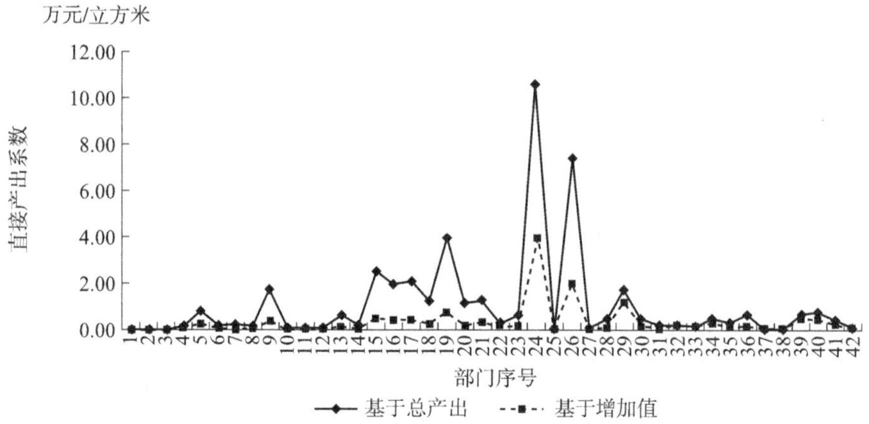

图 6-1　2015 年河南省国民经济各产品部门水资源直接产出系数分布情况

6.2　河南省水资源完全产出效应

在分析河南省水资源直接产出效应的基础上，结合各产品部门之间在经济运行中的投入产出关系，采用水资源完全产出效应分析方法和计算模型，计算得到 2015 年河南省国民经济各产品部门的水资源完全产出系数，如表 6-2 所示。以下主要基于增加值数据对 2015 年河南省水资源完全产出效应进行分析。

如表 6-2 所示，根据 2015 年河南省国民经济各产品部门基于增加值水资源完全产出系数核算情况来看，水资源完全产出系数最大的两个部门为部门 24——金属制品、机械和设备修理服务，部门 26——燃气生产和供应，其完全产出系数为 4.5181 万元/立方米、3.4298 万元/立方米，即每立方米水资源可以有 4.5181 万元、3.4298 万元的完全产出效益，遥遥领先于其他产品部门。水资源完全产出系数较大的部门还有：部门 19——电气机械和器材，部门 29——批发和零售，部门 15——金属制品，部门 17——专用设备，部门 3——石油和天然气开采产品，部门 16——通用设备，部门 9——木材加工品和家具，部门 21——仪器仪表，部门 20——通信设备、计算机和其他电子设备，部门 18——交通运输设备。上述部门单位水资源的完全产出效益均在万元以上。整体来看，高科技、低耗水工业部门和部分第三产业部门的水资源完全产出效应较强。

表 6-2　2015 年河南省国民经济各产品部门的水资源完全产出系数

产品部门	完全产出系数（万元/立方米）		完全产出系数排名	
	基于总产出	基于增加值	基于总产出	基于增加值
部门 1	0.4972	0.1904	42	42
部门 2	1.6959	0.5858	24	27
部门 3	3.8400	1.2890	10	7
部门 4	2.7733	0.9552	13	13
部门 5	2.5988	0.9460	15	14
部门 6	0.9764	0.3547	35	39
部门 7	1.1535	0.4158	30	33
部门 8	1.1683	0.4403	29	31
部门 9	3.9400	1.1293	9	9
部门 10	1.3213	0.5366	28	28
部门 11	1.9889	0.6812	21	21
部门 12	1.6607	0.6025	26	26
部门 13	2.6418	0.8416	14	16
部门 14	2.3324	0.8301	16	17
部门 15	4.7368	1.3231	4	5
部门 16	4.4803	1.2567	7	8
部门 17	4.7265	1.2892	5	6
部门 18	3.7558	1.0709	11	12
部门 19	6.8443	1.6067	3	3
部门 20	4.5721	1.0711	6	11
部门 21	3.9899	1.1119	8	10
部门 22	2.2437	0.6685	18	23
部门 23	2.8748	0.8908	12	15
部门 24	12.1273	4.5181	2	1
部门 25	1.7706	0.6238	23	25
部门 26	12.2256	3.4298	1	2
部门 27	1.0806	0.3837	34	36
部门 28	2.3312	0.7766	17	18
部门 29	2.0893	1.4343	19	4

续表

产品部门	完全产出系数(万元/立方米)		完全产出系数排名	
	基于总产出	基于增加值	基于总产出	基于增加值
部门 30	1.8771	0.6440	22	24
部门 31	0.9445	0.3736	36	37
部门 32	0.9300	0.4145	37	34
部门 33	0.8878	0.3605	39	38
部门 34	0.9150	0.4848	38	30
部门 35	1.1121	0.4231	32	32
部门 36	2.0164	0.6936	20	20
部门 37	0.5863	0.2248	41	41
部门 38	1.3290	0.4101	27	35
部门 39	1.1057	0.6734	33	22
部门 40	1.6942	0.7439	25	19
部门 41	1.1367	0.4917	31	29
部门 42	0.7765	0.3280	40	40

水资源完全产出效应较弱的部门主要集中在农业、基础工业部门、承担社会服务和管理的第三产业部门。一方面由于这些部门用水效率较低，另一方面也由于这些部门增加值不高。其中，部门 1——农林牧渔产品和服务部门的水资源完全产出系数最小，其水资源完全产出系数只有 0.1904 万元/立方米，即每立方米水资源仅有 0.1904 万元的产出效益，在所有产品部门中排名最低。完全产出效应较弱的基础工业部门包括部门 6——食品和烟草，部门 27——水的生产和供应，部门 7——纺织品，部门 8——纺织服装鞋帽皮革羽绒及其制品，部门 10——造纸印刷和文教体育用品，部门 2——煤炭采选产品，部门 12——化学产品，部门 25——电力、热力的生产和供应，部门 11——石油、炼焦产品和核燃料加工品。完全产出效应较弱的第三产业部门包括部门 37——水利、环境和公共设施管理，部门 42——公共管理、社会保障和社会组织，部门 33——金融，部门 31——住宿和餐饮，部门 38——居民服务、修理和其他服务。

整体来看，2015 年河南省国民经济各产品部门基于增加值水资源完全产出效益情况为：第二产业各产品部门水资源完全产出效应平均水平最高，达到 1.0974 万元/立方米，但各产品部门之间差异较大，呈现两极分化的趋势；第三产业各产品部门水资源完全产出效应平均水平较低，仅有 0.55 万元/立方米，且各产品部门间水资源完全产出系数差异较小；第一产业即农林牧渔产品和服务部门水资源完全产出系数最低，仅为 0.1904 万元/立方米。

如表 6-2 所示，2015 年河南省国民经济各产品部门基于总产出水资源完全产出系数排名情况与基于增加值水资源完全产出系数排名情况基本一致，但由于总产出与增加值之间表示的经济含义不同，两个系数数值量存在差异，二者数值量分布情况如图 6-2 所示。

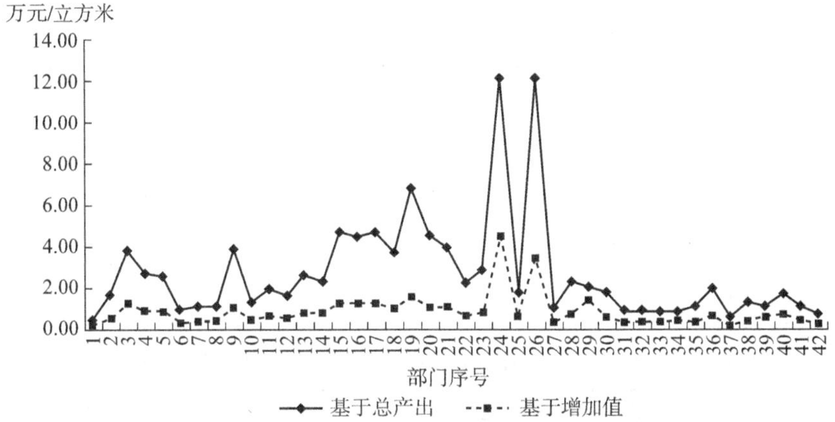

图 6-2　2015 年河南省国民经济各产品部门水资源完全产出系数分布情况

6.3　河南省水资源间接产出效应

从上述计算数据来看，2015 年河南省国民经济各产品部门基于增加值水资源完全产出效应比直接产出效应均有一定程度的提高，二者对比如图 6-3 所示，其主要原因在于各产品部门之间在经济运行中的投入产出联系。在经济运行中，水资源不仅对各产品部门本部门的生产具有直接推动作用，也对其他产品部门的生产具有间接推动作用。

从图 6-3 可知，2015 年河南省国民经济各产品部门的完全产出系数相比直接产出系数均有所增加，但增加的幅度不同。二者相比增加的部分即为水

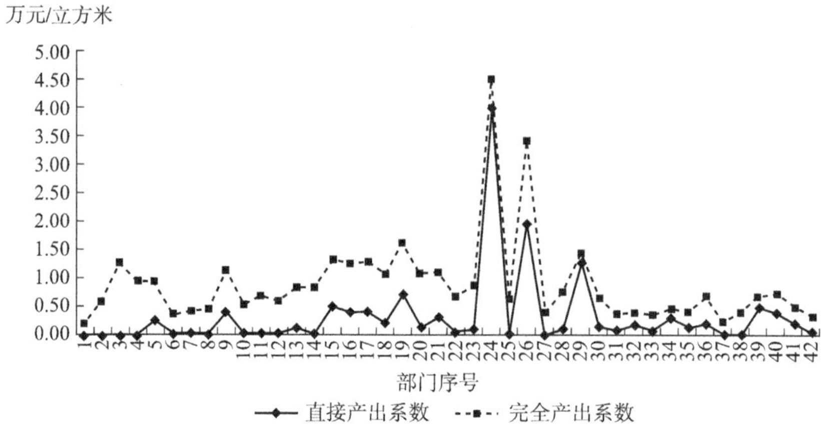

图 6-3　2015 年河南省国民经济各产品部门基于增加值水资源直接、完全产出系数对比

资源间接产出效应，为精确分析 2015 年河南省国民经济各产品部门的水资源间接产出效应，结合 2015 年河南省国民经济各产品部门的水资源完全产出系数和直接产出系数，计算 2015 年河南省国民经济各产品部门的水资源间接产出系数如表 6-3 所示。

表 6-3　2015 年河南省国民经济各产品部门的水资源间接产出系数

产品部门	间接产出系数(万元/立方米)		间接产出系数排名	
	基于总产出	基于增加值	基于总产出	基于增加值
部门 1	0. 4914	0. 1871	39	38
部门 2	1. 6657	0. 5763	20	21
部门 3	3. 7652	1. 2777	2	2
部门 4	2. 6093	0. 9262	7	3
部门 5	1. 8027	0. 6658	18	15
部门 6	0. 8130	0. 3189	31	31
部门 7	0. 9195	0. 3647	29	29
部门 8	1. 0351	0. 4078	28	26
部门 9	2. 1828	0. 6993	11	14
部门 10	1. 2646	0. 5238	26	22
部门 11	1. 8735	0. 6585	17	17
部门 12	1. 5840	0. 5874	21	20
部门 13	1. 9840	0. 7021	14	13

续表

产品部门	间接产出系数(万元/立方米)		间接产出系数排名	
	基于总产出	基于增加值	基于总产出	基于增加值
部门 14	2.1071	0.7978	13	10
部门 15	2.1805	0.8162	12	9
部门 16	2.4859	0.8323	9	7
部门 17	2.6160	0.8625	6	6
部门 18	2.5436	0.8309	8	8
部门 19	2.8700	0.8690	4	5
部门 20	3.4016	0.9184	3	4
部门 21	2.6875	0.7776	5	12
部门 22	1.9731	0.6050	15	19
部门 23	2.2845	0.7845	10	11
部门 24	1.5601	0.5017	22	23
部门 25	1.7476	0.6184	19	18
部门 26	4.7889	1.4290	1	1
部门 27	1.0737	0.3805	27	28
部门 28	1.8855	0.6633	16	16
部门 29	0.3795	0.1498	42	42
部门 30	1.3548	0.4795	24	25
部门 31	0.7161	0.2764	34	34
部门 32	0.6249	0.2087	37	37
部门 33	0.7281	0.2792	33	33
部门 34	0.4190	0.1660	40	40
部门 35	0.7983	0.2954	32	32
部门 36	1.3634	0.4891	23	24
部门 37	0.5326	0.1860	38	39
部门 38	1.2750	0.3826	25	27
部门 39	0.4003	0.1557	41	41
部门 40	0.8911	0.3323	30	30
部门 41	0.7106	0.2704	35	35
部门 42	0.6389	0.2584	36	36

从表 6-3 中可知，2015 年河南省基于增加值的间接产出系数排名前 23 位

的部门均为第二产业部门：部门 26——燃气生产和供应，部门 3——石油和天然气开采产品，部门 4——金属矿采选产品，部门 20——通信设备、计算机和其他电子设备，部门 19——电气机械和器材，部门 17——专用设备，部门 16——通用设备，部门 18——交通运输设备，部门 15——金属制品，部门 14——金属冶炼和压延加工品，部门 23——废品废料，部门 21——仪器仪表，部门 13——非金属矿物制品，部门 9——木材加工品和家具，部门 5——非金属矿和其他矿采选产品，部门 28——建筑，部门 11——石油、炼焦产品和核燃料加工品，部门 25——电力、热力的生产和供应，部门 22——其他制造产品，部门 12——化学产品，部门 2——煤炭采选产品，部门 10——造纸印刷和文教体育用品，部门 24——金属制品、机械和设备修理服务。

其他第二产业部门水资源间接产出系数排名也都在中等行列。一方面反映了第二产业各产品部门水资源间接产出效益较高；另一方面也反映了第二产业各产品部门在满足本部门经济运行的同时，对其他产品部门也具有较强的间接推动作用，对全社会经济运行起到了支柱作用，这也是第二产业各产品部门的水资源完全产出效益普遍偏高的主要原因。同时，在所有第二产业部门中，高科技、低耗水部门的水资源间接产出效益更加明显，是应该鼓励发展的部门。

第一产业即部门 1——农林牧渔产品和服务部门的水资源间接产出系数偏低，仅为 0.1871 万元/立方米，而且因其水资源直接产出效应在所有产品部门中排名最低，导致其水资源完全产出效应也偏弱。

第三产业各产品部门的水资源间接产出系数普遍相对较低，且部门间差异不大。因此，虽然第三产业各产品部门水资源直接产出效应普遍较高，但其水资源完全产出效应却普遍较低，与第三产业各产品部门在当前全社会经济运行中的地位和作用基本一致。

整体来说，第二产业各产品部门水资源间接产出效应最强，为全社会经济发展提供的支撑作用更加强大。第一、二产业各产品部门的水资源间接产出效应普遍偏弱。2015 年河南省国民经济各产品部门的水资源间接产出系数分布情况如图 6-4 所示。

从图 6-4 可知，由于各产品部门的中间投入差别较大，2015 年河南省国民经济各产品部门基于增加值的水资源间接产出系数相对基于总产出的水资源间接产出系数普遍较低且相对平稳，但各产品部门之间排名分布情况基本一致。

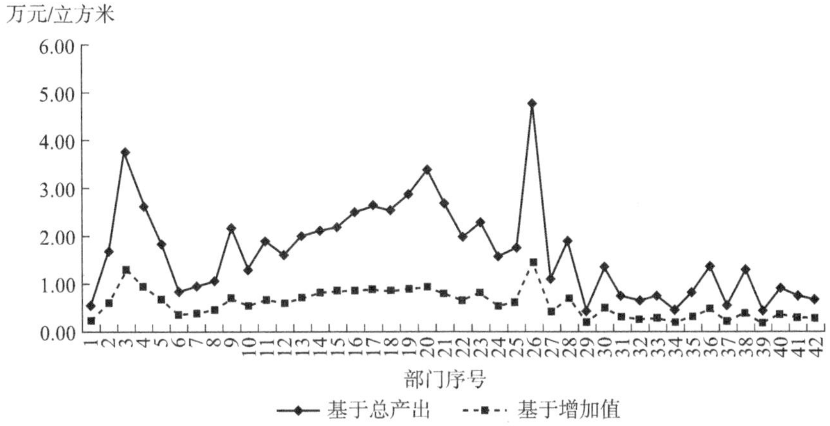

图6-4　2015年河南省国民经济各产品部门的水资源间接产出系数分布情况

6.4　河南省水资源产出乘数

为进一步量化测度河南省国民经济各产品部门的水资源产出效益对全社会经济效益的拉动效应，有必要对各产品部门的水资源产出乘数进行核算。运用水资源产出乘数分析核算方法，结合2015年河南省国民经济各产品部门的水资源完全产出系数与直接产出系数，计算得到2015年河南省国民经济各产品部门的水资源产出乘数如表6-4所示，以下主要基于增加值数据对2015年河南省水资源产出乘数进行分析。

根据表6-4可知，2015年河南省基于增加值的水资源产出乘数排名前10位的部门为：部门27——水的生产和供应，部门25——电力、热力的生产和供应，部门3——石油和天然气开采产品，部门2——煤炭采选产品，部门1——农林牧渔产品和服务，部门10——造纸印刷和文教体育用品，部门12——化学产品，部门4——金属矿采选产品，部门11——石油、炼焦产品和核燃料加工品，部门14——金属冶炼和压延加工品；上述部门的水资源产出乘数均在25以上。第三产业各产品部门以及高科技、低消耗第二产业部门的水资源产出乘数较低。2015年河南省国民经济各产品部门的水资源产出乘数整体分布情况如图6-5所示。

表 6-4　2015 年河南省国民经济各产品部门的水资源产出乘数

产品部门	产出乘数		产出乘数排名	
	基于总产出	基于增加值	基于总产出	基于增加值
部门 1	84. 7883	57. 0502	2	5
部门 2	56. 0606	61. 6858	4	4
部门 3	51. 3142	113. 8310	5	3
部门 4	16. 9144	32. 9260	10	8
部门 5	3. 2645	3. 3762	26	27
部门 6	5. 9761	9. 9126	15	14
部门 7	4. 9283	8. 1445	19	16
部门 8	8. 7719	13. 5543	13	12
部门 9	2. 2422	2. 6262	33	32
部门 10	23. 2780	42. 1135	7	6
部门 11	17. 2271	30. 0524	9	9
部门 12	21. 6439	39. 6608	8	7
部门 13	4. 0163	6. 0310	22	19
部门 14	10. 3533	25. 7558	12	10
部门 15	1. 8530	2. 6103	36	33
部门 16	2. 2465	2. 9608	32	31
部门 17	2. 2395	3. 0216	34	30
部门 18	3. 0982	4. 4624	27	22
部门 19	1. 7221	2. 1779	38	35
部门 20	3. 9061	7. 0162	23	17
部门 21	3. 0635	3. 3254	29	28
部门 22	8. 2919	10. 5314	14	13
部门 23	4. 8704	8. 3807	20	15
部门 24	1. 1476	1. 1249	42	41
部门 25	77. 0143	115. 8284	3	2
部门 26	1. 6440	1. 7142	39	38
部门 27	155. 4099	117. 0866	1	1
部门 28	5. 2304	6. 8584	18	18
部门 29	1. 2219	1. 1166	41	42
部门 30	3. 5944	3. 9161	24	24

续表

产品部门	产出乘数		产出乘数排名	
	基于总产出	基于增加值	基于总产出	基于增加值
部门 31	4. 1349	3. 8438	21	25
部门 32	3. 0485	2. 0137	30	36
部门 33	5. 5600	4. 4334	17	23
部门 34	1. 8445	1. 5208	37	39
部门 35	3. 5441	3. 3139	25	29
部门 36	3. 0878	3. 3922	28	26
部门 37	10. 9203	5. 7894	11	20
部门 38	24. 5811	14. 9058	6	11
部门 39	1. 5674	1. 3007	40	40
部门 40	2. 1095	1. 8072	35	37
部门 41	2. 6673	2. 2213	31	34
部门 42	5. 6422	4. 7150	16	21

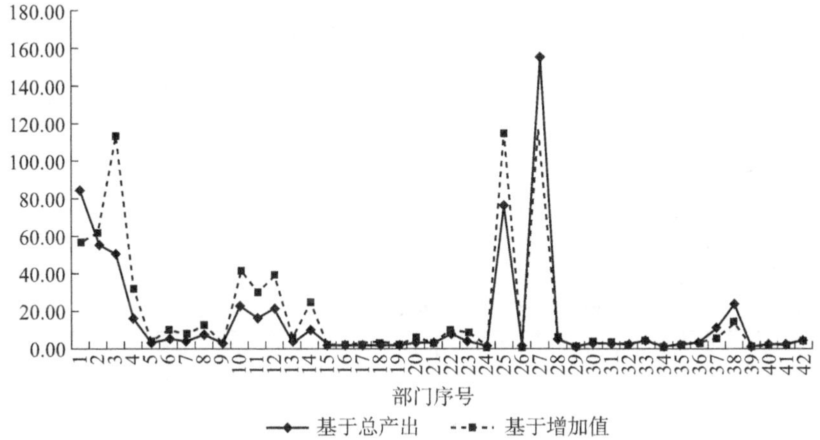

图 6-5　2015 年河南省国民经济各产品部门的水资源产出乘数整体分布情况

与之前计算的各产品部门的水资源直接产出系数、完全产出系数、间接产出系数等指标分布情况进行对比可以发现，各产品部门的产出乘数分布情况呈现相反的趋势。产出乘数较大的产品部门，其直接产出系数普遍较低。但因这些部门生产的产品大多是维持整个社会经济运行的基础产品，如农产品、自来水供应、煤炭、石油、化工、金属等，势必会为其他产品部门提供大量的中间投入，因此其水资源完全产出效应相对直接产出效应必有较大提升，其水资源产出乘数势必相应较大。而第三产业各产品部门以及高科技、低消耗第二产业部门的水资源直接产出系数虽然较大，并且这些部门产值在整个经济系统中所占份额越来越大，其完全产出系数以及间接产出系数自然随之增大，但其产品并不是其他产品部门所必需的基础性产品，对其他产品部门的拉动效应自然偏弱，因此其水资源完全产出效应相对直接产出效应提升不大，其水资源产出乘数势必相应较小。

6.5 河南省水资源产出影响力

根据水资源产出影响力系数的核算方法，结合前期有关核算数据，计算2015年河南省国民经济各产品部门水资源产出影响力系数，如表6-5所示。以下主要基于增加值数据对水资源产出影响力系数所代表的2015年河南省国民经济各产品部门的水资源产出水平情况进行分析。

表6-5　2015年河南省国民经济各产品部门水资源产出影响力系数

产品部门	产出影响力系数		产出影响力系数排名	
	基于总产出	基于增加值	基于总产出	基于增加值
部门1	0.1836	0.2131	42	42
部门2	0.6262	0.6558	24	27
部门3	1.4179	1.4429	10	7
部门4	1.0240	1.0692	13	13
部门5	0.9596	1.0590	15	14
部门6	0.3605	0.3970	35	39
部门7	0.4259	0.4654	30	33
部门8	0.4314	0.4929	29	31
部门9	1.4548	1.2642	9	9
部门10	0.4879	0.6007	28	28
部门11	0.7344	0.7625	21	21
部门12	0.6132	0.6745	26	26

续表

产品部门	产出影响力系数		产出影响力系数排名	
	基于总产出	基于增加值	基于总产出	基于增加值
部门 13	0. 9754	0. 9421	14	16
部门 14	0. 8612	0. 9292	16	17
部门 15	1. 7490	1. 4811	4	5
部门 16	1. 6543	1. 4068	7	8
部门 17	1. 7452	1. 4431	5	6
部门 18	1. 3868	1. 1987	11	12
部门 19	2. 5272	1. 7986	3	3
部门 20	1. 6882	1. 1990	6	11
部门 21	1. 4732	1. 2447	8	10
部门 22	0. 8284	0. 7483	18	23
部门 23	1. 0615	0. 9972	12	15
部门 24	4. 4778	5. 0577	2	1
部门 25	0. 6538	0. 6982	23	25
部门 26	4. 5141	3. 8394	1	2
部门 27	0. 3990	0. 4296	34	36
部门 28	0. 8608	0. 8693	17	18
部门 29	0. 7715	1. 6056	19	4
部门 30	0. 6931	0. 7209	22	24
部门 31	0. 3487	0. 4182	36	37
部门 32	0. 3434	0. 4640	37	34
部门 33	0. 3278	0. 4036	39	38
部门 34	0. 3379	0. 5427	38	30
部门 35	0. 4106	0. 4736	32	32
部门 36	0. 7445	0. 7764	20	20
部门 37	0. 2165	0. 2516	41	41
部门 38	0. 4907	0. 4591	27	35
部门 39	0. 4083	0. 7538	33	22
部门 40	0. 6256	0. 8327	25	19

续表

产品部门	产出影响力系数		产出影响力系数排名	
	基于总产出	基于增加值	基于总产出	基于增加值
部门 41	0.4197	0.5505	31	29
部门 42	0.2867	0.3671	40	40

根据表 6-5 可知，2015 年河南省国民经济各产品部门基于增加值水资源产出影响力系数最大的部门为部门 24——金属制品、机械和设备修理服务，部门 26——燃气生产和供应，二者产出影响力系数达到 5.0577、3.8394，说明二者水资源产出水平是整个经济系统平均产出水平的 5.0577、3.8394 倍，远远高于其他部门水资源产出水平。产出影响力系数大于 1 的部门还有：部门 19——电气机械和器材，部门 29——批发和零售，部门 15——金属制品，部门 17——专用设备，部门 3——石油和天然气开采产品，部门 16——通用设备，部门 9——木材加工品和家具，部门 21——仪器仪表，部门 20——通信设备、计算机和其他电子设备，部门 18——交通运输设备，部门 4——金属矿采选产品，部门 5——非金属矿和其他矿采选产品共 12 个部门。上述 14 个部门水资源产出影响力系数大于 1，说明这些部门水资源产出水平高于整个经济系统平均产出水平，属于高产出部门，且除批发和零售部门外，其他皆为第二产业部门，说明第二产业水资源产出水平整体较高。

其他 28 个部门的水资源产出影响力系数低于 1，说明其水资源产出水平低于社会平均产出水平，属于低产出部门，主要包括第一产业即部门 1——农林牧渔产品和服务部门，基础工业部门，除部门 29——批发和零售部门以外的其他第三产业产品部门。

第一产业即部门 1——农林牧渔产品和服务部门的水资源产出影响力系数最小，仅为 0.2131，说明该部门水资源产出水平仅为整个经济系统平均产出水平的 21.31%，在所有产品部门中水资源产出水平最低：这一方面由于该部门在生产活动中获得的增加值不高，另一方面也与该部门在生产活动中用水量较大有关。承担社会管理和服务职能的第三产业部门，如部门 37——水利、环境和公共设施管理，部门 42——公共管理、社会保障和社会组织，部门 33——金融，部门 31——住宿和餐饮，水资源产出水平相对较低，其他第三产业产品部门的水资源产出水平相对较高。2015 年河南省国民经济各产品部门基于增加值的产出影响力系数分布情况如图 6-6 所示。

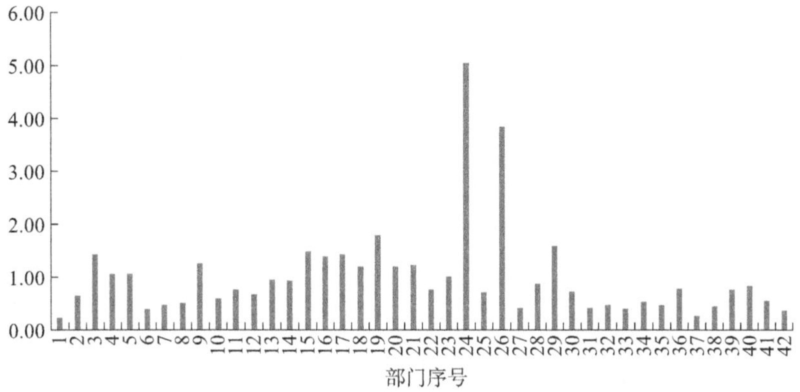

图 6-6　2015 年河南省国民经济各产品部门基于增加值的产出影响力系数分布情况

6.6　河南省水资源相对产出乘数

根据水资源相对产出乘数的核算方法，结合前期有关核算数据，计算 2015 年河南省国民经济各产品部门的水资源相对产出乘数，如表 6-6 所示。以下主要基于增加值数据对水资源相对产出乘数代表的 2015 年河南省国民经济各产品部门的水资源潜在产出水平进行分析。

表 6-6　2015 年河南省国民经济各产品部门的水资源相对产出乘数

产品部门	相对产出乘数		相对产出乘数排名	
	基于总产出	基于增加值	基于总产出	基于增加值
部门 1	5. 4282	3. 0403	2	5
部门 2	3. 5890	3. 2874	4	4
部门 3	3. 2852	6. 0663	5	3
部门 4	1. 0829	1. 7547	10	8
部门 5	0. 2090	0. 1799	26	27
部门 6	0. 3826	0. 5283	15	14
部门 7	0. 3155	0. 4340	19	16
部门 8	0. 5616	0. 7223	13	12

续表

产品部门	相对产出乘数		相对产出乘数排名	
	基于总产出	基于增加值	基于总产出	基于增加值
部门 9	0. 1435	0. 1400	33	32
部门 10	1. 4903	2. 2443	7	6
部门 11	1. 1029	1. 6016	9	9
部门 12	1. 3857	2. 1136	8	7
部门 13	0. 2571	0. 3214	22	19
部门 14	0. 6628	1. 3726	12	10
部门 15	0. 1186	0. 1391	36	33
部门 16	0. 1438	0. 1578	32	31
部门 17	0. 1434	0. 1610	34	30
部门 18	0. 1983	0. 2378	27	22
部门 19	0. 1103	0. 1161	38	35
部门 20	0. 2501	0. 3739	23	17
部门 21	0. 1961	0. 1772	29	28
部门 22	0. 5309	0. 5612	14	13
部门 23	0. 3118	0. 4466	20	15
部门 24	0. 0735	0. 0599	42	41
部门 25	4. 9305	6. 1727	3	2
部门 26	0. 1052	0. 0914	39	38
部门 27	9. 9494	6. 2398	1	1
部门 28	0. 3348	0. 3655	18	18
部门 29	0. 0782	0. 0595	41	42
部门 30	0. 2301	0. 2087	24	24
部门 31	0. 2647	0. 2048	21	25
部门 32	0. 1952	0. 1073	30	36
部门 33	0. 3560	0. 2363	17	23
部门 34	0. 1181	0. 0810	37	39
部门 35	0. 2269	0. 1766	25	29
部门 36	0. 1977	0. 1808	28	26
部门 37	0. 6991	0. 3085	11	20
部门 38	1. 5737	0. 7944	6	11
部门 39	0. 1003	0. 0693	40	40

续表

产品部门	相对产出乘数		相对产出乘数排名	
	基于总产出	基于增加值	基于总产出	基于增加值
部门 40	0.1351	0.0963	35	37
部门 41	0.1708	0.1184	31	34
部门 42	0.3612	0.2513	16	21

根据表 6-6 可知，2015 年河南省国民经济各产品部门基于增加值相对产出乘数最大的部门为部门 27——水的生产和供应，相对产出乘数达到 6.2398；该部门主要通过一定的水处理流程为其他部门提供水资源，增加单位水资源所增加的产出效益对整个经济系统的水资源产出效益的拉动作用是最大的。相对产出乘数大于 1 的部门还有：部门 25——电力、热力的生产和供应，部门 3——石油和天然气开采产品，部门 2——煤炭采选产品，部门 1——农林牧渔产品和服务，部门 10——造纸印刷和文教体育用品，部门 12——化学产品，部门 4——金属矿采选产品，部门 11——石油、炼焦产品和核燃料加工品，部门 14——金属冶炼和压延加工品共 9 个产品部门。上述 10 个产品部门的水资源相对产出乘数大于 1，说明这些部门单位水资源产出效益对整个经济系统的拉动作用高于各产品部门平均产出拉动水平，属于潜在高产出部门；且除农林牧渔产品和服务部门外，其他均为第二产业中的基础工业部门。不难发现，上述产品部门皆能为整个经济系统提供必要的基础产品，在整个经济系统运行中发挥着基础推动作用，是其水资源相对产出乘数较大的主要原因。

其他 32 个产品部门水资源相对产出乘数低于 1，说明这些部门单位水资源产出效益对整个经济系统的拉动作用低于各产品部门平均产出拉动水平，属于潜在低产出部门，包括所有第三产业产品部门和其他第二产业产品部门。上述部门的共同特点是其水资源直接产出水平较高，水资源间接产出水平却偏低，其单位水资源产出水平的提高对整个经济系统产出效益的影响有限，是造成这些部门水资源潜在产出水平不高的主要原因。2015 年河南省国民经济各产品部门基于增加值的相对产出乘数分布情况如图 6-7 所示。

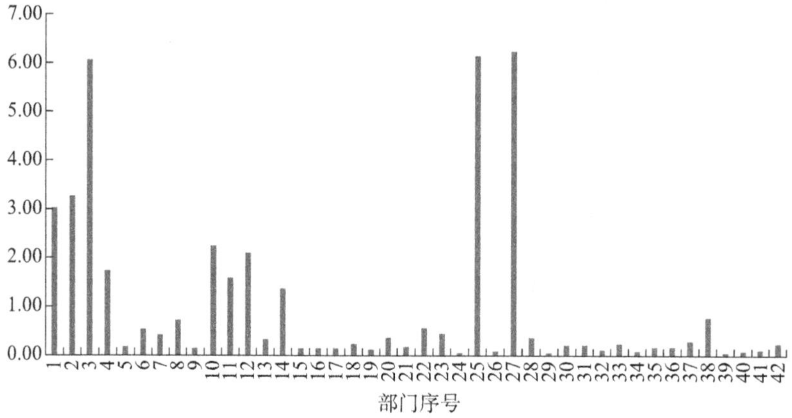

图 6-7　2015 年河南省国民经济各产品部门基于增加值的相对产出乘数分布情况

6.7　河南省水资源产出效应整体分析

根据水资源产出效应整体分析方法，结合以上关于 2015 年河南省水资源产出效应的各类分析结果，可以对河南省国民经济各产品部门的水资源产出效应进行整体分析。根据整体分析结果，可把河南省国民经济各产品部门分为四类：高产出、潜在高产出产品部门，高产出、潜在低产出产品部门，低产出、潜在高产出产品部门，低产出、潜在低产出产品部门。具体如表 6-7、表 6-8、表 6-9、6-10 所示。

表 6-7　河南省水资源高产出、潜在高产出产品部门

产品部门	产出水平	潜在产出水平
部门 3	高产出	潜在高产出
部门 4	高产出	潜在高产出

从表 6-7 可知，部门 3——石油和天然气开采产品，部门 4——金属矿采选产品两个产品部门属于水资源高产出产品部门，且从水资源潜在产出水平上来说属于潜在高产出产品部门，说明这两个产品部门在当前经济活动中水资源产出水平较高，用水效益较为可观，且其水资源产出水平的变化会造成整个经济系统水资源产出水平的较大变化。从水资源产出效应角度来说，是

可以大力发展的部门。

表 6-8　2015 年河南省水资源高产出、潜在低产出产品部门

产品部门	产出水平	潜在产出水平
部门 5	高产出	潜在低产出
部门 9	高产出	潜在低产出
部门 15	高产出	潜在低产出
部门 16	高产出	潜在低产出
部门 17	高产出	潜在低产出
部门 18	高产出	潜在低产出
部门 19	高产出	潜在低产出
部门 20	高产出	潜在低产出
部门 21	高产出	潜在低产出
部门 24	高产出	潜在低产出
部门 26	高产出	潜在低产出
部门 29	高产出	潜在低产出

从表 6-8 可知，部门 5——非金属矿和其他矿采选产品，部门 9——木材加工品和家具，部门 15——金属制品，部门 16——通用设备，部门 17——专用设备，部门 18——交通运输设备，部门 19——电气机械和器材，部门 20——通信设备、计算机和其他电子设备，部门 21——仪器仪表，部门 24——金属制品、机械和设备修理服务，部门 26——燃气生产和供应，部门 29——批发和零售共 12 个产品部门属于水资源高产出产品部门，但从水资源潜在产出水平上来说属于潜在低产出产品部门，说明这 12 个产品部门在当前经济活动中的水资源产出水平较高，用水效益较为可观，但其水资源产出水平的变化不会造成整个经济系统水资源产出水平的较大变化。上述 12 个产品部门，从水资源产出效应角度来说，都是可以鼓励发展的部门。

表 6-9　2015 年河南省水资源低产出、潜在高产出产品部门

产品部门	产出水平	潜在产出水平
部门 1	低产出	潜在高产出
部门 2	低产出	潜在高产出

续表

产品部门	产出水平	潜在产出水平
部门 10	低产出	潜在高产出
部门 11	低产出	潜在高产出
部门 12	低产出	潜在高产出
部门 14	低产出	潜在高产出
部门 25	低产出	潜在高产出
部门 27	低产出	潜在高产出

从表 6-9 可知，部门 1——农林牧渔产品和服务，部门 2——煤炭采选产品，部门 10——造纸印刷和文教体育用品，部门 11——石油、炼焦产品和核燃料加工品，部门 12——化学产品，部门 14——金属冶炼和压延加工品，部门 25——电力、热力的生产和供应，部门 27——水的生产和供应共 8 个产品部门属于水资源低产出产品部门，但从水资源潜在产出水平的角度来说，却属于潜在高产出产品部门。这说明这 8 个产品部门在当前经济活动中水资源产出水平较低，用水效益不高，但由于这些部门通过产品部门之间的相互关联，能为其他产品部门提供必需的基础产品作为中间投入，因此其水资源产出水平的变化会造成整个经济系统水资源产出水平的较大变化。对于上述 8 个产品部门，在本部门产品满足全社会生产生活的基本需要时，应适当控制其发展规模，并着力提升其用水效益。

表 6-10　2015 年河南省水资源低产出、潜在低产出产品部门

产品部门	产出水平	潜在产出水平
部门 6	低产出	潜在低产出
部门 7	低产出	潜在低产出
部门 8	低产出	潜在低产出
部门 13	低产出	潜在低产出
部门 22	低产出	潜在低产出
部门 23	低产出	潜在低产出
部门 28	低产出	潜在低产出
部门 30	低产出	潜在低产出

续表

产品部门	产出水平	潜在产出水平
部门 31	低产出	潜在低产出
部门 32	低产出	潜在低产出
部门 33	低产出	潜在低产出
部门 34	低产出	潜在低产出
部门 35	低产出	潜在低产出
部门 36	低产出	潜在低产出
部门 37	低产出	潜在低产出
部门 38	低产出	潜在低产出
部门 39	低产出	潜在低产出
部门 40	低产出	潜在低产出
部门 41	低产出	潜在低产出
部门 42	低产出	潜在低产出

从表 6-10 可知，部门 6——食品和烟草等 7 个第二产业产品部门，以及部门 30——交通运输、仓储和邮政等 13 个第三产业产品部门，既属于水资源低产出产品部门，在水资源潜在产出水平上又属于潜在低产出产品部门，说明这 20 个产品部门水资源产出水平较低，用水效益不高，且其水资源产出水平的变化不会造成整个经济系统水资源产出水平的较大变化。对于其中 7 个第二产业产品部门，主要原因在于其单位产品用水过多；对于其中 13 个第三产业产品部门，主要原因在于其增加值较低，在实际发展中可结合其他测度指标综合考虑。上述 20 个产品部门，从水资源产出效应角度来说，都是需要控制发展的部门。

6.8　本章小结

本章主要通过对河南省国民经济各产品部门的水资源直接产出系数、完全产出系数、间接产出系数、产出乘数、产出影响力系数和相对产出乘数进行计算，来考察河南省国民经济各产品部门的水资源产出效应情况，并对河南省国民经济各产品部门的水资源产出效应进行了整体分析。核算结果表明，第一产业即农林牧渔产品和服务部门的水资源直接产出效应和完全产出效应在所有产品部门中最低，但该部门作为整个经济系统生产活动的基础部门，对整个经济系统的产出效应具有较大的潜在影响。第二产业各产品部门的水资源产出效应情况整体较强，体现了第二产业部门在整个经济系统中的支柱作用，但存在两极分化现象，高科技工业部门的水资源直接产出效应和完全产出效应较强，基础工业部门的水资源直接产出效应和完全产出效应较弱，但由于基础工业部门在整个经济系统中发挥着基础支撑作用，其对整个经济系统的产出效应具有较大的潜在影响。第三产业水资源产出效应整体偏低，且各产品部门之间分布差异较小，其水资源产出效应的变化对整个经济系统产出效应的影响较小，这与河南省当前第三产业发展水平较低、对其他产品部门支持作用较小有直接关系。

第7章

河南省水资源排放效应应用分析

在前期对河南省国民经济各产品部门用水效应分析的基础上，本章将结合《河南省水资源投入产出表》和前期设计的水资源排放效应分析方法，对河南省国民经济各产品部门在经济活动中的废水排放效应进行分析。

7.1 河南省废水直接排放效应

废水直接排放系数可以用来反映河南省国民经济各产品部门的废水直接排放效应，是核算其他废水排放效应指标的基础。利用废水直接排放效应计算模型，结合《2015 年河南省水资源投入产出表》中有关数据，计算得到 2015 年河南省国民经济各产品部门的废水直接排放系数，如表 7-1 所示。以下主要基于总产出数据对河南省废水直接排放效应进行分析。

表 7-1　2015 年河南省国民经济各产品部门的废水直接排放系数

产品部门	直接排放系数(立方米/万元)		直接排放系数排名	
	基于总产出	基于增加值	基于总产出	基于增加值
部门 1	25. 1921	44. 2691	2	4
部门 2	53. 3294	169. 8765	1	1
部门 3	2. 0555	19. 8446	19	14
部门 4	4. 6729	38. 5844	12	6
部门 5	0. 8002	3. 3213	29	29
部门 6	5. 7501	38. 3574	9	7
部门 7	3. 4749	23. 2749	16	11
部门 8	7. 1441	42. 7920	7	5
部门 9	0. 5357	3. 1981	34	30
部门 10	18. 4434	120. 0365	3	2
部门 11	5. 1036	37. 9767	10	8

续表

产品部门	直接排放系数（立方米/万元）		直接排放系数排名	
	基于总产出	基于增加值	基于总产出	基于增加值
部门 12	9. 5137	70. 1947	6	3
部门 13	0. 8231	5. 6674	28	22
部门 14	1. 1685	11. 9332	25	16
部门 15	0. 3684	2. 7142	37	32
部门 16	0. 4217	2. 8945	36	31
部门 17	0. 3095	2. 2367	38	35
部门 18	0. 6746	4. 9783	31	23
部门 19	0. 1863	1. 4661	39	38
部门 20	0. 6067	6. 7958	33	20
部门 21	0. 7496	4. 2657	30	25
部门 22	4. 3586	27. 1448	13	10
部门 23	2. 0068	16. 2803	20	15
部门 24	0. 0000	0. 0000	40	40
部门 25	3. 6632	22. 8466	14	12
部门 26	0. 0000	0. 0000	40	40
部门 27	0. 0000	0. 0000	40	40
部门 28	0. 6731	2. 6495	32	33
部门 29	0. 4760	0. 6336	35	39
部门 30	1. 5585	4. 9495	23	24
部门 31	3. 5631	8. 3749	15	19
部门 32	2. 6681	3. 9539	17	27
部门 33	5. 0972	10. 0079	11	18
部门 34	1. 6407	2. 5530	22	34
部门 35	2. 5938	6. 3747	18	21
部门 36	1. 2464	3. 9807	24	26
部门 37	15. 1591	20. 9614	4	13
部门 38	15. 0535	29. 5794	5	9
部门 39	1. 1537	1. 5721	26	37
部门 40	1. 0134	1. 9773	27	36
部门 41	1. 9098	3. 6766	21	28
部门 42	5. 9137	11. 7005	8	17

根据表 7-1 可知，2015 年河南省国民经济各产品部门基于总产出的废水直接排放系数分布差异较大，分布情况如图 7-1 所示。

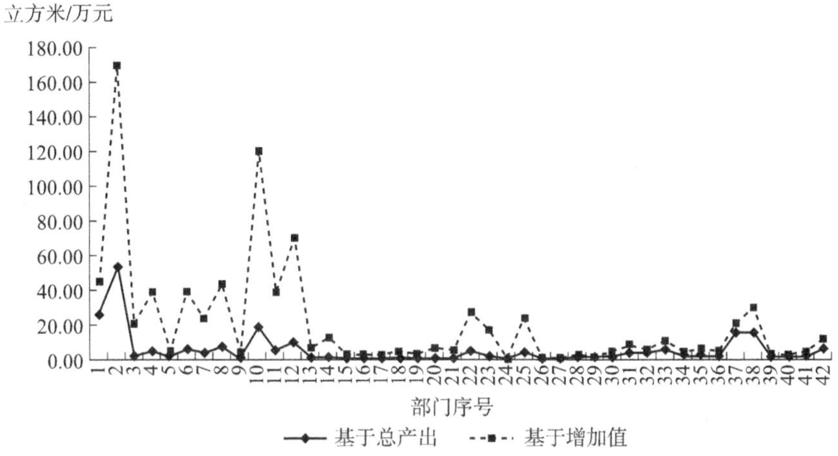

图 7-1　河南省国民经济各产品部门基于总产出的废水直接排放系数分布情况

第一产业即部门 1——农林牧渔产品和服务部门废水直接排放系数排名第 2 位，达到 25. 1921 立方米/万元，即该部门每生产 1 万元产品需要排放废水 25. 1921 立方米。部门 1——农林牧渔产品和服务部门的废水排放系数较大，主要因为农业污染大多为面源污染，农业废水来源比较广泛。一是农田径流，即通过雨水或灌溉水把部分农药和化肥等带入水环境；二是饲养场污水；三是农产品加工污水。

第二产业各产品部门的废水直接排放系数整体水平不高，平均仅为 4. 6975 立方米/万元，但各产品部门之间差异较大，基础工业部门的废水直接排放效应较强，高科技工业部门的废水直接排放效应普遍较弱。其中部门 2——煤炭采选产品部门的废水直接排放系数排名第 1 位，达到 53. 3294 立方米/万元，即该部门每生产 1 万元产品需要排放废水 53. 3294 立方米，远远领先于其他产品部门。另外，部门 10——造纸印刷和文教体育用品，部门 12——化学产品，部门 8——纺织服装鞋帽皮革羽绒及其制品，部门 6——食品和烟草，部门 11——石油、炼焦产品和核燃料加工品等 5 个工业部门分别排名第 3、第 6、第 7、第 9、第 10 位，废水直接排放系数分别达到 18. 4434

立方米/万元、9.5137 立方米/万元、7.1441 立方米/万元、5.7501 立方米/万元、5.1036 立方米/万元。部门 21——仪器仪表，部门 18——交通运输设备，部门 28——建筑，部门 20——通信设备、计算机和其他电子设备，部门 9——木材加工品和家具，部门 16——通用设备，部门 15——金属制品，部门 17——专用设备，部门 19——电气机械和器材，部门 27——水的生产和供应，部门 26——燃气生产和供应，部门 24——金属制品、机械和设备修理服务等第二产业部门的废水直接排放系数较低，排在所有产品部门的最后端。

第三产业各产品部门废水直接排放系数平均为 4.2176 立方米/万元，且各部门间差异较小。其中，部门 37——水利、环境和公共设施管理，部门 38——居民服务、修理和其他服务，部门 42——公共管理、社会保障和社会组织 3 个部门基于总产出的废水直接排放系数较高，分别达到 15.1591 立方米/万元、15.0535 立方米/万元、5.9137 立方米/万元，分别排第 4、第 5、第 8 位。其他第三产业产品部门的废水直接排放系数均较低。

整体来看，第一产业即部门 1——农林牧渔产品和服务部门以及第二产业中基础工业部门的直接排放效应较强，且排放废水中各类污染物含量较大（参考第一次全国污染源普查公报、技术手册等），是造成水环境恶化的主要原因。高科技工业部门及第三产业各部门的废水直接排放效应较弱，尤其是第三产业各产品部门排放的废水大多为生活污水，对水环境的负面影响相对较弱。

7.2 河南省废水完全排放效应

河南省废水完全排放效应可以通过计算河南省国民经济各产品部门的废水完全排放系数进行分析。利用废水完全排放效应计算模型，结合《2015 年河南省水资源投入产出表》以及前期计算所得的 2015 年河南省国民经济各产品部门的废水直接排放系数数据，计算得到 2015 年河南省国民经济各产品部门的废水完全排放系数，如表 7-2 所示，以下主要基于总产出数据对河南省废水完全排放效应进行分析。

表 7-2　2015 年河南省国民经济各产品部门的废水完全排放系数

产品部门	完全排放系数(立方米/万元)		完全排放系数排名	
	基于总产出	基于增加值	基于总产出	基于增加值
部门 1	39.1561	82.7795	4	10
部门 2	81.0233	261.9028	1	1
部门 3	17.7884	72.2377	17	14
部门 4	21.6753	91.4143	12	7
部门 5	13.5387	50.1571	33	31
部门 6	31.3873	93.1409	7	6
部门 7	27.6583	78.5584	9	12
部门 8	27.9056	90.7907	8	8
部门 9	16.7640	50.9230	20	30
部门 10	45.3253	187.9898	2	2
部门 11	34.4725	129.6270	5	5
部门 12	32.2990	135.2903	6	4
部门 13	16.4524	61.3909	22	17
部门 14	18.2360	74.1650	16	13
部门 15	14.4736	55.8953	30	22
部门 16	13.2111	51.4112	36	29
部门 17	13.3434	51.8003	34	28
部门 18	14.0997	55.2464	32	25
部门 19	14.8640	58.6748	28	21
部门 20	14.8827	59.9998	27	18
部门 21	12.8901	49.5923	38	33
部门 22	22.9667	84.4616	11	9
部门 23	19.7743	79.5142	15	11
部门 24	13.2543	48.6401	35	34
部门 25	42.7909	143.7955	3	3
部门 26	14.4864	54.3947	29	27
部门 27	15.7648	54.6219	24	26
部门 28	13.1265	48.5035	37	35
部门 29	4.8966	15.2089	42	42
部门 30	16.1414	55.6903	23	24

续表

产品部门	完全排放系数(立方米/万元)		完全排放系数排名	
	基于总产出	基于增加值	基于总产出	基于增加值
部门 31	19.7950	55.8187	14	23
部门 32	9.5374	27.6334	39	40
部门 33	15.3129	46.1830	26	36
部门 34	9.2482	28.2900	40	39
部门 35	14.3084	43.9690	31	37
部门 36	17.4948	64.0629	18	16
部门 37	21.2465	42.6586	13	38
部门 38	25.2115	64.8555	10	15
部门 39	6.1479	18.7074	41	41
部门 40	15.4821	58.7935	25	19
部门 41	16.6961	58.6777	21	20
部门 42	17.0727	49.7211	19	32

根据表 7-2 可知，2015 年河南省国民经济各产品部门基于总产出废水完全排放系数分布差异较大，分布情况具体如图 7-2 所示。

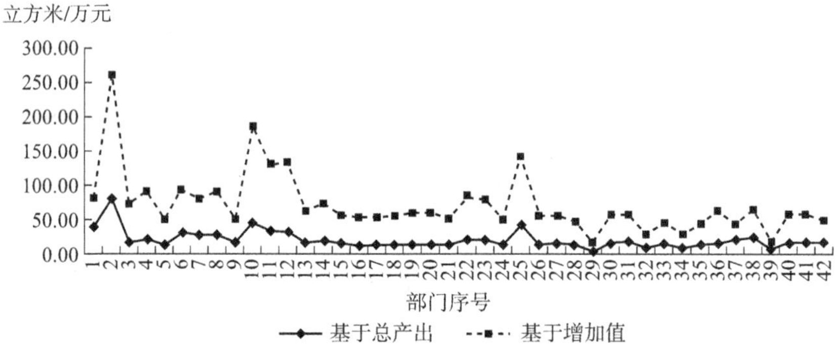

图 7-2 河南省国民经济各产品部门基于总产出废水完全排放系数分布情况

根据表 7-2、图 7-2 可知，2015 年河南省国民经济各产品部门废水完全排放系数整体分布仍是农业与部分基础工业部门偏高，第三产业及部分高科技工业部门偏低。

第一产业即部门 1——农林牧渔产品和服务部门的废水完全排放系数达到 39.1561 立方米/万元，即农业每生产万元产品会引起整个经济系统排放的废水量为39.1561立方米，在所有产品部门中排名第4位，相对于该部门的废水直接排放系数来说，单位产值废水量有所上升，但部门排名有所下降。

第二产业产品部门废水完全排放系数平均为23.5126立方米/万元，相对第一产业偏小，但该产业各产品部门的完全废水排放效应情况呈现两极分化。废水完全排放系数排名前10位的产品部门中有8个第二产业部门：部门2——煤炭采选产品，部门10——造纸印刷和文教体育用品，部门25——电力、热力的生产和供应，部门11——石油、炼焦产品和核燃料加工品，部门12——化学产品，部门6——食品和烟草，部门8——纺织服装鞋帽皮革羽绒及其制品，部门7——纺织品。其中，排名第1位的产品部门为部门2——煤炭采选产品，其废水完全排放系数达到81.0233立方米/万元，该部门废水直接排放系数在所有产品部门中也排在第1位，远远超过其他部门，说明该部门对水环境的直接负面影响和完全负面影响都是最大的。部门10——造纸印刷和文教体育用品，部门25——电力、热力的生产和供应，部门11——石油、炼焦产品和核燃料加工品，部门12——化学产品，部门6——食品和烟草，部门8——纺织服装鞋帽皮革羽绒及其制品，部门7——纺织品共7个工业部门的完全排放系数处于27~46立方米/万元，分别排第2、3、5、6、7、8、9位。部门21——仪器仪表，部门28——建筑，部门16——通用设备，部门24——金属制品、机械和设备修理服务，部门17——专用设备，部门5——非金属矿和其他矿采选产品，部门18——交通运输设备，部门15——金属制品，部门26——燃气生产和供应，部门19——电气机械和器材，部门20——通信设备、计算机和其他电子设备共11个第二产业部门的废水完全排放系数均在15立方米/万元以下，处于所有部门后列。

第三产业各产品部门的废水完全排放系数平均为14.8994立方米/万元，远低于第一、第二产业。其中，部门38——居民服务、修理和其他服务，部门37——水利、环境和公共设施管理，部门31——住宿和餐饮等3个产品部门由于其产业活动的特点，废水完全排放系数较高，分别为25.2115立方米/万元、21.2465立方米/万元、19.7950立方米/万元。其他产品部门的完全排放系数均较低，其中部门29——批发和零售，部门39——教育，部门34——房地产，部门32——信息传输、软件和信息技术服务共4个产品部门的废水完全排放效应处于所有产品部门的最后 4 位，废水完全排放系数均在 10 立方米/万元以下。

从 2015 年河南省国民经济各产品部门的废水完全排放系数与直接排放系数的核算结果来看，二者存在一定差异。一方面各产品部门的废水完全排放系数相比本部门的废水直接排放系数均有所增加，如图 7-3 所示，但增加幅度也有所差异；另一方面各产品部门的废水完全排放系数与废水直接排放系数的排名对比情况有所差异，如图 7-4 所示。从图 7-4 可知，第一产业产品部门变化不大，第二产业部分产品部门上升幅度较大，第三产业部分产品部门下降幅度较大。其中，第三产业部门 32——信息传输、软件和信息技术服务，部门 34——房地产，部门 33——金融，部门 39——教育，部门 35——租赁和商务服务，部门 42——公共管理、社会保障和社会组织，部门 37——水利、环境和公共设施管理废水完全排放系数相比直接排放系数排名下降幅度较大，废水完全排放系数相比直接排放系数排名下降 9~22 名；第二产业中部门 7——纺织品，部门 15——金属制品，部门 14——金属冶炼和压延加工品，部门 19——电气机械和器材，部门 25——电力、热力的生产和供应，部门 26——燃气生产和供应，部门 9——木材加工品和家具废水完全排放系数相比直接排放系数排名上升幅度较大，其废水完全排放系数相比直接排放系数排名上升 7~16 名。其他产品部门二者情况变化幅度不大。上述差异主要由于各产品部门在整个经济系统中与其他产品部门的投入产出关联紧密度不同，废水间接排放效应有所差异导致。

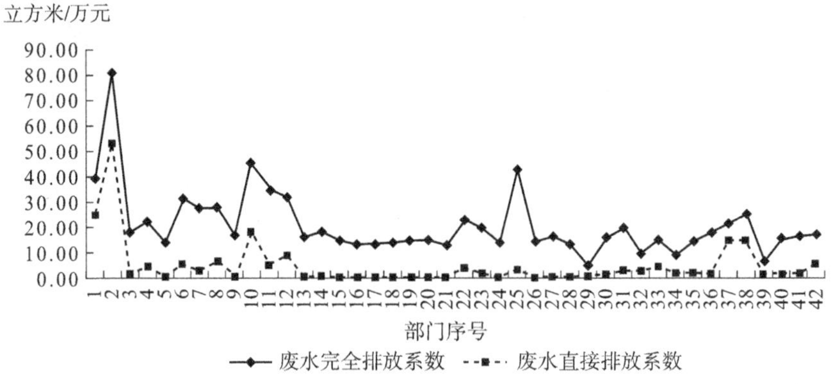

图 7-3　2015 年河南省国民经济各产品部门的废水完全、直接排放系数对比情况

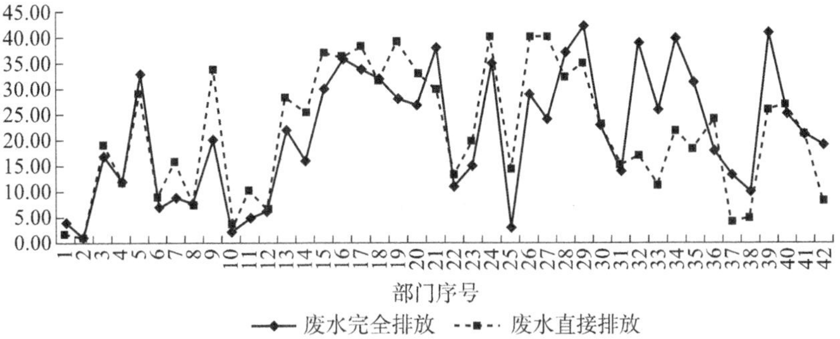

图 7-4　2015 年河南省国民经济各产品部门的废水完全、直接排放系数排名对比情况

7.3　河南省废水间接排放效应

国民经济各产品部门的废水完全排放效应与废水直接排放效应之间的差异即为废水间接排放效应，废水间接排放效应可以通过计算国民经济各产品部门的废水间接排放系数进行分析。根据前期计算的 2015 年河南省国民经济各产品部门的废水完全排放系数与废水直接排放系数，计算得到 2015 年河南省国民经济各产品部门的废水间接排放系数，如表 7-3 所示。以下主要基于总产出数据对河南省废水间接排放效应进行分析。

表 7-3　2015 年河南省国民经济各产品部门的废水间接排放系数

产品部门	间接排放系数/（立方米/万元）		间接排放系数排名	
	基于总产出	基于增加值	基于总产出	基于增加值
部门 1	13.9640	38.5105	27	32
部门 2	27.6940	92.0263	3	4
部门 3	15.7329	58.6541	18	14
部门 4	17.0024	65.0031	12	10
部门 5	12.7385	47.8837	31	28
部门 6	25.6373	66.8852	5	7
部门 7	24.1834	62.6267	6	11
部门 8	20.7615	61.4994	8	12
部门 9	16.2282	48.7339	15	27

续表

产品部门	间接排放系数/(立方米/万元)		间接排放系数排名	
	基于总产出	基于增加值	基于总产出	基于增加值
部门 10	26.8819	105.8245	4	2
部门 11	29.3689	103.6318	2	3
部门 12	22.7853	87.2418	7	5
部门 13	15.6294	57.5115	19	16
部门 14	17.0674	65.9967	11	8
部门 15	14.1052	54.0374	26	22
部门 16	12.7894	49.4299	30	26
部门 17	13.0339	50.2692	29	25
部门 18	13.4251	51.8387	28	23
部门 19	14.6777	57.6713	21	15
部门 20	14.2760	55.3481	25	18
部门 21	12.1405	46.6724	33	30
部门 22	18.6081	65.8809	9	9
部门 23	17.7675	68.3703	10	6
部门 24	15.7390	15.7390	17	41
部门 25	39.1277	128.1569	1	1
部门 26	14.4864	54.3947	23	21
部门 27	15.7648	54.6219	16	20
部门 28	12.4534	45.8540	32	31
部门 29	4.4206	14.5753	42	42
部门 30	14.5829	50.7408	22	24
部门 31	16.2319	47.4438	14	29
部门 32	6.8693	23.6795	39	38
部门 33	10.2157	36.1751	36	35
部门 34	7.6075	25.7369	38	37
部门 35	11.7146	37.5943	34	34
部门 36	16.2485	60.0822	13	13
部门 37	6.0874	21.6972	40	39
部门 38	10.1580	35.2761	37	36
部门 39	4.9942	17.1353	41	40

续表

产品部门	间接排放系数/(立方米/万元)		间接排放系数排名	
	基于总产出	基于增加值	基于总产出	基于增加值
部门 40	14.4687	56.8162	24	17
部门 41	14.7863	55.0011	20	19
部门 42	11.1591	38.0206	35	33

从表 7-3 可知，第一产业即部门 1——农林牧渔产品和服务部门的废水间接排放系数较小，仅为 13.9640 立方米/万元，在所有产品部门中排名第 27 位。在生产活动中该部门通过部门之间的投入产出关系消耗其他部门的产品较少，导致其间接排放的废水也较少。但其废水直接排放系数较大，导致该部门的废水完全排放系数仍然较大。

第二产业各产品部门的废水间接排放系数普遍较大，平均为 18.5224 立方米/万元，在所有产业中最高。传统基础工业部门占据了废水间接排放系数排名的前 12 位，其废水间接排放系数处于 17～40 立方米/万元。其中部门 25——电力、热力的生产和供应部门的间接排放系数最大，达到了 39.1277 立方米/万元，主要是该部门在生产活动中通过部门之间投入产出关系消耗其他部门的产品较多，导致其间接排放的废水也较多。高科技工业部门和建筑业部门的废水间接排放系数相对较小，处于所有产品的中等水平。

第三产业各产品部门的废水间接排放系数普遍较小，平均仅为 10.3660 立方米/万元。部门 36——科学研究和技术服务，部门 31——住宿和餐饮，部门 41——文化、体育和娱乐，部门 30——交通运输、仓储和邮政，部门 40——卫生和社会工作 5 个产品部门的废水间接排放系数在本产业中相对较大，但也仅处于 14～17 立方米/万元。其他第三产业部门的废水间接排放系数均在 12 立方米/万元以下，处于所有产品部门的最后列。

2015 年河南省国民经济各产品部门的废水间接排放系数分布情况如图 7-5 所示。国民经济各产品部门的废水间接排放效应的不同，体现了各产品部门的废水完全排放系数与废水直接排放系数之间的绝对差异，也是导致各产品部门的废水完全排放系数与废水直接排放系数排名分布情况出现差异的原因。

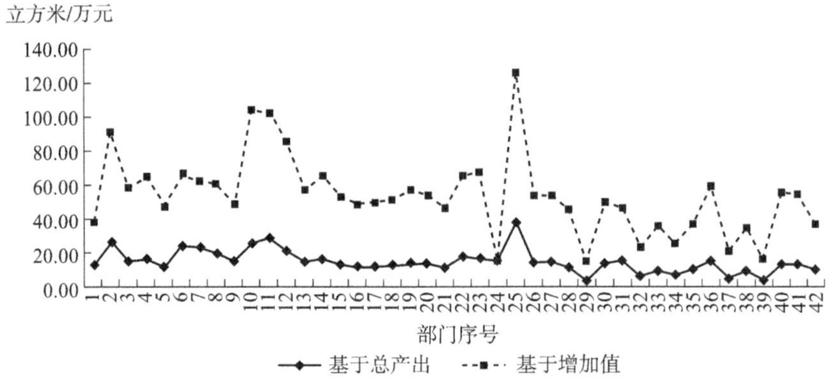

图 7-5　2015 年河南省国民经济各产品部门的废水间接排放系数分布情况

7.4　河南省废水排放乘数

为进一步衡量各产品部门废水排放对整个经济系统废水排放的拉动效应，可对国民经济各产品部门废水排放进行乘数效应分析。根据排放乘数分析方法，结合前期核算所得 2015 年河南省国民经济各产品部门的废水直接排放系数和完全排放系数，计算得到 2015 年河南省国民经济各产品部门的废水排放乘数，如表 7-4 所示。以下主要基于总产出数据对河南省废水排放乘数进行分析。

表 7-4　2015 年河南省国民经济各产品部门的废水排放乘数

产品部门	排放乘数		排放乘数排名	
	基于总产出	基于增加值	基于总产出	基于增加值
部门 1	1. 5543	1. 8699	37	38
部门 2	1. 5193	1. 5417	38	39
部门 3	8. 6541	5. 3180	20	25
部门 4	4. 6385	3. 4612	29	32
部门 5	16. 9192	22. 0620	11	8
部门 6	5. 4586	3. 5474	26	31
部门 7	7. 9594	4. 9309	21	27
部门 8	3. 9061	3. 0996	30	33
部门 9	31. 2919	23. 2616	5	7

续表

产品部门	排放乘数		排放乘数排名	
	基于总产出	基于增加值	基于总产出	基于增加值
部门 10	2. 4575	2. 2879	35	35
部门 11	6. 7545	4. 9866	22	26
部门 12	3. 3950	2. 8157	32	34
部门 13	19. 9893	15. 8251	8	14
部门 14	15. 6058	9. 0796	12	20
部门 15	39. 2891	30. 0853	3	3
部门 16	31. 3299	25. 9480	4	5
部门 17	43. 1113	33. 8330	2	2
部门 18	20. 9013	16. 2123	7	11
部门 19	79. 7921	58. 4689	1	1
部门 20	24. 5304	12. 8984	6	15
部门 21	17. 1954	16. 9842	10	10
部门 22	5. 2693	4. 5457	28	29
部门 23	9. 8538	7. 1352	18	21
部门 24	—	—	—	—
部门 25	11. 6814	9. 1949	15	19
部门 26	—	—	—	—
部门 27	—	—	—	—
部门 28	19. 5018	18. 3067	9	9
部门 29	10. 2870	24. 0045	17	6
部门 30	10. 3567	11. 2517	16	17
部门 31	5. 5556	6. 6650	24	24
部门 32	3. 5746	6. 9890	31	22
部门 33	3. 0042	4. 6146	33	28
部门 34	5. 6369	11. 0809	23	18
部门 35	5. 5163	6. 8974	25	23
部门 36	14. 0366	16. 0934	14	12
部门 37	1. 4016	2. 0351	39	37
部门 38	1. 6748	2. 1926	36	36
部门 39	5. 3289	11. 8998	27	16
部门 40	15. 2768	29. 7347	13	4

续表

产品部门	排放乘数		排放乘数排名	
	基于总产出	基于增加值	基于总产出	基于增加值
部门41	8.7424	15.9599	19	13
部门42	2.8870	4.2495	34	30

根据表7-4可知，2015年河南省国民经济各产品部门基于总产出的废水排放乘数排名分布情况，与各产品部门的废水直接排放系数、完全排放系数分布情况具有较大差别。排放乘数系数排名前10位的部门全部为第二产业产品部门：部门19——电气机械和器材，部门17——专用设备，部门15——金属制品，部门16——通用设备，部门9——木材加工品和家具，部门20——通信设备、计算机和其他电子设备，部门18——交通运输设备，部门13——非金属矿物制品，部门28——建筑，部门21——仪器仪表。从前期计算结果来看，这些部门的废水直接排放系数和完全排放系数都较低，在42个产品部门中排名均在20名以后。究其原因，一方面主要由于这些部门废水直接排放系数过低，另一方面也由于经济系统各部门之间的投入产出关联，导致这些部门在生产过程中需要消耗较多其他部门产品，进而间接排放一定废水，使这些部门在生产过程中对整个经济系统废水排放的拉动效应加大。

相反，一些废水直接排放系数、完全排放系数较大且排名靠前的部门，如部门2——煤炭采选产品，部门1——农林牧渔产品和服务，部门10——造纸印刷和文教体育用品，部门37——水利、环境和公共设施管理，部门12——化学产品，部门8——纺织服装鞋帽皮革羽绒及其制品，部门6——食品和烟草，部门11——石油、炼焦产品和核燃料加工品，部门7——纺织品等部门，其废水排放乘数却较小，主要原因是这些部门直接排放系数较大、间接排放系数增大幅度相对较小导致。2015年河南省国民经济各产品部门的废水排放乘数分布情况如图7-6所示。

排放乘数主要反映国民经济各产品部门的废水排放对整个经济系统水环境负面影响的相对拉动效应，直接排放系数和完全排放系数主要反映国民经济各产品部门的废水排放对整个经济系统的绝对负面影响，在研究各产品部门废水排放效应时，需要综合考虑上述各个指标。在分析各产品部门的废水排放对环境带来的负面效应时，应以完全排放系数为主要指标，直接排放系数和排放乘数为参考指标。

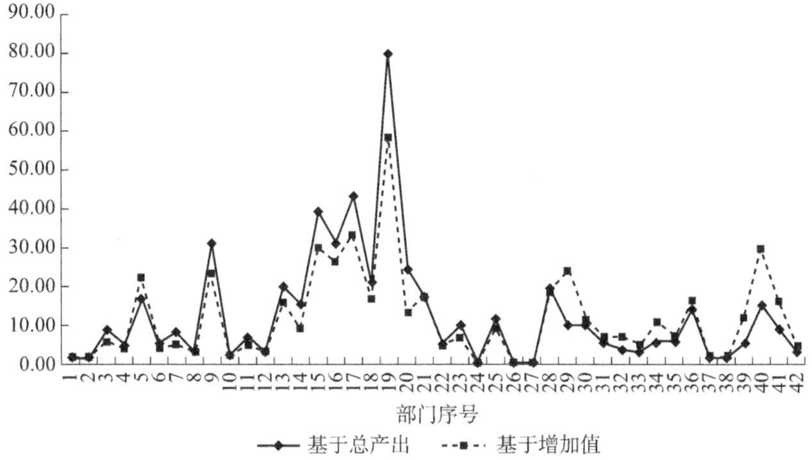

图 7-6　2015 年河南省国民经济各产品部门的废水排放乘数分布情况

7.5　河南省废水排放影响力

根据废水排放影响力系数的核算方法，结合前期有关核算数据，计算得到 2015 年河南省国民经济各产品部门废水排放影响力系数，如表 7-5 所示。以下主要基于总产出数据对河南省废水排放影响力系数情况进行分析。

表 7-5　2015 年河南省国民经济各产品部门废水排放影响力系数

产品部门	排放影响力系数		排放影响力系数排名	
	基于总产出	基于增加值	基于总产出	基于增加值
部门 1	1. 8855	1. 1639	4	10
部门 2	3. 9016	3. 6824	1	1
部门 3	0. 8566	1. 0157	17	14
部门 4	1. 0438	1. 2853	12	7
部门 5	0. 6519	0. 7052	33	31
部门 6	1. 5114	1. 3096	7	6
部门 7	1. 3319	1. 1045	9	12
部门 8	1. 3438	1. 2765	8	8
部门 9	0. 8073	0. 7160	20	30
部门 10	2. 1826	2. 6431	2	2

续表

产品部门	排放影响力系数		排放影响力系数排名	
	基于总产出	基于增加值	基于总产出	基于增加值
部门 11	1. 6600	1. 8226	5	5
部门 12	1. 5553	1. 9022	6	4
部门 13	0. 7922	0. 8632	22	17
部门 14	0. 8781	1. 0428	16	13
部门 15	0. 6970	0. 7859	30	22
部门 16	0. 6362	0. 7228	36	29
部门 17	0. 6425	0. 7283	34	28
部门 18	0. 6790	0. 7768	32	25
部门 19	0. 7158	0. 8250	28	21
部门 20	0. 7167	0. 8436	27	18
部门 21	0. 6207	0. 6973	38	33
部门 22	1. 1059	1. 1875	11	9
部门 23	0. 9522	1. 1180	15	11
部门 24	0. 6382	0. 6839	35	34
部门 25	2. 0606	2. 0218	3	3
部门 26	0. 6976	0. 7648	29	27
部门 27	0. 7591	0. 7680	24	26
部门 28	0. 6321	0. 6820	37	35
部门 29	0. 2358	0. 2138	42	42
部门 30	0. 7773	0. 7830	23	24
部门 31	0. 9532	0. 7848	14	23
部门 32	0. 4593	0. 3885	39	40
部门 33	0. 7374	0. 6493	26	36
部门 34	0. 4453	0. 3978	40	39
部门 35	0. 6890	0. 6182	31	37
部门 36	0. 8424	0. 9007	18	16
部门 37	1. 0231	0. 5998	13	38
部门 38	1. 2140	0. 9119	10	15
部门 39	0. 2960	0. 2630	41	41
部门 40	0. 7455	0. 8266	25	19

续表

产品部门	排放影响力系数		排放影响力系数排名	
	基于总产出	基于增加值	基于总产出	基于增加值
部门 41	0.8040	0.8250	21	20
部门 42	0.8221	0.6991	19	32

从表 7-5 可知，部门 2——煤炭采选产品，部门 10——造纸印刷和文教体育用品，部门 25——电力、热力的生产和供应，部门 1——农林牧渔产品和服务，部门 11——石油、炼焦产品和核燃料加工品，部门 12——化学产品，部门 6——食品和烟草，部门 8——纺织服装鞋帽皮革羽绒及其制品，部门 7——纺织品，部门 38——居民服务、修理和其他服务，部门 22——其他制造产品，部门 4——金属矿采选产品，部门 37——水利、环境和公共设施管理共 13 个产品部门的废水排放影响力系数大于 1，说明上述部门的废水排放对整个经济系统的影响高于社会平均水平，属于废水高排放部门。其中除部门 1——农林牧渔产品和服务部门外，有 10 个部门为第二产业部门、2 个部门为第三产业部门，说明第一、第二产业的废水排放效应整体较强。其他 29 个产品部门的废水排放影响力系数低于 1，说明其废水排放对整个经济系统的影响低于社会平均水平，属于废水低排放部门。其中，除部门 38——居民服务、修理和其他服务，部门 37——水利、环境和公共设施管理两个部门外，其他第三产业产品部门废水排放影响力系数均偏小，说明第三产业废水排放效应整体较弱。2015 年河南省国民经济各产品部门基于总产出的废水排放影响力系数分布情况如图 7-7 所示。

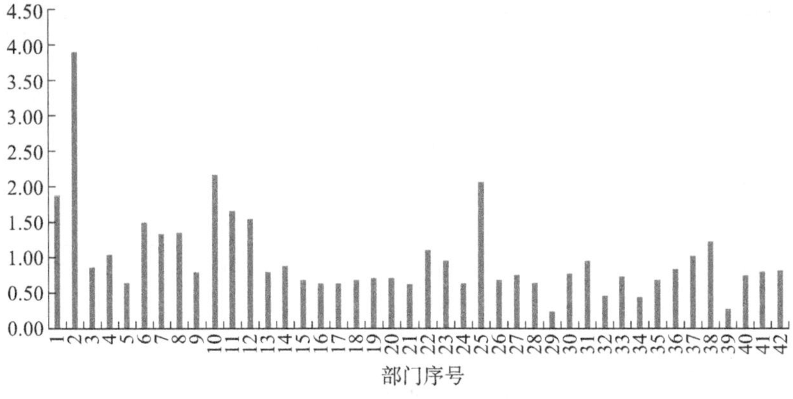

图 7-7　2015 年河南省国民经济各产品部门基于总产出的废水排放影响力系数分布情况

7.6 河南省废水相对排放乘数

根据废水相对排放乘数的核算方法，结合前期有关核算数据，计算得出2015年河南省国民经济各产品部门的废水相对排放乘数，如表7-6所示；各产品部门基于总产出的废水相对排放乘数分布情况如图7-8所示。

表7-6 2015年河南省国民经济各产品部门的废水相对排放乘数

产品部门	相对排放乘数		相对排放乘数排名	
	基于总产出	基于增加值	基于总产出	基于增加值
部门1	0.1153	0.1484	37	38
部门2	0.1127	0.1224	38	39
部门3	0.6418	0.4221	20	25
部门4	0.3440	0.2747	29	32
部门5	1.2548	1.7511	11	8
部门6	0.4048	0.2816	26	31
部门7	0.5903	0.3914	21	27
部门8	0.2897	0.2460	30	33
部门9	2.3208	1.8463	5	7
部门10	0.1823	0.1816	35	35
部门11	0.5010	0.3958	22	26
部门12	0.2518	0.2235	32	34
部门13	1.4826	1.2560	8	14
部门14	1.1574	0.7207	12	20
部门15	2.9140	2.3879	3	3
部门16	2.3236	2.0595	4	5
部门17	3.1974	2.6853	2	2
部门18	1.5502	1.2868	7	11
部门19	5.9180	4.6407	1	1
部门20	1.8193	1.0237	6	15
部门21	1.2753	1.3480	10	10
部门22	0.3908	0.3608	28	29
部门23	0.7308	0.5663	18	21

续表

产品部门	相对排放乘数		相对排放乘数排名	
	基于总产出	基于增加值	基于总产出	基于增加值
部门24	—	—	—	—
部门25	0.8664	0.7298	15	19
部门26	—	—	—	—
部门27	—	—	—	—
部门28	1.4464	1.4530	9	9
部门29	0.7630	1.9052	17	6
部门30	0.7681	0.8931	16	17
部门31	0.4120	0.5290	24	24
部门32	0.2651	0.5547	31	22
部门33	0.2228	0.3663	33	28
部门34	0.4181	0.8795	23	18
部门35	0.4091	0.5475	25	23
部门36	1.0411	1.2773	14	12
部门37	0.1040	0.1615	39	37
部门38	0.1242	0.1740	36	36
部门39	0.3952	0.9445	27	16
部门40	1.1330	2.3600	13	4
部门41	0.6484	1.2667	19	13
部门42	0.2141	0.3373	34	30

从2015年河南省国民经济各产品部门基于总产出的废水相对排放乘数来看，除部门24——金属制品、机械和设备修理服务，部门26——燃气生产和供应，部门27——水的生产和供应等3个产品部门暂不予考虑外，部门19——电气机械和器材，部门17——专用设备，部门15——金属制品，部门16——通用设备，部门9——木材加工品和家具，部门20——通信设备、计算机和其他电子设备，部门18——交通运输设备，部门5——非金属矿和其他矿采选产品，部门28——建筑，部门21——仪器仪表，部门13——非金属矿物制品，部门14——金属冶炼和压延加工品，部门40——卫生和社会工作，部门36——科学研究和技术服务共14个产品部门的废水相对排放乘数大于1，说明这些部门废水排放情况的变化对经济系统废水排放情况的变化潜在

贡献较大，这些部门的发展将会促进整个经济系统废水排放效应较快提升，可判定上述部门为潜在废水高排放部门；其他 25 个产品部门的废水相对用水乘数均小于 1，表明这些部门废水排放情况的变化对经济系统废水排放情况的变化潜在贡献较小，这些部门的发展不会推动整个经济系统废水排放效应较快提升，可判定这些部门为潜在废水低排放部门。

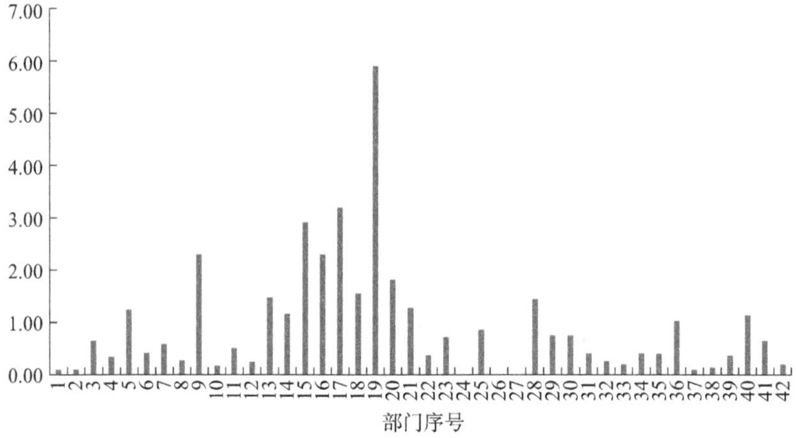

图 7-8　2015 年河南省国民经济各产品部门基于总产出的废水相对排放乘数分布情况

7.7　河南省废水排放效应整体分析

根据废水排放效应整体分析方法，结合以上关于 2015 年河南省废水排放效应的各类分析结果，可以对 2015 年河南省国民经济各产品部门的废水排放情况进行整体分析，具体如表 7-7、表 7-8、表 7-9 所示。

表 7-7　河南省废水高排放、潜在废水低排放产品部门

产品部门	废水排放程度	潜在废水排放程度
部门 1	废水高排放	潜在废水低排放
部门 2	废水高排放	潜在废水低排放
部门 4	废水高排放	潜在废水低排放
部门 6	废水高排放	潜在废水低排放
部门 7	废水高排放	潜在废水低排放

续表

产品部门	废水排放程度	潜在废水排放程度
部门 8	废水高排放	潜在废水低排放
部门 10	废水高排放	潜在废水低排放
部门 11	废水高排放	潜在废水低排放
部门 12	废水高排放	潜在废水低排放
部门 22	废水高排放	潜在废水低排放
部门 25	废水高排放	潜在废水低排放
部门 37	废水高排放	潜在废水低排放
部门 38	废水高排放	潜在废水低排放

从表 7-7 可知，部门 1——农林牧渔产品和服务，部门 2——煤炭采选产品等 10 个第二产业部门，部门 37——水利、环境和公共设施管理以及部门 38——居民服务、修理和其他服务 2 个第三产业部门，共计 13 个产品部门属于废水高排放产品部门，但从废水潜在排放程度上来说又属于潜在废水低排放产品部门，说明上述部门废水排放程度的变化虽然不会造成整个经济系统废水排放程度的较大变化，但在当前经济活动中上述 13 个产品部门的废水排放程度较高，对水环境造成的负面影响较大。从环境保护和可持续发展的角度来讲，应在上述部门满足当前经济系统基本需求的同时，加强对上述部门经济活动规模的控制，并应采取有效措施尽可能降低其废水排放程度。

表 7-8　河南省废水低排放、潜在废水高排放产品部门

产品部门	废水排放程度	潜在废水排放程度
部门 5	废水低排放	潜在废水高排放
部门 9	废水低排放	潜在废水高排放
部门 13	废水低排放	潜在废水高排放
部门 14	废水低排放	潜在废水高排放
部门 15	废水低排放	潜在废水高排放
部门 16	废水低排放	潜在废水高排放
部门 17	废水低排放	潜在废水高排放
部门 18	废水低排放	潜在废水高排放
部门 19	废水低排放	潜在废水高排放

续表

产品部门	废水排放程度	潜在废水排放程度
部门 20	废水低排放	潜在废水高排放
部门 21	废水低排放	潜在废水高排放
部门 28	废水低排放	潜在废水高排放
部门 36	废水低排放	潜在废水高排放
部门 40	废水低排放	潜在废水高排放

从表 7-8 可知，部门 5——非金属矿和其他矿采选产品等 12 个第二产业部门，部门 36——科学研究和技术服务，部门 40——卫生和社会工作 2 个第三产业部门，共计 14 个产品部门虽然属于废水低排放产品部门，但从废水潜在排放程度上来说属于潜在废水高排放产品部门，说明上述部门在当前经济活动中废水排放程度较低，对水环境造成的负面影响较小，但其废水排放程度的变化会造成整个经济系统废水排放程度的较大变化，应适当限制上述部门经济活动规模的扩展。

表 7-9　河南省废水低排放、潜在废水低排放产品部门

产品部门	废水排放程度	潜在废水排放程度
部门 3	废水低排放	潜在废水低排放
部门 23	废水低排放	潜在废水低排放
部门 29	废水低排放	潜在废水低排放
部门 30	废水低排放	潜在废水低排放
部门 31	废水低排放	潜在废水低排放
部门 32	废水低排放	潜在废水低排放
部门 33	废水低排放	潜在废水低排放
部门 34	废水低排放	潜在废水低排放
部门 35	废水低排放	潜在废水低排放
部门 39	废水低排放	潜在废水低排放
部门 41	废水低排放	潜在废水低排放
部门 42	废水低排放	潜在废水低排放

从表 7-9 可知，部门 3——石油和天然气开采产品和部门 23——废品废

料 2 个第二产业部门，部门 29——批发和零售等 10 个第三产业部门，共计 12 个产品部门既属于废水低排放产品部门，又从废水潜在排放程度上来说属于潜在废水低排放产品部门，说明上述部门在当前经济活动中的废水排放程度较低，对水环境造成的负面影响较小；且其废水排放程度的变化不会造成整个经济系统废水排放程度的较大变化，从可持续发展和环境保护的角度来说，应大力推进上述部门的发展。

同时，在上述 39 个产品部门之外，部门 24——金属制品、机械和设备修理服务，部门 26——燃气生产和供应，部门 27——水的生产和供应等 3 个产品部门的废水潜在用水程度无法测度，但上述 3 个产品部门属于废水低排放部门，且其废水直接排放系数均为 0，因此从可持续发展和环境保护的角度来说，也是可以鼓励发展的产品部门。

7.8　河南省水资源投入产出效应综合分析

至此，本书分别从投入效应、产出效应、废水排放效应等 3 种角度，对河南省国民经济 42 个产品部门的经济活动与水资源之间的关系进行了分析。把上述 3 种效应综合起来，就可对河南省国民经济 42 个产品部门涉水情况进行综合分析。基于前期 3 种效应的核算结果，可把河南省国民经济 42 个产品部门划分为以下几种类别：

7.8.1　低用水、高产出、低排放部门

该类别共包含 12 个产品部门，包括部门 3——石油和天然气开采产品等 11 个第二产业部门、1 个第三产业部门——部门 29——批发和零售，具体如表 7-10 所示。这 12 个部门不仅用水程度、废水排放程度均较低，且用水效益水平较高，属于高产出的“绿色”部门，可给予最优先发展。

表 7-10　河南省低用水、高产出、低排放部门

产品部门	用水程度	水资源产出水平	废水排放程度
部门 3	低用水	高产出	低排放
部门 5	低用水	高产出	低排放

续表

产品部门	用水程度	水资源产出水平	废水排放程度
部门 15	低用水	高产出	低排放
部门 16	低用水	高产出	低排放
部门 17	低用水	高产出	低排放
部门 18	低用水	高产出	低排放
部门 19	低用水	高产出	低排放
部门 20	低用水	高产出	低排放
部门 21	低用水	高产出	低排放
部门 24	低用水	高产出	低排放
部门 26	低用水	高产出	低排放
部门 29	低用水	高产出	低排放

7.8.2 低用水、低产出、低排放部门

该类别共包括 14 个产品部门，在所有部门中份额最重，包括部门 30——交通运输、仓储和邮政等 10 个第三产业部门，部门 13——非金属矿物制品等 3 个工业部门，部门 28——建筑，具体如表 7-11 所示。这 14 个产品部门虽然用水效益水平较低，但用水程度、废水排放程度也较低，可给予大力发展，努力提升其产出效益。

表 7-11　河南省低用水、低产出、低排放部门

产品部门	用水程度	水资源产出水平	废水排放程度
部门 13	低用水	低产出	低排放
部门 14	低用水	低产出	低排放
部门 23	低用水	低产出	低排放
部门 28	低用水	低产出	低排放
部门 30	低用水	低产出	低排放
部门 32	低用水	低产出	低排放
部门 33	低用水	低产出	低排放
部门 34	低用水	低产出	低排放
部门 35	低用水	低产出	低排放
部门 36	低用水	低产出	低排放

续表

产品部门	用水程度	水资源产出水平	废水排放程度
部门 39	低用水	低产出	低排放
部门 40	低用水	低产出	低排放
部门 41	低用水	低产出	低排放
部门 42	低用水	低产出	低排放

7.8.3　低用水、高产出、高排放部门

该类别仅包含 1 个产品部门：部门 4——金属矿采选产品，具体如表 7-12 所示。该部门用水程度较低，且用水效益水平较高，但废水排放程度较高，可重点提高其废水处理水平，控制其废水排放量，是可以适度发展的部门。

表 7-12　河南省低用水、高产出、高排放部门

产品部门	用水程度	水资源产出水平	废水排放程度
部门 4	低用水	高产出	高排放

7.8.4　低用水、低产出、高排放部门

该类别包括 2 个第二产业部门：部门 11——石油、炼焦产品和核燃料加工品，部门 12——化学产品；2 个第三产业部门：部门 37——水利、环境和公共设施管理，部门 38——居民服务、修理和其他服务，具体如表 7-13 所示。上述 4 个产品部门虽然用水程度较低，但废水排放程度较高且用水效益水平较低，基于上述部门的自身特点，用水效益水平提升空间不大，可重点提高其废水处理水平，控制其废水排放量。

表 7-13　河南省低用水、低产出、高排放部门

产品部门	用水程度	水资源产出水平	废水排放程度
部门 11	低用水	低产出	高排放
部门 12	低用水	低产出	高排放
部门 37	低用水	低产出	高排放
部门 38	低用水	低产出	高排放

7.8.5 高用水、高产出、低排放部门

该类别只包括1个第二产业产品部门：部门9——木材加工品和家具，该部门用水效益水平较高且废水排放程度较低，但用水程度较高，基于该部门生产特点，可考虑开发其他低耗水环保产品代替木材，作为家具制作的原材料，如表7-14所示。

表7-14 河南省高用水、高产出、低排放部门

产品部门	用水程度	水资源产出水平	废水排放程度
部门9	高用水	高产出	低排放

7.8.6 高用水、低产出、低排放部门

该类别包括两个产品部门：1个第二产业产品部门——部门27——水的生产和供应，1个第三产业产品部门——部门31——住宿和餐饮。上述两个部门废水排放程度较低，但用水程度较高、用水效益水平较低。针对部门27——水的生产和供应部门，可着重提高水处理技术水平，尽量降低水处理、输运过程中的水损耗；针对部门31——住宿和餐饮部门，可鼓励采用节水器具，控制行业用水总量，如表7-15所示。

表7-15 河南省高用水、低产出、低排放部门

产品部门	用水程度	水资源产出水平	废水排放程度
部门27	高用水	高产出	低排放
部门31	高用水	高产出	低排放

7.8.7 高用水、低产出、高排放部门

该类别共包含8个产品部门：部门2——煤炭采选产品等7个第二产业部门，部门1——农林牧渔产品和服务。上述8个产品部门用水程度、废水排放程度都较高，且用水效益水平较低，但上述部门都是为居民和其他产品部门提供基础产品的行业，应在其满足社会基本需求的同时，严格控制其发展规

模，如表 7-16 所示。

表 7-16 河南省高用水、低产出、高排放部门

产品部门	用水程度	水资源产出水平	废水排放程度
部门 1	高用水	低产出	高排放
部门 2	高用水	低产出	高排放
部门 6	高用水	低产出	高排放
部门 7	高用水	低产出	高排放
部门 8	高用水	低产出	高排放
部门 10	高用水	低产出	高排放
部门 12	高用水	低产出	高排放
部门 25	高用水	低产出	高排放

综上所述，基于水资源投入产出效应分析，可把河南省 42 个产品部门划分为 7 个类别，其中，第 1、2 类别共 26 个产品部门为低用水、低排放的“绿色部门”，多为高科技第二产业部门和第三产业部门，其经济活动对水资源、水环境影响较小，是可以全面大力发展的行业领域。第 7 类别共 8 个产品部门产出效益不高且对水资源、水环境影响较大，是需要全面限制发展的行业领域。第 3、4、5、6 类别共 8 个产品部门则介于前两者之间，对水资源、水资源造成的压力，可通过单方面改善用水程度或者废水排放程度予以控制，是可以适度发展的行业领域。

7.9 本章小结

本章利用前期设计的废水排放效应核算方法和编制的《2015 年河南省水资源投入产出表》，对 2015 年河南省国民经济各产品部门的废水排放效应进行了应用研究和全面分析。从核算结果来看，河南省废水直接排放系数较大的部门基本集中在农业、工业部门，第三产业废水直接排放系数较小；完全排放系数整体分布仍是农业与部分高科技工业部门偏高，第三产业及部分低消耗工业部门偏低，同时，第二、第三产业各产品部门之间的废水完全排放系数存在较大差别；废水直接排放系数较低的部门的排放乘数排名往往靠前，

废水直接排放系数、完全排放系数较大且排名靠前的部门，其废水排放乘数却较小。最后利用废水排放影响力系数、废水相对排放乘数对 2015 年河南省各产品部门的废水排放程度、潜在废水排放程度进行了整体分析。最终，综合水资源的投入效应、产出效应和废水排放效应，针对经济活动与水资源之间的关系，对河南省 42 个产品部门进行了水资源投入产出效应综合分析和部门类别的划分，分析结果可为政府调控、产业结构调整提供一定参考。

第8章

水资源优化配置方法及其应用

如前所述，水资源作为最重要的基础资源之一，在人类生产、生活中发挥着不可替代的重要作用。但水资源的属性决定了其有限性的特征，且人类对水资源的过度开发利用和污染的日益严重，使得可利用水资源不断减少。鉴于经济活动是影响水资源数量和质量的主要因素之一，除了采取必要的政府管控措施和技术改进手段外，在国民经济各产品部门之间对水资源进行优化配置，使水资源在整个经济系统中的综合效益达到最优，同样也是改善各地区水资源相对短缺的有效途径，对促进水资源、经济、社会、环境之间的协调可持续发展具有一定作用。本章即在前期对国民经济各产品部门用水、排水等方面进行投入产出效应分析的基础上，针对国民经济各产品部门的水资源优化配置进行研究，并以河南省为例进行应用分析。

8.1 水资源优化配置理论模型

8.1.1 水资源优化配置模型构建基础

根据第 1 章中对水资源优化配置研究文献的梳理，可知开展水资源优化配置一般采用线性规划、动态规划、非线性规划等方法。同时，基于可持续发展的要求，水资源的优化配置涉及经济效益、环境效益、社会效益等多方面的因素，不能单纯考虑某一方面的效益，3 个方面的综合效益达到最优才是最终目标，因此，国民经济各产品部门的水资源优化配置是一项多目标规划问题。结合前期关于水资源投入产出效应的各类分析结果，本书将主要利用线性多目标规划法对国民经济各产品部门的水资源优化配置进行研究。

在众多基于多目标线性规划法的水资源优化配置研究成果中，刘秀丽、陈锡康(2016)曾建立了相对完善的多目标线性规划模型。在该模型中，主要基于经济效益、社会效益、环境效益等 3 个方面的综合效益最大化为目标建立了目标函数和约束条件：

目标 1：经济效益。

$$\max f_1(x) = \sum_{j=1}^{n} x_j / a_{wj} \tag{8-1}$$

其中，x_j 为第 j 部门的配置用水量，a_{wj}为第 j 部门的增加值用水系数。

目标 2：社会效益。

$$\min f_2(x) = \sum_{j=1}^{n} (d_j - x_j) / d_j \times \beta_j \tag{8-2}$$

其中，d_j 为第 j 部门的实际用水量，β_j 为第 j 部门在整个社会中的重要性权重。

目标 3：环境效益。

$$\min f_3(x) = \sum_{j=1}^{n} x_j \times p_j \tag{8-3}$$

其中，p_j 为第 j 部门的废水排放率。

约束 1：供水能力约束。

$$\sum_{j=1}^{n} x_j \leqslant W \tag{8-4}$$

其中，W 为区域可供水量。

约束 2：需水约束。

$$\mathrm{d}l_j \leqslant x_j \leqslant \mathrm{d}h_j \tag{8-5}$$

其中，$\mathrm{d}h_j$、$\mathrm{d}l_j$ 分别为第 j 部门需水量的上下限。

约束 3：非负约束。

$$x_j \geqslant 0 \tag{8-6}$$

上述模型体现了可持续发展的要求，其中经济效益目标函数体现了区域供水的经济效益最大化，环境效益目标函数体现了水资源利用中废水排放量达到最小化，社会效益目标函数体现了区域内的缺水程度最小化。但在该模型中，只是采用了国民经济各产品部门的增加值直接用水系数和废水直接排放率，未能体现国民经济各产品部门的完全用水效应、完全产出效应和完全排放效应，且未对废水排放总量进行约束。本书将结合前期水资源投入产出效应分析情况，针对上述问题对水资源优化配置模型进行一些改进。

8.1.2　水资源优化配置目标函数

1. 水资源经济效益目标函数

水资源经济效益要达到最大化，就要保证国民经济各产品部门的水资源产出效益加总之后达到最大值。根据本书的前期研究，国民经济各产品部门的水资源产出效益可以用直接产出系数、完全产出系数、间接产出系数、产出乘数等指标进行衡量，但各个指标的测度范围与角度不同。如前分析，水资源完全产出系数是考察某产品部门水资源利用对整个经济系统效益贡献的理想指标，因此，本书选择完全产出系数作为计算国民经济各产品部门水资源产出效益的参考指标。国民经济各产品部门的水资源产出效益可以依据当年分配给该部门的水资源量与该部门水资源完全产出系数的乘积进行计算。同时，鉴于增加值是衡量一个国家、地区经济发展水平、速度、规模的最理想指标，计算模型中采用国民经济各产品部门基于增加值的水资源完全产出系数。区域水资源经济效益目标函数可以建立如下：

$$\max f_1(W_d) = \sum_{j=1}^{n} (W_d)_j \times (b_{owg})_j \tag{8-7}$$

式(8-7)中，$f_1(W_d)$表示区域水资源经济效益函数，$(W_d)_j$ 表示国民经济第 j 产品部门的配置用水量，$(b_{owx})_j$ 表示国民经济第 j 部门基于增加值的完全产出系数。

2. 水资源环境效益目标函数

水资源环境效益要达到最大化，就要保证国民经济运行中各产品部门的废水排放对环境的负面影响达到最低。基于前期研究，国民经济各产品部门的废水排放效应可以通过计算其废水直接排放系数、完全排放系数、间接排放系数、排放乘数等指标进行测度。基于总产出的废水完全排放系数反映了国民经济各产品部门在生产过程中排放废水对环境造成的完全影响，是衡量国民经济各产品部门废水排放对环境影响的最理想指标。国民经济各产品部门水资源环境效应之和即为区域水资源整体环境效益，即计算国民经济各产品部门完全排放的废水量之和并将其作为衡量区域水资源整体环境效益的标准。因此，可以建立区域水资源环境效益目标函数如下：

$$\min f_2(W_d)=\sum_{j=1}^{n}(W_d)_j\times[(b_{px})_j/(b_{wx})_j] \tag{8-8}$$

式(8-8)中，$f_2(W_d)$表示区域水资源环境效益函数，$(W_d)_j$表示国民经济第j产品部门的配置用水量，$(b_{px})_j$表示国民经济第j部门基于总产出的废水完全排放系数，$(b_{wx})_j$表示国民经济第j部门基于总产出的完全用水系数。根据水资源投入产出分析的技术假定，完全用水系数与废水完全排放系数在短期内不会改变，二者比例也相应稳定。

3. 水资源社会效益

社会效益是一个相对复杂的研究领域，不易建立量化考察指标。如果局限于考察水资源在经济运行中的社会效益，可以用国民经济各产品部门的缺水程度来反映。缺水程度会在一定程度上直接影响社会的稳定和发展：缺水程度越高，水资源社会效益越低；缺水程度越低，水资源社会效益越好。因此，要保障区域水资源社会效益的最大化，就要尽量使区域水资源缺水程度最小化。

国民经济各产品部门的缺水程度可以用该部门实际用水量与配置水资源量之间的差距占本部门实际用水量的比重来衡量，用相对数表示可以有效消除各部门之间水资源使用量的绝对差别对结果的影响。基于上述思路，区域水资源社会效益采用下列函数表示：

$$\min f_3(w_d)=\sum_{j=1}^{n}\frac{W_j-(W_d)_j}{W_j} \tag{8-9}$$

式(8-9)中$f_3(w_d)$表示区域水资源社会效益函数，W_j代表国民经济第j部门的实际用水量，$(W_d)_j$代表国民经济第j部门的配置水资源量。

8.1.3 水资源优化配置约束条件

对国民经济各产品部门的水资源进行优化配置，不仅要基于不同角度建立目标函数，也要对相关变量进行约束，建立相应约束条件。

1. 区域供水约束

基于水资源禀赋有限，区域经济系统年度总供水量也必然有限，即

$$\sum_{j=1}^{n}(W_d)_j\leqslant W_s \tag{8-10}$$

式(8-10)中，$(W_d)_j$ 表示国民经济各产品部门的配置水资源量，W_s 为区域经济系统总供水量。

2. 废水排放量约束

为尽可能减少国民经济各产品部门因经济活动产生的废水对环境的负面影响，国民经济各产品部门的废水排放总量不应超过区域允许的废水排放控制量，即

$$\sum_{j=1}^{n}(W_d)_j \times [(a_{px})_j / (a_{wx})_j] \leqslant P_s \tag{8-11}$$

式(8-11)中，$(W_d)_j$ 表示国民经济第 j 产品部门的配置用水量，$(a_{px})_j$ 表示国民经济第 j 部门基于总产出的废水直接排放系数，$(a_{wx})_j$ 表示国民经济第 j 部门基于总产出的直接用水系数，P_s 为区域经济系统可允许最多排放的废水总量。

3. 产品部门需水约束

为维持国民经济各产品部门的基本需要，配置给国民经济各产品部门水资源量一般应处于一定的范围，即

$$(W_{dl})_j \leqslant (W_d)_j \leqslant (W_{dh})_j \tag{8-12}$$

式(8-12)中，$(W_d)_j$ 表示国民经济第 j 部门的配置水资源量，$(W_{dl})_j$ 表示国民经济第 j 部门的需水下限，$(W_{dh})_j$ 表示国民经济第 j 部门的需水上限。

4. 非负约束

国民经济各产品部门的配置用水量不可能存在负值，因此需要对其进行非负约束：

$$(W_d)_j \geqslant 0 \tag{8-13}$$

8.1.4　水资源优化配置模型初步构建

基于上述水资源优化配置各类目标函数与约束条件，可以初步建立国民经济各产品部门的水资源优化配置模型，如下：

目标函数：

$$\begin{cases} \max f_1(W_d) = \sum_{j=1}^{n} (W_d)_j \times (b_{owg})_j \\ \min f_2(W_d) = \sum_{j=1}^{n} (W_d)_j \times [(b_{px})_j/(b_{wx})_j] \\ \min f_3(W_d) = \sum_{j=1}^{n} \frac{(W_j - (W_d)_j}{W_j} \end{cases} \tag{8-14}$$

$$\begin{cases} \sum_{j=1}^{n} (W_d)_j \leqslant W_s \\ \sum_{j=1}^{n} (W_d)_j \times [(a_{px})_j/(a_{wx})_j] \leqslant P_s \\ (W_{dl})_j \leqslant (W_d)_j \leqslant (W_{dh})_j \\ (W_d)_j \geqslant 0 \end{cases} \tag{8-15}$$

8.1.5 水资源优化配置模型求解方法

在前期构建的水资源优化配置初建模型基础上，本书通过编写相应的计算程序，应用专业软件对模型进行求解。在利用专业软件对多目标规划模型进行求解时，可以采用多种方法，如理想点法、平方和加权法、虚拟目标法、线性加权和法、最小最大法、乘除法、优先级法等，结合实际情况，本书拟采用线性加权和法进行求解。基于线性加权和法计算多目标规划模型的思路，首先需要根据各个目标的重要性确定每个目标的权重，然后把目标函数的加权值作为评价函数，最后求解评价函数的最优值。基本步骤如下：

第一步：确定各个目标的权重系数，即

$$0 \leqslant \lambda_i \leqslant 1,\ i = 1,\ 2,\ \cdots,\ n;\ \sum_{i=1}^{n} \lambda_i = 1 \tag{8-16}$$

其中，λ_i 为第 i 个目标的权重系数。

第二步，写出评价函数，即

$$h(F) = \sum_{i=1}^{n} \lambda_i f_i \tag{8-17}$$

其中，f_i 为优化配置模型中的各个目标函数。

第三步，编写程序，运行专业软件，求解评价函数的最优值，即

$$\max_{x \in S}(\min) h(F) \tag{8-18}$$

其中，x 为决策向量；S 为可行解集合。求解评价函数时，根据实际情况确定采用目标最大值 max 还是目标最小值 min。

8.1.6　水资源优化配置模型最终构建

水资源优化配置初建模型具有 3 个目标函数，属于多目标规划模型，在利用专业软件采用线性加权和法进行计算时，需要把模型的多目标问题转化为单目标问题。

首先，鉴于各个目标函数对应的经济效益、环境效益、社会效益等各个方面的重要程度是一致的，模型求解过程中应给予每个目标函数一样的权重系数。

其次，考虑到水资源优化配置模型中的第 1 个目标函数属于求解目标最大化，第 2、第 3 个目标函数属于求解目标最小化，可用第 1 个目标函数减去第 2 个和第 3 个目标函数，即可以把模型的多目标问题转化为单目标问题。

再次，由于 3 个目标函数求解结果分别对应经济价值、废水量和缺水程度相对数，从现实意义角度出发，无法进行直接加减，因此需要对 3 个目标函数进一步完善，结果如下：

$$\begin{cases} \max f_1(W_d) = \dfrac{\sum\limits_{j=1}^{n} (W_d)_j \times (b_{owg})_j}{G} \\ \min f_2(W_d) = \dfrac{\sum\limits_{j=1}^{n} (W_d)_j \times [(b_{px})_j / (b_{wx})_j]}{P} \\ \min f_3(W_d) = \sum\limits_{j=1}^{n} \dfrac{(W_d)_j - W_j}{W_j} \end{cases} \tag{8-19}$$

式(8-19)中，G 代表国民经济各产品部门的增加值总额，P 代表国民经济各产品部门的废水排放量总额。

经过改进，3 个目标函数的求解结果均为相对数，模型中的多目标函数就可以转化为单目标函数，如下：

$$\max f(W_d)=\frac{\sum_{j=1}^{n}(W_d)_j\times(b_{owg})_j}{G}-\frac{\sum_{j=1}^{n}(W_d)_j\times[(b_{px})_j/(b_{wx})_j]}{P}-\sum_{j=1}^{n}\frac{W_j-(W_d)_j}{W_j} \tag{8-20}$$

最后，如果利用专业软件直接求解上述目标函数，则又会由于各个目标函数最优化值的数量级问题使得软件无法有效运行，从而得不到决策变量的有效解。因此，可以基于约束条件，先分别只对各单目标函数进行求解，依据求解目标值，得到各个目标值的数量级 α、β、γ，对合并后的单目标函数给予相应处理，使各个目标函数数量级处于同一水平。目标函数最终改进如下：

$$\max f(W_d)=\alpha\frac{\sum_{j=1}^{n}(W_d)_j\times(b_{owg})_j}{G}-\beta\frac{\sum_{j=1}^{n}(W_d)_j\times[(b_{px})_j/(b_{wx})_j]}{P}-\gamma\sum_{j=1}^{n}\frac{W_j-(W_d)_j}{W_j} \tag{8-21}$$

约束条件仍为

$$\begin{cases}\sum_{j=1}^{n}(W_d)_j\leqslant W_s\\ \sum_{j=1}^{n}(W_d)_j\times[(a_{px})_j/(a_{wx})_j]\leqslant P_s\\ (W_{dl})_j\leqslant(W_d)_j\leqslant(W_{dh})_j\\ (W_d)_j\geqslant 0\end{cases} \tag{8-22}$$

8.2 河南省水资源优化配置必要性分析

对河南省水资源优化配置必要性的分析，主要是从河南省用水投入强度、废水排放强度两个方面进行测度。分析中涉及的生产总值、用水量、废水排放量等数据分别来源于《中国统计年鉴》《中国环境统计年鉴》《中国环境年鉴》《河南统计年鉴》等资料，数据时间区间为2005—2015年，其中地区生产总值以2005年价格进行衡量，省级数据对比中采用除西藏、香港、澳门、台湾等地区之外的 30 个省级单元的有关数据。依据上述数据，可得到河南省 2005—2015 年用水投入强度和废水排放强度（见图 8-1），以及 2015 年用水投入强度和废水排放强度的省级对比情况（见图 8-2、图 8-3）。

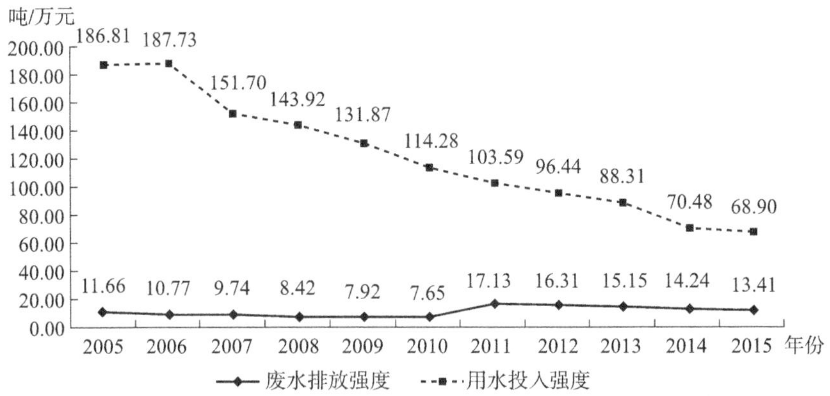

图 8-1　河南省 2005—2015 年用水投入强度与废水排放强度

从图 8-1 可知，2005 年，河南省的用水投入强度和废水排放强度分别为 186.81 吨/万元、11.66 吨/万元，意味着河南省每增加 1 万元生产总值需要使用 186.81 吨水并排放 11.6 吨废水。值得关注的是，从 2005 年到 2015 年，河南省的用水投入强度呈现出明显的下降趋势，年均增长率为-9.493%，说明在样本期内河南省在生产用水方面取得了较大的改善；与用水投入强度相反，河南省废水排放强度在样本期内并没有明显的改善，年增长率为 1.40%。具体来看，废水排放强度在 2005—2010 年有一定程度的下降，在 2010 年排放强度却有一个大幅的跳动，但是在 2011 年之后废水排放强度又有一定程度的下降。总体来看，河南省的水资源使用状况在 2005—2015 年有一定的改善，且慢慢趋于稳定。

从图 8-2 可知，河南省 2015 年用水投入强度为 68.90 吨/万元，意味着每增加 1 万元国内生产总值需要投入 68.90 吨水资源。河南省用水投入强度在全国的排名为第 20 位，相当于用水投入强度最低的天津的 4.14 倍，但低于全国平均用水投入强度 31.39%。整体来看，河南省 2015 年用水投入强度处于全国层面的中间位置，依然存在一定改善空间。

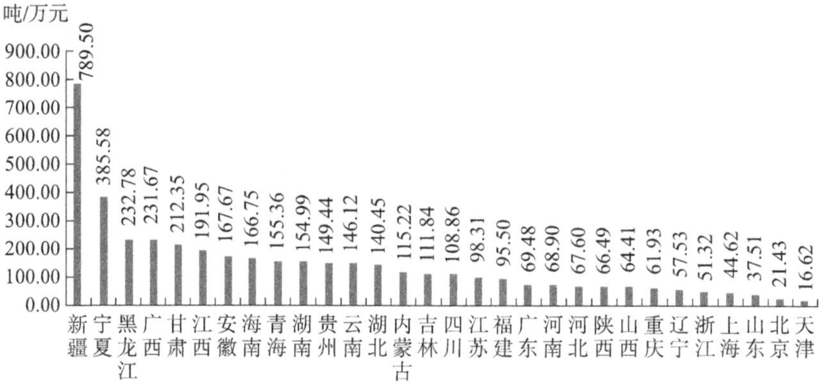

图 8-2　河南省 2015 年用水投入强度的省级对比情况

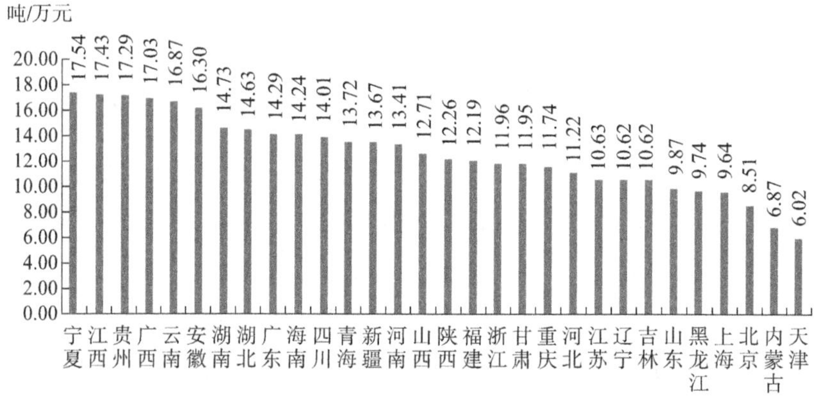

图 8-3　河南省 2015 年废水排放强度的省级对比情况

从图 8-3 可知，河南省 2015 年废水排放强度为 13. 41 吨/万元，即河南省每增加 1 万元国内生产总值，废水排放总量为 13. 41 吨；河南省废水排放强度在全国排名为第 14 位，高于全国平均水平的 10. 37%，处于全国层面的中间位置，说明河南省在保证经济快速发展的同时，应适当提升废水处理能力。

综上所述，从纵向来看，河南省在用水投入强度和废水排放强度控制方面均取得了一定效果；尤其是从经济发展来看，河南省在 2005—2015 年，经济总量有了较大的提升，产业结构中工业占比不断攀升，对用水投入和废水排放的控制难度不断加大，取得目前成绩实属不易。但从横向对比来看，河南省在用水投入和废水排放方面仍有一定改善空间。目前，河南省对用水总体额度和废水排放总体额度已经采取了严格的管控措施，同时通过改进技术手段以提升节水空间和废水排放空间。在此基础上，我们还可以通过在河南省国民经济各产品部门之间进行水资源优化配置，进一步提升水资源投入效率和废水排放效率，使水资源在整个经济系统中的综合效益达到最优。

8.3　河南省水资源优化配置部门范围界定

根据国民经济各产品部门的用水和排水特点，结合上述水资源优化配置模型涉及数据的可得性，本书针对水资源的优化配置，暂不列入第一产业、第三产业各产品部门，只针对第二产业共 27 个产品部门进行分析，主要基于以下原因：

第一产业用水来源较为分散，主要包括自然降水、地表水和地下水等形式。降水是第一产业用水的基本来源，受自然条件影响较大，在空间和时间维度上都存在不均衡性，呈现较强的不稳定性。地表水主要指江河湖泊径流，通过修建水利基础设施为第一产业提供用水，是自然降水不足地区第一产业用水的主要力量。地下水是第一产业用水的另一种来源，在降水和地表水来源不足时适度利用，一般情况下不轻易开采深层地下水，以合理开采浅水层地下水为主。同时，第一产业以农田径流、饲养场污水、农产品加工污水等形式排放污水，其中农田径流是指雨水或灌溉水流过农田表面后排出的水流，是农业污水的主要来源。从第一产业用水与废水排放的构成来看，都具有数量大、影响广、不易测度的特点。因此，在开展河南省水资源优化配置中，暂不列入第一产业部门。

第三产业主要包括各类服务型产品部门，承担着大量的公务服务职能，不宜单纯从经济效益角度考察水资源在本部门中的贡献程度，且部分数据不易获得。同时，从水资源投入产出效应分析结果来看，第三产业各产品部门用水量普遍较小，用水效率普遍较高，废水排放程度普遍较低，给环境带来的负面影响较小，绝大多数第三产业产品部门处于鼓励大力发展的类别。因此，在开展水资源优化配置中，暂不列入第三产业部门。

第二产业是推动经济发展的核心力量，在整个经济系统中具有举足轻重的作用。从水资源投入产出效应分析结果来看，第二产业各产品部门用水量较大，用水效率偏低，废水排放程度较高，对环境造成的负面影响最大。同时，第二产业各产品部门用水来源和废水排放均较为集中、易于控制，有关数据统计较为便捷、准确。因此，重点对第二产业各产品部门开展水资源优化配置，具有较强的可操作性，同时具有一定的现实意义。

8.4 河南省水资源优化配置模型参数设定

根据前期水资源投入产出效应分析结果，确定模型中的基于增加值的完全产出系数、基于总产出的完全用水系数、基于总产出的废水完全排放系数等数据。根据严格水资源管理的有关精神，假定第二产业各产品部门配置的用水总量不超过实际用水总量，优化配置后的第二产业各产品部门废水排放总量不超过实际废水排放总量。对第二产业各产品部门进行优化配置后，各产品部门的优化配置用水量与实际用水量不宜相差太大，以保障各产品部门的用水水平，设定各产品部门的配置用水量与实际用水量的相对缺水率不超过1%，以限定各产品部门的配置用水量上限和下限。根据上述原则，有关参数设定如下：

$(b_{owg})_j$：第二产业各产品部门基于增加值的完全产出系数，采用第6章核算结果。

$(b_{px})_j$：第二产业各产品部门基于总产出的完全排放系数，采用第7章核算结果。

$(b_{wx})_j$：第二产业各产品部门基于总产出的完全用水系数，采用第5章核算结果。

$(a_{px})_j$：第二产业各产品部门基于总产出的直接排放系数，采用第7章核算结果。

$(a_{wx})_j$：第二产业各产品部门基于总产出的直接用水系数，采用第5章核算结果。

W_j：第二产业各产品部门的实际用水量，采用第5章核算结果。

G：第二产业各产品部门的增加值总额，达176886555.86万元。

P：第二产业各产品部门的实际废水排放量总额，达358402.37万立方米。

W_s：第二产业总供水量，取值为第二产业实际用水量总额，达544107.89万立方米。

P_s：第二产业允许排放的废水总量，取值为第二产业实际废水排放量总额，达358402.37万立方米。

$(w_{dl})_j$：第二产业各产品部门的配置用水量下限，为$0.99\times W_j$。

$(w_{dh})_j$：第二产业各产品部门的配置用水量上限，为$1.01\times W_j$。

α：鉴于第1个单目标函数单独求解目标值为0.1856601E-02，确定α为10^2。

β：鉴于第2个单目标函数单独求解目标值为0.7623183，确定β为1。

γ：鉴于第3个单目标函数单独求解目标值为0.2174254，确定γ为1。

W_d：第二产业各产品部门的配置用水量，即为水资源优化配置模型求解值。

8.5　河南省水资源优化配置结果与分析

8.5.1　优化配置结果

依据上述水资源优化配置构建模型、求解方法、设定的各类参数，进行相应专业程序文件编写，输入专业软件运行后，计算结果如表8-1所示。

表8-1　2015年河南省第二产业产品部门水资源优化配置结果

产品部门	配置用水量(万立方米)	产品部门	配置用水量(万立方米)
部门2	47701.57	部门16	1698.93
部门3	2520.28	部门17	1787.39
部门4	11313.75	部门18	3270.41
部门5	727.43	部门19	825.31
部门6	69679.25	部门20	3332.82
部门7	11335.52	部门21	316.66

续表

产品部门	配置用水量(万立方米)	产品部门	配置用水量(万立方米)
部门 8	21404. 32	部门 22	713. 30
部门 9	1064. 49	部门 23	240. 75
部门 10	46601. 84	部门 24	3. 56
部门 11	9300. 97	部门 25	120848. 81
部门 12	105757. 03	部门 26	33. 85
部门 13	13896. 05	部门 27	9933. 86
部门 14	39755. 08	部门 28	19197. 97
部门 15	846. 70		

从表 8-1 可知，河南省第二产业配置用水总量与实际用水总量保持不变，均为 544107. 89 万立方米，但各产品部门的配置用水量相对实际用水量变化程度有所不同。

从河南省第二产业产品部门水资源优化配置计算结果来看，部门 2——煤炭采选产品，部门 12——化学产品，部门 25——电力、热力的生产和供应等 3 个产品部门的配置用水量相比实际用水量有所降低，降低幅度如表 8-2 所示；其余 24 个产品部门的配置用水量相比实际用水量有所增加，增幅情况如表 8-3 所示。配置结果与前期水资源投入产出效应分析结果具有紧密联系。

表 8-2　配置用水量小于实际用水量的产品部门

产品部门	配置用水量(万立方米)	实际用水量(万立方米)	减少量(万立方米)
部门 2	47701. 57	48183. 40	481. 83
部门 12	105757. 03	106825. 29	1068. 25
部门 25	120848. 81	121654. 46	805. 65

表 8-3　配置用水量大于实际用水量的产品部门

产品部门	配置用水量(万立方米)	实际用水量(万立方米)	增加量(万立方米)
部门 3	2520. 28	2495. 33	24. 95
部门 4	11313. 75	11201. 74	112. 02
部门 5	727. 43	720. 22	7. 20
部门 6	69679. 25	69304. 92	374. 34

续表

产品部门	配置用水量（万立方米）	实际用水量（万立方米）	增加量（万立方米）
部门 7	11335.52	11223.28	112.23
部门 8	21404.32	21192.40	211.92
部门 9	1064.49	1053.95	10.54
部门 10	46601.84	46140.43	461.40
部门 11	9300.97	9208.88	92.09
部门 13	13896.05	13758.47	137.58
部门 14	39755.08	39361.46	393.61
部门 15	846.70	838.32	8.38
部门 16	1698.93	1682.10	16.82
部门 17	1787.39	1769.69	17.70
部门 18	3270.41	3238.03	32.38
部门 19	825.31	817.14	8.17
部门 20	3332.82	3299.83	33.00
部门 21	316.66	313.52	3.14
部门 22	713.30	706.24	7.06
部门 23	240.75	238.37	2.38
部门 24	3.56	3.52	0.04
部门 26	33.85	33.51	0.34
部门 27	9933.86	9835.50	98.35
部门 28	19197.97	19007.89	190.08

根据前期水资源投入产出效应分析结果，部门 2——煤炭采选产品的实际用水量为 48183.40 万立方米，在河南省所有产品部门中排名第 5 位。直接用水系数为 33.0557 立方米/万元，排名第 4 位；完全用水系数为 68.5679 立方米/万元，排名第 9 位。直接产出系数为 0.0095 万元/立方米，排名第 39 位；完全产出系数为 0.5858 万元/立方米，排名第 27 位。直接排放系数为 53.3294 立方米/万元，排名第 1 位；完全排放系数为 81.0233，排名第 1 位。根据水资源投入产出效应综合评价结果，该部门属于高用水、低产出、高排放部门。

根据前期水资源投入产出效应分析结果，部门12——化学产品的实际用水量为106825.29万立方米，排名第3位。直接用水系数为13.0329立方米/万元，排名第9位；完全用水系数为63.4090立方米/万元，排名第11位。直接产出系数为0.0152万元/立方米，排名第36位；完全产出系数为0.6025万元/立方米，排名第26位。直接排放系数为9.5137立方米/万元，排名第6位；完全排放系数为32.2990立方米/万元，排名第6位。根据水资源投入产出效应综合评价结果，该部门属于高用水、低产出、高排放部门。

根据前期水资源投入产出效应分析结果，部门25——电力、热力的生产和供应的实际用水量为121654.46万立方米，排名第2位。直接用水系数为43.4971立方米/万元，排名第3位；完全用水系数为92.6444立方米/万元，排名第5位。直接产出系数为0.0054万元/立方米，排名第40位；完全产出系数为0.6238万元/立方米，排名第25位。直接排放系数为3.6632立方米/万元，排名第14位；完全排放系数为42.7909立方米/万元，排名第3位。根据水资源投入产出效应综合评价结果，该部门属于高用水、低产出、高排放部门。

从以上分析来看，部门2——煤炭采选产品，部门12——化学产品，部门25——电力、热力的生产和供应3个产品部门在水资源投入产出效应综合表现方面不容乐观，不仅用水量非常大，而且用水系数极高，产出效益极低，废水排放程度极高，均为高用水、低产出、高排放部门，在建议控制发展的部门行列，从而导致其配置用水量相比实际用水量有所减少。

总体来看，河南省第二产业各产品部门的水资源优化配置结果与水资源投入产出效应分析结果基本吻合，为提高水资源利用综合效益，应适当减少对高用水、低产出、高排放产品部门用水的供给，适当增加对低用水、高产出、低排放产品部门用水的供给。

8.5.2 优化配置效益分析

基于河南省第二产业各产品部门水资源优化配置结果，结合各产品部门的水资源直接产出系数、完全产出系数、废水直接排放率，可以核算出第二产业各产品部门配置用水的直接产出效益、完全产出效益和废水排放量，分别如表8-4、表8-5、表8-6所示。

从河南省第二产业产品部门水资源优化配置效益分析结果来看，通过水资源优化配置，第二产业水资源直接产出效益可增加 112.9818 万元，水资源完全产出效益可增加 90.1766 万元，且废水排放总量没有增加。一方面，说明在第二产业配置用水总量与实际用水总量保持不变、配置后废水排放总量与实际废水排放总量保持不变的情况下，通过水资源优化配置，水资源产出效益得到了一定提升，水资源用水投入强度相应得到一定控制；另一方面，分析结果也从侧面说明，近些年河南省在产业结构优化调整方面取得了一定成效，应更加注重加强政府对用水的宏观管控，提升各产品部门的节水、废水处理技术手段，从而对水资源用水投入效率和废水排放效率进行更加有效地控制。

表 8-4　2015 年河南省第二产业各产品部门水资源优化配置直接产出效益分析

产品部门	配置用水直接产出(万元)	实际用水直接产出(万元)
部门 2	453.0221	457.5981
部门 3	28.5394	28.2568
部门 4	328.2063	324.9568
部门 5	203.8216	201.8036
部门 6	2493.2766	2479.8820
部门 7	578.7077	572.9779
部门 8	695.2705	688.3867
部门 9	457.7521	453.2199
部门 10	593.7802	587.9012
部门 11	210.8231	208.7357
部门 12	1606.7058	1622.9352
部门 13	1939.2480	1920.0475
部门 14	1281.2292	1268.5438
部门 15	429.1692	424.9200
部门 16	721.1138	713.9741
部门 17	762.5957	755.0452
部门 18	784.8282	777.0576
部门 19	608.8718	602.8434
部门 20	508.7972	503.7596
部门 21	105.8803	104.8320

续表

产品部门	配置用水直接产出(万元)	实际用水直接产出(万元)
部门 22	45. 2754	44. 8271
部门 23	25. 5896	25. 3362
部门 24	14. 2878	14. 1463
部门 25	650. 7922	655. 1308
部门 26	67. 7229	67. 0524
部门 27	32. 5581	32. 2357
部门 28	2173. 7725	2152. 2500
合计	17801. 6374	17688. 6556

表 8-5　2015 年河南省第二产业各产品部门水资源优化配置完全产出效益分析

产品部门	配置用水完全产出(万元)	实际用水完全产出(万元)
部门 2	27945. 0191	28227. 2920
部门 3	3248. 6691	3216. 5041
部门 4	10806. 5110	10699. 5159
部门 5	688. 1461	681. 3327
部门 6	24714. 8015	24582. 0268
部门 7	4713. 2906	4666. 6244
部门 8	9423. 8785	9330. 5728
部门 9	1202. 1340	1190. 2317
部门 10	25006. 1452	24758. 5596
部门 11	6335. 7498	6273. 0196
部门 12	63723. 2134	64366. 8822
部门 13	11695. 5469	11579. 7494
部门 14	32999. 0500	32672. 3268
部门 15	1120. 2572	1109. 1656
部门 16	2135. 0641	2113. 9249
部门 17	2304. 2895	2281. 4747
部门 18	3502. 1820	3467. 5069
部门 19	1326. 0609	1312. 9316
部门 20	3569. 8284	3534. 4835

续表

产品部门	配置用水完全产出(万元)	实际用水完全产出(万元)
部门 21	352. 0971	348. 6109
部门 22	476. 8109	472. 0900
部门 23	214. 4596	212. 3363
部门 24	16. 0727	15. 9135
部门 25	75380. 2022	75882. 7298
部门 26	116. 0895	114. 9401
部门 27	3812. 1127	3774. 3690
部门 28	14908. 5517	14760. 9423
合计	331736. 2337	331646. 0571

表 8-6　2015 年河南省第二产业各产品部门水资源优化配置排放效应分析

产品部门	配置后废水排放量(万立方米)	实际废水排放量(万立方米)
部门 2	76957. 7965	77735. 1480
部门 3	387. 6696	383. 8313
部门 4	8668. 3089	8582. 4841
部门 5	463. 3814	458. 7935
部门 6	65462. 8511	65111. 1668
部门 7	9219. 8203	9128. 5350
部门 8	20365. 3301	20163. 6932
部门 9	1002. 0838	992. 1622
部门 10	48788. 1331	48305. 0823
部门 11	5480. 3853	5426. 1241
部门 12	77199. 7978	77979. 5937
部门 13	7523. 0102	7448. 5249
部门 14	10465. 4567	10361. 8384
部门 15	797. 3492	789. 4547
部门 16	1428. 7519	1414. 6059
部门 17	1167. 5793	1156. 0191
部门 18	2674. 4485	2647. 9688
部门 19	611. 0164	604. 9668

续表

产品部门	配置后废水排放量(万立方米)	实际废水排放量(万立方米)
部门 20	2366.7904	2343.3568
部门 21	309.1615	306.1005
部门 22	841.2488	832.9196
部门 23	285.1671	282.3436
部门 24	0.0000	0.0000
部门 25	10177.4381	10245.2868
部门 26	0.0000	0.0000
部门 27	0.0000	0.0000
部门 28	5759.3937	5702.3700
合计	358402.3700	358402.3700

总之，在当前河南社会经济快速发展过程中，要结合实际适当进行部门间水资源优化配置和产业结构调整，继续按照最严格用水管理规定加大政府管控力度，着力提升节水技术和废水处理手段，推动水资源利用综合效益最大化，最终实现经济、资源、环境、社会的健康协调发展。

8.6 本章小结

根据可持续发展的具体要求，本章综合考虑水资源的经济效益、环境效益和社会效益，并创造性地结合水资源投入产出效应分析的有关指标，构建了水资源优化配置模型。结合有关数据，利用专业软件对 2015 年河南省第二产业产品部门的水资源优化配置进行了研究。研究结果表明，3 个高用水、低产出、高排放产品部门的配置用水量相比实际用水量一般会有所减少，且减少幅度较大；其他 24 个产品部门的配置用水量相比实际用水量一般会有所增加。水资源优化配置结果基本符合基于水资源投入产出效应分析结果对水资源优化配置的预期，可从高用水、低产出、高排放产品部门调整部分水资源至低用水、高产出、低排放产品部门。通过水资源优化配置，可以在不增加整个经济系统用水量、废水排放量的基础上，推动整个经济系统水资源经济产出效益的提升。

第9章

总 结

9.1 基本结论

（1）水资源核算体系是伴随着可持续发展理论、国民经济核算体系、综合环境经济核算体系的不断演变而孕育、发展、完善的。国民经济核算体系是建立综合环境经济核算体系、水资源核算体系的基础，综合环境经济核算体系是国民经济核算体系的子体系，水资源核算体系是综合环境经济核算体系中水资源核算部分的进一步细化。水资源核算体系是当前全世界水资源核算工作所遵循的普适标准。

（2）投入产出法不仅是分析国民经济各产品部门之间相互经济技术关联的有力工具，也是研究水资源与经济活动之间相互关系的有效途径。通过编制水资源投入产出表，构建水资源投入产出核算方法和模型，可对国民经济各产品部门的水资源投入效应、产出效应和废水排放效应进行深入分析，并以此为基础进一步开展水资源投入产出效应综合分析。

（3）基于可持续发展的要求，并紧密结合水资源投入产出效应核算结果，可建立基于投入产出效应分析的新型水资源优化配置模型，使各产品部门的水资源配置分析更加全面、合理。

（4）从河南省水资源投入产出效应分析结果来看，第一产业和第二产业中的基础工业部门基本一致，用水程度和废水排放程度较高，用水效益较低。第三产业和第二产业中的高科技工业部门基本一致，用水程度和废水排放程度较低，用水效益较高。其中，26 个产品部门（15 个第二产业部门，11 个第三产业部门）建议大力发展，8 个产品部门（1 个第一产业部门和 7 个第二产业部门）需要限制发展，8 个产品部门（5 个第二产业部门，3 个第三产业部门）可适度控制发展规模。

（5）从河南省第二产业各产品部门的水资源优化配置结果来看，3 个高用水、低产出、高排放产品部门的配置用水量相比实际用水量有所减少，且减少幅度较大；其他 24 个产品部门的配置用水量相比实际用水量有不同程度的增加。水资源优化配置结果整体上基本符合基于水资源投入产出效应分析结果对水资源优化配置的预期，可从高用水、低产出、高排放产品部门调整部分水资源至低用水、高产出、低排放产品部门。水资源优化配置有利于提升国民经济各产品部门的水资源综合效益。

9.2 建议措施

(1)国际上开展水资源核算工作已有相对丰富的经验，但我国开展该项工作起步较晚，各部门管理职能交叉边界模糊，数据统计口径不一，使得各行业、各地区水资源利用与排放准确数据的获取存在较大困难。今后应该加强对各水资源主管部门的引导，按照水资源核算体系的标准，协调各职能部门统计水资源数据的口径，完善水资源核算方法，尽快建成富有中国特色的水资源核算体系，为我国经济社会实现可持续发展提供有力的水资源数据支撑。

(2)基于对国民经济各产品部门的水资源投入效应、产出效应、排放效应、优化配置等方面的综合核算结果来看，农业部门的用水量较大，占据了水资源利用的半壁江山，用水效率、产出效益较低，废水排放量较大，且数据极为分散不易统计把握，官方统计数据缺乏。今后应加强农业部门涉水数据的统计，以利于更全面掌握农业部门水资源利用和废水排放情况。农业作为关系民生大计的基础产业，应优先保障该部门的水资源基本供应，同时应改变农业传统粗放式种植方式，提高用水高效作物种植比例，统筹规划农田水利基础设施建设，推广农业节水灌溉技术，提高农田灌溉效率，加强控制牧、渔行业废水排放，提高水资源利用效率和用水效益。

(3)第二产业各产品部门是国民经济运行的支柱，但同时也是用水大户和废水排放的主要源头，且工业排放废水中各类污染物含量较高，对环境的负面影响较大，因此，加强该产业各产品部门的水资源管理和规划工作是重中之重。可适当控制高用水、低产出、高排放的基础工业部门的发展规模，大力发展低耗水、高产出、低排放的高科技工业部门，提升工业生产中水资源的利用效率，提高重复用水比例，加强技术创新，确保从排放源头控制废水排放和污染物含量。

（4）第三产业各产品部门的用水效率和产出效益普遍较高，且废水排放效应较弱，排放废水中污染物含量较少，是应该大力发展的产业。同时，第三产业各部门的用水、废水排放等方面的统计数据较为缺乏，各有关部门应当加强该方面数据信息的收集工作。

（5）依据各产品部门的水资源投入产出效应综合分析结果，结合本区域水资源现状，加强水资源宏观调控，优化产业结构，充分发挥水资源市场配置机制，建立现代化的水权交易制度，实行严格的水资源管理制度，严格遵守水资源管理“三条红线”，加强供水总量与废水排放总量控制，促进水资源的可持续利用，推动经济、社会、环境的协调发展，为国家可持续发展战略提供必要支持。

9.3　不足之处与努力的方向

（1）本书针对各产品部门用水量、废水排放量的核算方法仍可进一步改进和完善。

（2）在对水资源投入产出效应分析中，只考虑了国民经济各产品部门对水资源的利用量，未对取水水质加以区分；仅考虑了国民经济各产品部门的废水量，未考虑废水中污染物的含量，在今后研究中应予以考虑。

（3）在水资源投入产出效应综合分析中，可进一步完善分析方法，建立更加量化的评价指标体系，对各产品部门的发展建议给予更加精准的定位。

（4）可继续针对河南省国民经济各产品部门的水资源需求开展预测研究。

总之，水资源核算工作对于国家可持续发展战略具有重要意义，是当前世界普遍关注的热点问题，也是我国乃至各省份需继续加强开展的工作。努力提升水资源核算工作的科学性、合理性、可操作性，仍有不少工作可做，笔者今后将围绕上述方向开展进一步研究。

附录　国际标准产业分类

A—农、牧、林、渔业
01—作物和牲畜生产、狩猎和相关服务
02—林业与伐木业
03—渔业与水产业
B—采矿和采石
05—煤炭和褐煤的开采
06—石油及天然气的开采
07—金属矿的开采
08—其他采矿和采石
09—开采辅助服务
C—制造业
10—食品制造
11—饮料制造
12—烟草制品制造
13—纺织品制造
14—服装制造
15—皮革和相关产品制造
16—木材、木材制品及软木制品的制造(家具除外)、草编制品及编织材料物品制造
17—纸和纸制品制造
18—记录媒介物的印刷及复制
19—焦炭和精炼石油产品制造
20—化学品及化学制品制造
21—基本医药产品和医药制剂制造
22—橡胶和塑料制品制造

续表

23—其他非金属矿物制品制造
24—基本金属制造
25—机械设备除外的金属制品制造
26—计算机、电子产品和光学产品制造
27—电力设备制造
28—未另分类的机械和设备制造
29—汽车、挂车和半挂车制造
30—其他运输设备制造
31—家具制造
32—其他制造业
33—机械和设备的修理和安装
D—电、煤气、蒸汽和空调供应
35—电、煤气、蒸汽和空调供应
E—供水；污水处理、废物管理和补救
36—集水、水处理与水供应
37—污水处理
38—废物的收集、处理和处置；材料回收
39—补救和其他废物管理服务
F—建筑业
41—楼宇建筑
42—土木工程
43—特殊建筑
G—批发和零售业；汽车和摩托车修理
45—批发和零售业；汽车和摩托车修理
46—汽车和摩托车外的批发贸易
47—汽车和摩托车外的零售贸易
H—运输与存储
49—陆路运输与管道运输
50—水上运输

续表

51—航空运输
52—储存和运输辅助
53—邮政和邮递
I—食宿服务
55—住宿
56—食品和饮料供应服务
J—信息和通信
58—出版
59—电影、录像和电视节目制作、录音及音乐作品出版
60—电台和电视广播
61—电信
62—计算机程序设计、咨询及相关
63—信息服务
K—金融和保险
64—保险和养恤金之外的金融服务
65—强制性社会保障除外的保险、再保险和养恤金
66—金融保险服务及其附属
L—房地产
68—房地产
M—专业、科学和技术
69—法律和会计
70—总公司的；管理咨询
71—建筑和工程；技术测试和分析
72—科学研究与发展
73—广告业和市场调研
74—其他专业、科学和技术
75—兽医
N—行政和辅助
77—出租和租赁

续表

78—就业
79—旅行社、旅游经营者、预订服务及相关
80—调查和安全
81—为楼宇和院落景观提供的服务
82—为办公室行政管理、办公支持和其他企业辅助
O—公共管理与国防；强制性社会保障
84—管理与国防；强制性社会保障
P—教育
85—教育
Q—人体健康和社会工作
86—人体健康
87—留宿护理
88—不配备食宿的社会服务
R—艺术、娱乐和文娱
90—艺术创作和文娱
91—图书馆、档案馆、博物馆及其他文化
92—赌博和押宝
93—体育、娱乐和文娱
S—其他服务
94—成员组织
95—电脑及个人和家庭用品的修理
96—其他个人服务
T—家庭作为雇主的；家庭自用、未加区分的物品生产和服务
97—家庭作为家政人员雇主的
98—未加区分的私人家庭自用物品生产和服务
U—国际组织和机构
99—国际组织和机构

注：本行业分类来自《国际标准行业分类》修订本第 4 版，共提供了 21 个一级门类和 88 个二级类。二级类采用两位数连续编码，但是也提供一些“空档”便于引入类分类，而不对《国际标准行业分类》的整个编码体系做改动，在国家层面上最可能出现额外分类的门类中引入了这些“空档”。基于这个目的，下列类编码数字未在分类中使用：04、34、40、44、48、54、57、67、76、83 和 89。

参考文献

[1]ALLAN J A. Virtual water: a strategic resource global solutions to region deficits[J]. Ground water, 1998, 36(4): 545-546.

[2] ALLAN J A. Virtual water: the water, food, and trade nexus useful concept or misleading metaphor? [J]. Water international, 2003, 28 (1): 106-113.

[3]AVISO K B, TAN R R, CULABA A B, et al. Fuzzy input-output model for optimizing eco-industrial supply chains under water footprint constraints[J]. Journal of cleaner production, 2011, 19(2): 187-196.

[4] BOUHIA H. Water in the economy: integrating water resourcesinto national economic planning[D]. Cambridge: Harvard University, 1998.

[5] BULLARD C, HERENDEEN R. Energy impact of consumption decisions [J]. Proceedings of the IEEE, 1975(63): 484-493.

[6] CANION R L. Input-output analysis as a method of evaluation of the economic impact of water resources development[D]. Texas: Texas A & M University, 1968.

[7] CARIOS PERRCIA, GIDEON ORON. Optimal operation of regional system with diverse water quality sources[J]. Journal of water resources planning and management, 1997, 203(5): 230-237.

[8] CARTALIS C. Critical aspects and essential means for a green economic development in Greece[J]. Sustainable development, 1997, 5(2): 65-70.

[9] CARTER H O, IRERI D. Linkage of California - Arizona input-output models to analyze water transfer pattern [C]//CARTER A P, BRODY A. Applications of input-output analysis. Amsterdam: North-Holland Publishing Co, 1972: 139-168.

[10]CAZCARRO I, PAC R D, SANCHEZ C J. Water consumption based on

a disaggregated social accounting matrix of Huesca(Spain)[J]. Journal of industrial ecology, 2010, 14(3): 496-511.

[11]CHAPAGAIN A K, HOEKSTRA A Y, SAVENIJE H H G, et al. The water footprint of cotton consumption: an assessment of the impact of worldwide consumption of cotton products on the water resources in the cotton producing countries [J]. Ecological economics, 2005, 60 (1): 186-203.

[12] CHEN XI-KANG, GUO JU-E, YANG CUI-HONG. Extending the input-output model with assets[J]. Economic systems research, 2005, 17(2): 211-225.

[13] CORREA H, CRAFT J. Input-output analysis for organizational human resources management[J]. Omega-international journal of management science, 1999, 27(1): 87-99.

[14] DE HAAN, MARK. Water accounts in the Dutch NAMEA: a "NAMWA" for 1991[R]. Voorburg: statistics netherland, 1997.

[15] DUARTE R, SÁNCHEZ-CHÓLIZ J, BIELSA J. Water use in the Spanish economy: an input-output approach[J]. Ecological economics, 2002, 43 (1): 71-85.

[16] ESTHER V. An input-output model of water consumption: analyzing intersectional water relationships in Andalusia[J]. Ecological economics, 2006, 56 (2): 226-240.

[17] FALKENMARK M. Forward to the future: a conceptual framework for water dependence[J]. Ambio, 1999, 28(4): 356-361.

[18] GROSSMAN, KRUEGER A. Economic growth and the environment[J]. Quarterly journal of economics, 1995(2): 353-377.

[19] GUAN D B, HUBACEK K. Assessment of regional trade and virtual water flows in China[J]. Ecological economics, 2007, 61(1): 159-170.

[20] HASSAN R M. Economy-wide benefits from water-intensive industries in South Africa: quasi-input-output analysis of the contribution of irrigation agriculture and cultivated plantations in the Crocodile River catchment[J]. Development Southern Africa, 2003, 20(2): 171-195.

[21] HENDRICKLS D W. Modeling of water supply/demand in the South Platte River Basin, 1970－2020[J]. Water resource bulletin, 1982, 2(18): 279-287.

[22] KUMIKO KONDO. Economic analysis of water resources in Japan: using factor decomposition analysis based on input-output tables[J]. Environmental economics and policy studies, 2005, 7(2): 109-129.

[23] LEONTIEF W W. Quantitative input and output relations in the economic systems of the united states[J]. Review of economics & statistics, 1936, 18(3): 105-125.

[24] LETCHUMANAN, KODAMA F. Reconciling the conflict between the "Pollution-Haven" hypothesis and an emerging trajectory of international technology transfer[J]. Research policy, 2000, (29): 59-79.

[25] LI WANG, HEATHER L MACLEAN, BARRY J ADAMS. Water resources management in Beijing using economic input-output modeling[J]. Can. J. Civ. Eng. 2005, (32): 753- 764.

[26] LLOP M. Economic impact of alternative water policy scenarios in the Spanish production system: an input－output analysis[J]. Ecological economics, 2008, 68(1-2): 288-294.

[27] MENSAH, KINGSLEY E. The management of water resources: a synthesis of goal programming and input－output analysis with application to the Iowa economy[D]. Ames: Iowa State University, 1980.

[28] OKADERA T, WATANABE M, XU K Q. Analysis of water demand and water pollutant discharge using a regional input-output table: an application to the city of Chongqing, upstream of the Three Gorges Dam in China[J]. Ecological economics, 2006, 58(2): 221-237.

[29] PEARSON, P. D. WALSH. The derivation and use of control curves for the regional allocation of water resources[J]. Water resources research, 1982 (7): 907-912.

[30] SCHOER, DR KARL, CHRISTINE FLACHMANN. Water flow accounts as part of material and energy flow accounts in Germany[R]. Wiesboden: Statistis-

ches bundesamt, 2000.

[31] STOEVENER H H, CASTLE E N. Input-output models and benefit-cost analysis in water resources research[J]. Journal of farm economics, 1965(5): 1572-1599.

[32] The United Nations. System of national accounts (1993)[M]. 1993.

[33] The United Nations. System of national accounts(2008)[M]. 2009.

[34] The United Nations. Integrated environmental and economic accounting [M]. 2012.

[35] The United Nations. Integrated environmental and economic accounting for water resources[M]. 2012.

[36] THOSS R, WIIK K. A linear decision model for the management of water quality in theruhr[C]//ROTHENBERG J, HEGGIE I G. The management of water quality and the environment. London: Mac-Millan, 1974: 104-141.

[37] VELÁZQUEZ E. An input-output model of water consumption: analysing intersectoral water relationships in Andalusia[J]. Ecological economics, 2006, 56(2): 226-240.

[38] WANG HONGRUI. Three industries and water consumption of Beijing [J]. Journal of environmental sciences, 1998, 10(2): 181-188.

[39] 阿依古丽·艾科拜尔，東龙仓，鲁程鹏，等．城市工业用水总量核算方法探讨[J]．水资源保护，2015，31(3)：108-111.

[40] 蔡国英，徐中民．黑河流域中游国民经济用水投入产出分析：以张掖市为例[J]．冰川冻土，2013，35(3)：770-775.

[41] 蔡振华，沈来新，刘俊国，等．基于投入产出方法的甘肃省水足迹及虚拟水贸易研究[J]．生态学报，2012，20(32)：127-129.

[42] 曹涛，王赛鸽，陈彬．基于多区域投入产出分析的京津冀地区虚拟水核算[J]．生态学报，2018，38(3)：788-799.

[43] 陈东景，徐中民，陈仁生．水资源账户的建立：环境经济综合核算的一个实例[J]．水科学进展，2003，14(5)：631-637.

[44] 陈家琦，王浩．水资源学概论[M]．北京：中国水利水电出版社，1996.

［45］陈锡康．当代中国投入产出理论与实践［M］．北京：中国国际广播出版社，1988.

［46］陈锡康，陈敏洁．水资源投入产出模型及水价的计算问题［J］．农业系统科学与综合研究，1987(2)：1-17.

［47］陈锡康，齐舒畅．全国九大流域片水利投入占用产出模型研究［R］．北京：中国科学院与系统科学研究院，2002.

［48］陈秀莲，郭家琦．中国虚拟水贸易的测度、评价与影响因素的实证分析：基于投入产出公式和SDA分解模型［J］．现代财经，2017(1)：101-113.

［49］成琨，付强，陈曦，等．基于投入产出模型的黑龙江省水资源利用效率分析［J］．南水北调与水利科技，2013，11(5)：141-145.

［50］崔岩，吴丽美，曲建华，等．河南省农业水资源生产配置效率测算［J］．河南农业大学学报，2014，48(4)：501-504.

［51］邓俊，甘泓．水资源核算体系研究［J］．中国人口·资源与环境，2008，18(专刊)：148-151.

［52］邓俊，甘泓，缪益平．对水资源核算的总体认识［J］．南水北调与水利科技，2009，7(2)：29-32.

［53］邓建伟，金彦兆，胡想全．甘肃省水资源投入产出分析［J］．水资源与水工程学报，2018，29(1)：62-66.

［54］范军．水资源核算定价方法研究［J］．北京社会科学，1997(4)：131-133.

［55］方创琳．区域可持续发展与水资源优化配置研究：以西北干旱区柴达木盆地为例［J］．自然资源学报，2001，16(4)：341-347.

［56］方国华，钟淋涓，吴学文，等．水资源利用和水污染防治投入产出最优控制模型研究［J］．水利学报，2010，41(9)：1128-1134.

［57］冯利华，王天阳，张建珍，等．金华市的水资源核算与绿色利用新思路［J］．热带地理，2006，26(2)：162-166.

［58］冯尚友．水资源持续利用与管理导论［M］．北京：科学出版社，2000.

［59］付强，崔海燕，邢贞相．基于投入占用产出理论的黑龙江省水资源经济分析［J］．黑龙江大学工程学报，2010，1(1)：34-39.

[60] 甘泓，高敏雪．创建我国水资源环境经济核算体系的基础和思路[J]．中国水利，2008(17)：1-5.

[61] 甘泓，秦长海，卢琼，等．水资源耗减成本计算方法[J]．水利学报，2011，42(1)：40-46.

[62] 甘泓，汪林，秦长海，等．对水资源资产负债表的初步认识[J]．中国水利，2014(14)：1-7.

[63] 高峰，庞鸿宾，雷声隆，等．灌区投入占用产出模型[J]．水利学报，1998(2)：34-42.

[64] 高鑫，解建仓，汪妮，等．基于物元分析与替代市场法的水资源价值量核算研究[J]．西北农林科技大学学报(自然科学版)，2012，40(5)：224-230.

[65] 高敏雪，许健，周景博．综合环境经济核算：基本理论与中国应用[M]．北京：经济科学出版社，2007.

[66] 高敏雪，许健，周景博．资源环境统计[M]．北京：中国统计出版社，2004.

[67] 龚明，崔军．南通市第三产业排污系数的确定[J]．环境科学与技术，2006，29(Z)：95-96.

[68] 顾圣平，田富强，徐得潜．水资源规划及利用[M]．北京：中国水利水电出版社，2016.

[69]古伟宏，吕丽娟．水资源核算及其纳入国民经济核算体系初探[J]．黑龙江环境通报，1995，19(4)：15-18.

[70] 韩宇平，阮本清．水资源短缺风险经济损失评估研究[J]．水利学报，2007，38(10)：1253-1257.

[71] 何锦峰，陈国阶．水资源动态完全成本定价的理论探讨[J]．自然资源学报，2000，15(3)：236-240.

[72] 何静，陈锡康．水资源影子价格动态投入产出优化模型研究[J]．系统工程理论与实践，2005(5)：49-54.

[73] 胡爽，张卫东，王飞，等．重庆市第三产业主要污染因子排污系数初探[J]．中国水运，2008，8(8)：90-93.

[74] 黄宝连，黄海平，王生贵．新疆水资源及其产业间用水结构特征研究[J]．石河子大学学报(哲学社会科学版)，2012，26(5)：16-22.

[75] 黄晓荣，汪党献，裴源生．宁夏国民经济用水投入产出分析[J]．资源科学，2005，27(3)：135-139.

[76]华西里·列昂惕夫．投入产出经济学[M]．崔书香，译．北京：中国统计出版社，1980.

[77] 简富缋，宋晓谕，虞文宝，等．水资产负债表编制中水资源资产核算账户的建立与分析[J]．中国沙漠，2016，36(3)：851-856.

[78] 蒋水心．水资源价值量的实用计算方法[J]．中国农村水利水电，2002(3)：42-44.

[79] 姜文来．水资源价值模型研究[J]．资源科学，1998，20(1)：35-43.

[80] 姜文来，武霞，林桐枫．水资源价值模型评价研究[J]．地球科学进展，1998，13(2)：178-183.

[81] 姜文来，杨瑞珍．资源资产论[M]．北京：科学出版社，2003.

[82] 姜文来，于连生．水资源价格上限研究[J]．中国给水排水，1993(2)：44-45.

[83] 姜秋香，朱长虹，付强，等．基于水资源价值成本核算的黑龙江省绿色 GDP 研究[J]．节水灌溉，2015(11)：80-84.

[84] 金菊良，魏一鸣，王文圣．基于集对分析的水资源相似预测模型[J]．水力发电学报，2009，28(1)：72-77.

[85]孔珂，徐征和，丛鑫，等．山东省水资源价格波动效应的投入产出分析[J]．水利经济，2017，35(1)：31-36.

[86]李代鑫，叶寿仁．澳大利亚的水资源管理及水权交易[J]．中国水利，2001(6)：41-44.

[87]李方一，刘卫东，刘红光．区域间虚拟水贸易模型及其在山西省的应用[J]．资源科学，2012(5)：1-13.

[88]李凤丽，曲士松，王维平，等．1997—2012 年山东省虚拟水贸易变化及典型区生态环境响应[J]．灌溉排水学报，2018，37(2)：123-128.

[89]李广贺，张旭，张思聪，等．水资源利用与保护[M]．北京：中国建筑工业出版社，2016.

[90]李花菊．SEEAW 体系与中国水资源核算[N]．中国信息报，2009-08-1(7).

[91]李金昌．资源经济新论[M]．重庆：重庆大学出版社，1995.

[92]李丽莉，肖洪浪，邹松兵，等．甘肃省产业部门用水结构及其效率分析[J]．兰州大学学报(自然科学版)，2014，50(4)：501-507.

[93]李青青，陈维青．新疆水资源实物量核算及对其耗减价值的分析[J]．甘肃农业，2014(2)：37-39.

[94]李祥妹，周龙春．基于要素成本核算的水资源管理研究[J]．中国人口·资源与环境，2012，22(12)：39-45.

[95]李友辉，段曹斌，孔琼菊．基于能值理论的水资源投入产出分析[J]．人民黄河，2013，35(12)：57-60.

[96]李鱼，高峰，李兴春．试谈流域水资源核算的必要性[J]．东北水利水电，1997(9)：43-45.

[97]李智慧，周之豪．山西省水资源优化分配模型研究[J]．水利经济，1994(2)：23-27.

[98]联合国教科文组织，世界气象组织．水资源评价活动：国家能力评价手册[M]．李世明，张海敏，朱庆平，译．郑州：黄河水利出版社，2001.

[99]柳雅文，赵旭，刘俊国．天津市最终产品本地用水量测度及其驱动机理研究[J]．资源科学，2016，38(10)：1913-1924.

[100]刘汉昌．水利工程供水价格制定的原则和方法[J]．人民黄河，1999，21(3)：38-39.

[101]刘宁．基于水足迹的京津冀水资源合理配置研究[D]．北京：中国地质大学，2016.

[102]刘品，王维平，马承新，等．山东省宏观经济水资源投入产出分析[J]．灌溉排水学报，2011，30(1)：117-121.

[103]刘爽，李莉，荣伟．基于Input-Output模型的新疆水资源合理配置研究[J]．江西农业学报，2018，30(5)：101-105.

[104]刘婷婷，张玲玲．基于CGE模型的水价变动对国民经济各部门价格的影响[J]．水利经济，2013，31(3)：40-43.

[105]刘文，王炎庠，张敦富．资源价格[M]．北京：商务印书馆，1996.

[106]刘新建．国民经济动态投入占用产出分析的理论与方法研究[J].

系统工程学报，1997，12(1)：40-48.

[107]刘人和，于连生，闫平，等．水资源核算中的折损[J]．生态经济，1991(6)：46-48.

[108]刘秀丽，陈锡康．投入产出分析在我国九大流域水资源影子价格计算中的应用[J]．管理评论，2003(1)：49-53.

[109]刘秀丽，陈锡康．基于投入占用产出分析的水资源管理关键问题研究[M]．北京：科学出版社，2016.

[110]刘亚灵，周申蓓．水资源账户的建立与应用研究[J]．人民长江，2017，48(5)：43-47.

[111]刘阳春．水资源价值理论及模型研究[D]．重庆：重庆大学，2004.

[112]刘轶芳，刘彦冰，黄姗姗．产业结构与水资源消耗结构的关联关系研究[J]．系统工程理论与实践，2014，34(4)：861-869.

[113]卢琼，张象明，仇亚琴．水资源核算的水循环机制研究[J]．水利经济，2010，28(4)：1-4.

[114]卢琼，甘泓，张象明，等．水资源耗减量概念及其分析方法[J]．水利学报，2010，41(12)：1401-1406.

[115]罗利民，王超，顾强生，等．基于投入产出分析法的节水经济效益分析[J]．水利经济，2006，24(2)：17-20.

[116]卢旺. 地方本科院校服务地方机制创新研究[M]. 北京：中国经济出版社，2019：56-59.

[117]吕平毓，毛玉姣，陈虎，等．基于水资源经济投入产出的重庆产业耗水研究[J]．人民长江，2015，46(9)：23-26.

[118]吕雅琴．干旱区水资源核算研究[J]．当代财经，2005(1)：35-39.

[119]马东春，刘建翠，王宏伟，等．北京市产业部门用水效率研究[J]．水利水电技术，2017，48(12)：27-33.

[120]马俊，陈竽舟．杭嘉湖地区水资源核算试点研究初探[J]．浙江水利水电学院学报，2011，23(2)：47-51.

[121]买亚宗，孙福丽，黄枭枭，等．中国水资源利用效率评估及区域差异研究[J]．环境保护科学，2014，40(5)：1-7.

[122]毛玉姣，周琴慧，张和喜，等．贵州省国民经济水资源消耗的投入

产出分析[J]. 水土保持学报，2017，37(5)：135-139.

[123]美国不列颠百科全书公司，中国大百科全书出版社《不列颠百科全书》国际中文版编辑部．不列颠百科全书[M]. 北京：中国大百科全书出版社，2007.

[124]倪红珍，王浩，汪党献，等．基于水资源绿色核算的北京市水价[J]. 水利学报，2006，37(2)：210-217.

[125]倪红珍，王浩，赵博，等．基于投入产出价格影响模型的水价调整影响[J]. 系统工程理论与实践，2013，33(2)：363-369.

[126]裴源生，赵勇，张金萍，等．广义水资源高效利用核算[J]. 水科学进展，2009，20(4)：507-512.

[127]彭水军，刘安平．中国对外贸易的环境影响效应：基于环境投入—产出模型的经验研究[J]. 世界经济，2010(5)：140-160.

[128]秦长海，甘泓，张小娟．水资源定价方法与实践研究Ⅱ：海河流域水价探析[J]. 水利学报，2012，43(4)：429-436.

[129]秦长海，甘泓，贾玲．太湖流域水环境退化及其价值量核算研究[R]. 北京：中国水利水电科学研究院，2010.

[130]秦长海，赵勇．不同节水措施下宁夏水资源利用的经济效益分析[J]. 资源科学，2008，30(8)：1135-1140.

[131]曲福田．资源经济学[M]. 北京：中国农业出版社，2001.

[132]全国科学技术名词审定委员会．水利科技名词：1997[M]. 北京：科学出版社，1998.

[133]阮仁良，朱慧峰．对上海市开展水资源统计和核算体系研究的探讨[J]. 上海水务，2009，25(1)：1-3.

[134]沈大军．水资源费征收的理论依据及定价方法[J]. 水利学报，2006，37(1)：120-125.

[135]沈菊琴，顾浩，任光照，等．试谈水资源资产及其价值评估[J]. 人民黄河，1998，20(7)：19-21.

[136]世界气象组织，联合国教科文组织．国际水文学名词术语[M]. 2012.

[137]司训练，符亚明．基于可持续利用的水价结构及水价制定[J]. 价

格理论与实践，2007(5)：31-32.

[138]苏伟洲，王成璋．基于 DEA 的四川省城市水资源承载力评价研究[J]．西南民族大学学报(人文社科版)，2015(10)：116-119.

[139]孙刚，房岩，韩国军，等．城市水资源价值核算信息支持系统[J]．现代情报，2008，28(10)：214-216.

[140]孙景艳．多元统计在水资源利用方面的应用[J]．重庆师范大学学报(自然科学版)，2007，24(2)：67-70.

[141]田贵良．产业用水分析的水资源投入产出模型研究[J]．经济问题，2009(7)：18-22.

[142]田廷山．哈尔滨市水资源经济投入产出模型研究[J]．长春地质学院学报，1992，22(1)：77-82.

[143]唐立杰，李良县，卢亚卓，等．水资源价值及其模型浅析[J]．中国水利水电科学研究院学报，2009(1)：67-70.

[144]唐志鹏，付雪，周志恩．我国工业废水排放的投入产出重要系数确定研究[J]．中国人口·资源和环境，2008，18(5)：123-127.

[145]魏胜文，马忠，牛俊义．基于地区投入产出模型的干旱区水资源效益评价：以黑河流域甘肃张掖市为例[J]．中国沙漠，2011，31(3)：799-803.

[146]武吉华．自然资源评价基础[M]．北京：北京师范大学出版社，1999.

[147]王红瑞，王岩．北京水价政策的模拟[J]．环境保护，1995(7)：18-19.

[148]王俊能，许振成，彭晓春，等．水环境质量资源定价模型研究[J]．水资源保护，2011，27(1)：80-84.

[149]王梅，王卓甫，张坤，等．用水总量统计工作组织体系设计的再思考[J]．水利经济，2015，33(3)：51-55.

[150]王萍．建立水资源核算体系适应绿色 GDP 统计需求[J]．中国水利，2007(18)：21-22.

[151]王萍，廖志伟．以水资源核算体系为基础的水利统计指标体系浅议[J]．人民珠江，2007，28(6)：68-69.

[152]王舒曼，曲福田．水资源核算及对 GDP 的修正[J]．南京农业大学

学报，2001，24(2)：115-118.

[153]王双英，唐志良．丰水地区虚拟水投入产出分析[J]．统计与信息论坛，2011，26(5)：92-96.

[154]王维平，戚红，李晖．宏观经济水资源投入产出分析模型[J]．水利经济，1995(5)：58-65.

[155]王文静，石培基，马忠．基于区域投入产出模型的甘肃省水资源状况分析[J]．水土保持通报，2012，32(6)：296-300.

[156]王岩，王红瑞．北京市的水资源与产业结构优化[M]．北京：中国环境科学出版社，2007.

[157]王艳阳，王会肖，张昕．基于投入产出表的中国水足迹走势分析[J]．生态学报，2013，33(11)：3488-3498.

[158]王勇，肖洪浪，陆明峰．张掖市国民经济用水的投入产出分析[J]．中国沙漠，2008，28(6)：1197-1201.

[159]王瑜．水资源环境综合经济核算框架内容[J]．中国水利，2007(18)：15-16.

[160]王智勇，王劲峰，于静洁，等．河北省平原地区水资源利用的边际效益分析[J]．地理学报，2000，55(3)：318-328.

[161]汪党献．水资源需求分析理论与方法研究[D]．北京：中国水利水电科学研究院，2003.

[162]汪党献，王浩，倪红珍，等．国民经济行业用水特征分析与评价[J]．水利学报，2005，36(2)：1-9.

[163]温善章，石春先．河流可供水资源影子价格研究[J]．人民黄河，1993(7)：10-13.

[164]文淑凤，翟代明．如何实现水库水资源最大综合效益[J]．中国西部科技，2012(11)：62-62.

[165]吴优，李锁强．重视水资源核算：联合国统计司水资源统计和核算介绍[J]．中国统计，2007(5)：10-12.

[166]吴泽宁．经济区水资源优化分配的多目标投入产出模型[J]．郑州工学院学报，1990，11(3)：81-86.

[167]吴兆丹，赵敏，田泽，等．多区域投入产出分析下中国水足迹地区

间比较：基于“总量—相关指标—结构”分析框架[J]. 自然资源学报，2017，32(1)：76-87.

[168]谢锐，孙玉磊，乔海曙. 基于投入产出模型的湖南省水资源环境经济效用分析[J]. 中国管理科学，2013，21(专辑)：677-683.

[169]邢智慧，蔡梅，蔡文婷. 基于水资源核算的太湖流域水环境退化成本分析[J]. 水资源保护，2015，31(5)：62-66.

[170]邢智慧，戴晶晶. 太湖流域水资源核算体系建立与试行研究[J]. 中国水利，2014(3)：26-28.

[171]谢红彬. 叶戈杨，谢永琴. 制造业结构变化对工业废水排放影响的量化分析[J]. 福建师范大学学报，2004，20(4)：90-93.

[172]肖建红，施国庆，毛春梅，等. 工业废水排放量变化的密度效应和增长效应[J]. 工业用水与废水，2006，37(1)：1-3.

[173]肖建红，于庆东，梁显忠. 不同区域与工业门类的工业废水排放量变化的密度效应和增长效应[J]. 青岛大学学报(工程技术版)，2008，23(4)：74-76.

[174]徐晓鹏，武春友. 水资源价格理论研究综述[J]. 甘肃社会科学，2005(3)：218-221.

[175]许健，陈锡康，杨翠红. 完全用水系数及增加值用水系数的计算方法[J]. 水利水电科技进展，2003，23(2)：17-20.

[176]许长新，田贵良. 社会水资源利用的投入产出研究[J]. 财经研究，2006，32(12)：16-24.

[177]许雪琴. 关于建立水资源账户基本思路的研究[J]. 中外企业家，2012(2)：109-110.

[178]许长新，田贵良. 社会水资源利用的投入产出研究[J]. 财经研究，2006，32(12)：19-26.

[179]许奕辉. 不同用途的水资源费标准制定模型分析[J]. 市场经济与价格，2012(1)：22-24.

[180]徐玉新，许慧，董群. 泰安市水资源生态成本核算[J]. 生态经济，2010(2)：393-395.

[181]徐征和. 龙口市农业水资源优化利用研究[D]. 北京：北京林业大

学，2010.

［182］薛淑娟，朱庆艳．江苏省水资源核算体系研究［J］．现代经济信息，2018(12)：491-492.

［183］严婷婷，贾绍凤．河北省国民经济用水投入产出分析［J］．资源科学，2009，31(9)：1522-1528.

［184］杨美丽，胡继连，吕广宙．论水资源的资产属性与资产化管理［J］．山东社会科学，2002(3)：31-34.

［185］杨培岭，李云开，任树梅．水资源经济［M］．北京：中国水利水电出版社，2012.

［186］杨硕，张丽，张春玲，等．基于投入产出模型的北京市水资源经济效益评价与分析［J］．中国水利水电科学研究院学报，2018，16(3)：220-226.

［187］杨旭，由海波．模糊数学综合评判在水资源价值评估中的应用［J］．海河水利，2008(2)：49-51.

［188］於方，张强，过孝民．中国主要工业废水排放行业的污染特征与行业治理重点［J］．环境保护，2003(10)：38-43.

［189］于洪贤，孙家言，覃雪波．黑龙江省水资源现状与可持续利用对策研究［J］．东北农业大学学报，2006，37(3)：427-432.

［190］袁汝华，朱九龙，陶晓燕，等．影子价格法在水资源价值理论测算中的应用［J］．自然资源学报，2002，17(6)：757-761.

［191］张宏伟，和夏冰，王媛．基于投入产出法的中国行业水资源消耗分析［J］．资源科学，2011，33(7)：1218-1224.

［192］张霖．基于投入产出模型的黄河流域水资源经济效益分析［J］．经济论坛，2008(6)：8-9.

［193］张宁，阳景．基于 LMDI 模型的工业废水排放影响效应研究［J］．科技管理研究，2017(3)：222-227.

［194］张秋平，郝晋珉，白玮．黄淮海地区粮食生产中的农业水资源经济价值核算［J］．农业工程学报，2008，24(2)：1-5.

［195］张晓军，侯汉坡，吴雁军．基于水资源利用的北京市第三产业结构优化研究［J］．北京交通大学学报(社会科学版)，2010，9(1)：19-23.

［196］张信信，刘俊国，赵旭，等．黑河流域产业间虚拟水转移及其关联分析［J］．干旱区研究，2018，35(1)：27-34.

[197]张妍．城市供水成本核算与控制的相关策略[J]．现代经济信息，2016(18)：214，216.

[198]张郁，邓伟．基于投入产出模型的吉林省水资源经济效益分析[J]．东北师大学报(自然科学版)，2006，38(3)：133-137.

[199]张宇，蒋殿春．FDI、政府监管与中国水污染：基于产业结构与技术进步分解指标的实证检验[J]．经济学(季刊)，2014(2)：491-514.

[200]赵惠，武宝志．东辽河流域水资源合理配置对工业用水的影响分析[J]．东北水利水电，2004，22(244)：37-40.

[201]赵雯．基于价值流理论的上海市水资源价值量核算研究[D]．上海：华东师范大学，2010.

[202]赵永，方德林．基于SAM的河南省水资源乘数分析[J]．地域研究与开发，2015，34(4)：148-153.

[203]中国水利水电科学研究院．水资源环境经济核算专题报告[R]．北京：中国水利水电科学研究院，2009.

[204]中国投入产出学会课题组．国民经济各部门水资源消耗及用水系数的投入产出分析[J]．统计研究，2007，24(3)：20-25.

[205]中国水利百科全书编辑委员会．中国水利百科全书[M]．北京：中国水利水电出版社，1991.

[206]中国大百科全书总编辑委员会．中国大百科全书“大气科学、海洋科学、水文科学卷”[M]．北京：中国大百科全书出版社，1987.

[207]中国大百科全书总编辑委员会．中国大百科全书“水利”卷[M]．北京：中国大百科全书出版社，1992.

[208]钟契夫，陈锡康，刘起运．投入产出分析[M]．北京：中国财政经济出版社，1987.

[209]周灵辉，袁洁．饮食娱乐业废水排放及排污收费系数的讨论[J]．污染防治技术，2003，16(1)：24-26.

[210]朱玉仙，王丽杰．水资源利用效益的投入产出分析[J]．气象水文海洋仪器，2002(Z1)：46-50.

[211]朱耀琪．我国地下水资源核算的初步研究[J]．中国地质经济，1989(10)：22-31.

[212]室外排水设计规范：GB50014—2006[S]．北京：中华人民共和国

建设部，2014.

［213］室外排水设计规范：GB50014—2006［S］. 北京：中华人民共和国建设部，2016.

［214］城市排水工程规划规范：GB50318—2017［S］. 北京：中华人民共和国建设部，2017.

［215］第一次全国污染源普查城镇生活源产排污系数手册［M］. 北京：国务院第一次全国污染源普查领导小组办公室，2008.

［216］生活源产排污系数及使用说明：修订版2010［M］. 北京：中华人民共和国环境保护部，2010.

［217］所有经济活动的国际标准行业分类：修订本［M］. 纽约：联合国经济和社会事务部统计司，2009.

［218］中华人民共和国水利部 .2016年中国水资源公报［EB/OL］.［2023-08-26］. http：//www. mwr. gov. cn/sj/tjgb/szygb/201707/t20170711_955305. html.

［219］河南省水利厅 .2015年河南省水资源公报［EB/OL］.［2023-08-26］. http：//www. hnsl. gov. cn/gallery/8aa98f0c5ff229e8016024accea421d6. html.

［220］河南省水利厅 .2016年河南省水资源公报［EB/OL］.［2023-08-26］. http：//www. hnsl. gov. cn/gallery/8aa98f0c5ff229e8016024accea421d6. html.

［221］国家统计局 .2017年中国统计年鉴［EB/OL］.［2023-08-26］. http://www. stats. gov. cn/tjsj/ndsj/2017/indexch. htm.

［222］河南省统计局 .2017河南统计年鉴［EB/OL］.［2023-08-26］. http://www. ha. stats. gov. cn/hntj/lib/tjnj/2017/indexch. htm.

［223］河南省统计局 .2016河南统计年鉴［EB/OL］.［2023-08-26］. http://www. ha. stats. gov. cn/hntj/lib/tjnj/2016/indexch. htm.

［224］河南省环境保护厅 .2015年河南省环境统计年报：内部资料［EB/OL］.［2023-08-26］.

［225］中华人民共和国水法［EB/OL］.［2023-08-26］. https：//baike. baidu. com/item/%E4%B8%AD%E5%8D%8E%E4%BA%BA%E6%B0%91%E5%85%B1%E5%92%8C%E5%9B%BD%E6%B0%B4%E6%B3%95/720080? fr=Aladdin.